Joan Krist

Fernseh-1

Joan Kristin Bleicher (Hrsg.)

Fernseh-Programme in Deutschland

Konzeptionen · Diskussionen · Kritik
(1935–1993). Ein Reader

Westdeutscher Verlag

Die Deutsche Bibliothek – CIP-Einheitsaufnahme

Fernseh-Programme in Deutschland: Konzepte,
Diskussionen, Kritik (1935-1993); ein Reader /
Joan Kristin Bleicher. – Opladen: Westdt. Verl.,
1996
   ISBN 3-531-12905-8

NE: Bleicher, Joan [Hrsg.]

Der Westdeutsche Verlag ist ein Unternehmen der Bertelsmann Fachinformation.

Umschlaggestaltung: Horst Dieter Bürkle, Darmstadt
Titelbild: Roy Lichtenstein, Reflections: Nurse 1988 © VG Bild-Kunst, Bonn 1996
Druck und buchbinderische Verarbeitung: Rosch-Buch, Hallstadt
Gedruckt auf säurefreiem Papier
Printed in Germany

ISBN 3-531-12905-8

Inhalt

Vorbemerkung

Reader, die auf Quellen zurückgreifen, wie dieser vorliegende Band, stehen immer vor der gleichen Grundproblematik. Die Fülle des Materials machte eine strikte Auswahl erforderlich, die letzten Endes immer aus der Perspektive der Gegenwart vergangene Entwicklungen beurteilen und auf subjektiven Einschätzungen beruhen. Ich habe versucht, zentrale Aussagen aus öffentlich geäußerten, einflußreichen Programmkonzeptionen und einige Auszüge aus Diskussionen um wichtige Programmentwicklungen zu dokumentieren.[1] Die jeweiligen Zwischenüberschriften und die Einleitung informieren über den jeweiligen Zusammenhang. Eine diesen Band ergänzende Sammlung von zum Teil bislang nicht zugänglichen senderinternen Programmkonzepten ist bei Edgar Lersch (SDR) in Vorbereitung. Die Gliederung erfolgt zum einen nach Jahrzehnten als grober zeitlicher Strukturierung und nach thematischen Zusammenhängen von Konzeption und Diskussion. Dabei wird in unterschiedlichen thematischen Zusammenhängen aus einzelnen Beiträgen auch mehrfach zitiert. Bei einigen Texten wird kein Autor genannt, da er nicht zu ermitteln war. Fehlende Angaben zu Seitenzahlen konnten ebenfalls nicht ermittelt werden. Der thematische Bezug der einzelnen Beiträge wird in der Einleitung erläutert.

Im Rahmen der Diskussion um das Fernsehprogramm wurden die hervorragenden Kritiken von Manfred Delling, der seit 1964 die Fernsehentwicklung mit detailgenauen Analysen kritisch begleitete, nicht aufgenommen. Seine wichtigsten Texte liegen seit kurzem in dem von Helmut Kreuzer herausgegebenen Sammelband "Engagement für ein neues Medium. Ausgewählte Fernsehkritiken von 1964 bis 1993" des Lang-Verlages vor. Auch Dieter Stoltes Ausführungen zur aktuellen Fernsehentwicklung sind in einem eigenen Sammelband „Fernsehen am Wendepunkt. Meinungsforum oder Supermarkt." München 1992 enthalten.

Die Texte des vorliegenden Bandes bis zu den siebziger Jahren wurden im Rahmen des Teilprojekts "Programmstrukturen - Programmtheorie - Programmgeschichte" des Sonderforschungsbereichs 240 "Ästhetik, Pragmatik und Geschichte der Bildschirmmedien. Schwerpunkt: Fernsehen in der Bundesrepublik Deutschland" an den Universitäten Siegen und Marburg ermittelt. Die neueren Texte entstammen Recherchen aus dem DFG-Projekt zur Untersuchung der Fernsehästhetik der neunziger Jahre an der Universität Hamburg. Ich danke Knut

---

[1]   Die Entwicklung in der DDR wurde aufgrund besonderer Schwierigkeiten bei der Materialbeschaffung nicht berücksichtigt. Die Diskussion um die Neugründung der Medienlandschaft nach der Wende ist an anderer Stelle umfassend berücksichtigt worden. Vgl. hierzu etwa: Heide Riedel (Hrsg.): Mit uns zieht die neue Zeit. 40 Jahre DDR Medien. Berlin 1993. oder Rainer Bohn, Knut Hickethier, Eggo Müller (Hrsg..): Mauershow. Das Ende der DDR, die deutsche Einheit und die Medien. Berlin 1992.

Hickethier und Helmut Kreuzer für wichtige Hinweise und Vorschläge bei der Zusammenstellung dieses Bandes. Carsten Gülker, Klaas Klaassen, Norbert Mengel und Sven Schirmer für die Mitarbeit bei der Erstellung einer Druckvorlage.

Joan Kristin Bleicher

Historische Veränderungen der Programmkonzeptionen und Programmdiskussion um das bundesdeutsche Fernsehen. Ein Überblick

Als Zuschauer werden wir täglich mit der Angebotsfläche des Mediums Fernsehen, seinem Programm, konfrontiert. Die Intentionen der Kommunikatoren, die das Programm verantworten, werden auf dieser Angebotsfläche nicht erkennbar. Auch Faktoren aus dem Bereich der Produktion, die das Endprodukt Programm beeinflussen, bleiben verborgen.[2] In der Abfolge des massenmedialen Kommunikationsprozesses: Kommunikator - Codierung - Botschaft - Rezipient - Decodierung, kommt dem Kommunikator eine Schlüsselrolle zu, die in der bisherigen Fernsehforschung im Vergleich zur rezipientenorientierten Wirkungsforschung nur wenig Berücksichtigung fand. Dennoch basiert das Erscheinungsbild des Fernsehens auf Konzeptionen und Zielvorgaben der Programmverantwortlichen. Von diesen konzeptionellen Leitlinien, denen die Programmproduktion unterliegt, ist der breiten Öffentlichkeit, die das Zielpublikum des Mediums bildet, kaum etwas bekannt. Auf den Mainzer Tagen der Fernsehkritik 1992 wies Wolfgang Langenbucher auf die große wissenschaftliche Bedeutung der Programmkonzeptionen hin: "Ich behaupte, daß es in den Veröffentlichungen und öffentlichen Äußerungen der früheren Intendanten und anderer Spitzenleute Goldadern der Rundfunktheorie gibt. Zusammen mit der Rückschau auf epochale Programme[3] ließe sich so auch aus der Re-Interpretation alter Tugenden Planungswissen für die Zukunft gewinnen."[4]

Zum Verständnis von Veränderungen der Programmangebote im Verlauf der Fernsehentwicklung, aber auch zum Verständnis der sich verändernden gesellschaftlichen Bedeutung des Fernsehens ist eine Übersicht über grundlegende konzeptionelle Leitlinien der Programmgestaltung unerläßlich; diese beinhalten auch Vorstellungen von der allgemeinen Funktion des Mediums, sie formulieren Ansprüche an das Fernsehen. Diskussionen über Programmentwicklungen im Rahmen der Fachpublizistik wiederum machen auf zentrale Probleme des Fernsehens aufmerksam und sind daher für die Analyse der historischen Entwicklung des Fernsehprogramms ebenfalls aufschlußreich.

---

2   Auch über die Organisation der Sendeanstalten und Produktionsabläufe erhält der Zuschauer vergleichsweise wenig an Informationen.
3   Dieser Rückschau ist die von mir zusammengestellte Chronik zur Programmgeschichte des Deutschen Fernsehens. Berlin 1993 gewidmet.
4   Wolfgang R. Langenbucher: Kritik am Markt. Was kosten Qualität und Quote? In: Peter Christian Hall, Joachim Haubrich (Hrsg.): Kritik am Markt. Was kosten Qualität und Quote. Mainz 1993. S.41.

Eine Quellensammlung für die Analyse der historischen Entwicklung des Fernsehens in der Bundesrepublik soll der vorliegende Band bereitstellen. Material zur historischen Entwicklung der Diskussion des DDR-Fernsehens stand nicht in vergleichbarer Form zur Verfügung und wurde daher nicht in die vorliegende Sammlung integriert. Die Zusammenstellung eines Readers zur Programmkonzeption und -diskussion des DDR-Fernsehens ist ein wichtiges, noch zu leistendes Forschungsvorhaben.

Textbeispiele aus den Bereichen Programmkonzeption und Programmdiskussion werden in einer - gemessen am verfügbaren Material - vergleichsweise kleinen Auswahl aufgenommen.[5] Diskussionen einzelner Fernsehgenres, beispielsweise des Fernsehspiels, der Fernsehserie oder unterschiedlicher Formen des Fernsehdokumentarismus, wurden ausgeklammert. Zu den Programmkonzepten der Dritten Programme liegt bereits eine umfangreiche Textsammlung vor[6], sie wurden deshalb nicht noch einmal abgedruckt. Die Anordnung der Textauszüge nach thematischen Schwerpunkten[7] in zumeist chronologischer Reihung belegt historische Veränderungen in der Konzeption und Diskussion des Fernsehprogramms.

Zur historischen Entwicklung der Diskussion um Programmaufbau und Programmgestaltung

Die erste regelmäßige Ausstrahlung von Fernsehsendungen erfolgte in Deutschland bereits 1935, wobei die Verantwortlichen darauf bedacht waren, den konkurrierenden Briten bei der offiziellen Einführung des Fernseh-Rundfunks zuvorzukommen, auch wenn Fragen der Programmgestaltung noch nicht letztgültig geklärt waren. Reichssendeleiter Eugen Hadamovsky erklärte in seiner vom NS-Propagandastil geprägten Eröffnungsrede: "Heute beginnt der nationalsozialistische Rundfunk in Zusammenarbeit mit der Reichspost und der deutschen Industrie als erster Rundfunk den regelmäßigen Programmbetrieb. Einer der kühnsten Menschheitsträume ist verwirklicht worden." Das Fernsehen habe zum Ziel, so Hadamovsky, "das Bild des Führers unverlöschlich in alle deutschen Herzen zu pflanzen"[8]. Die von den Nationalsozialisten vorgesehene öffentliche Rezeption in Fernsehstuben machte die intendierte Propagandafunktion deutlich, die bereits im Programmangebot des ersten Abends erkennbar war. Das Fernsehen als Distributionsmedium der NS-Propaganda brachte Filmausschnitte von Großkundgebungen des Jahres 1934; es folgte eine Bilderfolge von der Berliner Heldengedenkfeier

---

5   Kommentare zu den Fernsehurteilen des Bundesverfassungsgerichts wurden nur dann aufgenommen, wenn sie Bezüge zur Programmgestaltung enthielten.
6   Die Konzeptionen der Programmverantwortlichen der verschiedenen Dritten Programme sind enthalten in: Dieter Ross (Hrsg.): Die Dritten Programme. Dokumentation und Analyse. München 1967.
7   Aus manchen Publikationen wird mehrfach in unterschiedlichen Zusammenhängen zitiert.
8   Entnommen einer in den Fernseh-Informationen Nr.5 im März 1985 enthaltenen Kopie aus den Presse-Mitteilungen der Reichs-Rundfunk-Gesellschaft. Hervorhebungen sind im Originaltext enthalten.

1935. Zusätzlich waren der Ufa-Tonfilm "Mit dem Kreuzer Königsberg in See" und ein Ufa-Trickfilm zu sehen.

Aufgrund des vorübergehenden Mangels an eigenproduzierten Fernsehspielen wurde das Fernsehen auch als Ausstrahlungsort für Kino-Spielfilme und Kultur-filme genutzt. Der öffentliche Empfang in den Fernsehstuben machte die Kon-kurrenz zum Kino deutlich, die die Programmverantwortlichen bestritten. Dennoch wurden Pläne geäußert, Kinosäle als Ausstrahlungsorte für Fernsehprogramme zu nutzen.[9] Auch die Konkurrenz zum Hörfunk, dessen Bedeutung als zentrales Pro-pagandainstrument die Programmverantwortlichen des Fernsehens nicht gefährden wollten, wurde vermieden. Der Fernsehsender "Paul Nipkow" war mit seiner öf-fentlichen Ausstrahlung in den Fernsehstuben noch auf ein begrenztes Publikum ausgerichtet.[10]

Kritiker und Programmverantwortliche diskutierten Fragen des Programmauf-baus und der Programmgestaltung. Parallelen zur vergleichbaren Diskussion im Fernsehversuchsprogramm der fünfziger Jahre sind offensichtlich. Sie reichen von der personellen Kontinuität der Fernsehkritiker - hier sind insbesondere Kurt Wa-genführ und Gerhard Eckert zu nennen - über die Betonung technischer Innovatio-nen und Forderungen nach Verbilligung der Empfangsgeräte bis zu fast gleich-lautenden Vorschlägen zur Programmgestaltung.

Diskussion des Fernsehversuchsprogramms 1950-1952

In der Frühphase des Nachkriegsfernsehens mußten die Programmverantwortli-chen erst Zuschauer für ihr 'neues' Medium finden. Das Fernsehen stand in Kon-kurrenz zu den etablierten Massenmedien Hörfunk, Kino und Zeitschriften. Die Programmverantwortlichen des NWDR, die mit Erlaubnis der britischen Besat-zungsmacht[11] die Entwicklung und Durchführung des Fernsehversuchsprogramms betrieben, strebten auch den Anschluß an internationale Entwicklungen an, über die sie sich auf Reisen ins westliche Ausland informierten.

Im Unterschied zum NS-Fernsehen stand im Versuchsprogramm der fünfziger Jahre die private Rezeption im Mittelpunkt, was sich auch in der damals verbrei-teten Metaphorik des "Pantoffelkinos" ausdrückte. Jedermann zugängliche Emp-fangsgeräte sollten in den fünfziger Jahren eine breite Rezeption ermöglichen. Die Kosten der Anschaffung für diese Geräte waren jedoch immens und das Program-mangebot wies zunächst nur einen geringen Umfang auf. Diese Hemmschwellen

---

9   Siehe dazu: Mitteilungen der Reichs-Rundfunk-Gesellschaft mbH Berlin Nr. 460 vom 30.3.1935.
10 Äußerungen des NS-Fernsehintendanten Nierentz zeugen von Parallelen des Programmaufbaus zur Programmstruktur des Versuchsprogramms des Nachkriegsfernsehens.
11 Hinsichtlich genauer Informationen zur Neuordnung der Medienlandschaft in der Nachkriegszeit und zur historischen Entwicklung der Organisation der Fernsehanstalten siehe: Joan Kristin Blei-cher: Institutionsgeschichte des bundesrepublikanischen Fernsehens. In: Knut Hickethier (Hrsg.): Institution, Technik und Programm. Rahmenaspekte der Programmgeschichte des Fernsehens. Band 1 von: Helmut Kreuzer; Christian W. Thomsen (Hrsg.): Geschichte des Fernsehens in der Bundesrepublik Deutschland. München 1993. S.67-135.

für den massenhaften Verkauf zu senken, war Ziel der Programmverantwortlichen und der Vertreter der Geräteindustrie.

Im Mittelpunkt der bundesdeutschen Diskussion um das Fernsehen, an der sich Programmverantwortliche und Kritiker[12] gleichermaßen engagiert beteiligten, stand insbesondere in der Phase des Versuchsprogramms die Frage nach der Programmgestaltung. Einigkeit herrschte zunächst vor allem hinsichtlich der Programmdauer-Begrenzung auf 2-3 Stunden täglich und des Verzichtes auf die Ausstrahlung von Werbesendungen. Bereits 1951 kam es mit der Kinderstunde von Ilse Obrig zur Einführung eines Nachmittagsprogramms und damit zu einer ersten Ausweitung des Programmangebots. Weiterhin bildete das Abendprogramm zwischen 20.00 und 22.00 Uhr das Zentrum der Aufmerksamkeit. Gerhard Eckert forderte 1953, das Programm mit der "Tagesschau" zu beginnen und abzuschließen. So könnten Brückenschläge zwischen der Realität und der Wirklichkeit des Mediums geleistet werden.[13]

Kurt Wagenführ propagierte mit dem Ziel der Durchsetzung des Mediums die Anpassung der Programmgestaltung an die Interessen der Zuschauer: "Der Zuschauer hat 'das Programm gekauft', er will auf der Bildfläche seines Empfängers etwas sehen, das ihn interessiert, erregt, ihm Abwechslung bringt, Spannung und Entspannung zugleich, das durch Ordnung und Aufbau die Übersicht erleichtert und in sich ein geschlossenes Ganzes mit Steigerung auf einen Höhepunkt hin darstellt."[14] Der Zuschauer orientiere sich am Vorbild des Kino- und des Hörfunkprogramms. Dennoch müsse das Fernsehen Innovationen bieten, der Zuschauer erwarte ständig neue Programmhöhepunkte. Wiederholungen des gleichen Programmabends könnten nach Ansicht Wagenführs Proteste auslösen.[15]

Das Programmangebot des Hörfunks diente als Vorbild für die Mischung zwischen anspruchsvollen Sendungen und populärer Unterhaltung im Fernsehprogramm. Doch sollte sich das Medium Fernsehen im Kontrast zu den konkurrierenden Medien Hörfunk und Kino etablieren. Dazu galt es, Alternativen zum additiven Programmschema des Hörfunks zu finden. Kurt Wagenführ forderte statt einer ungeordneten Folge von Einzelsendungen den konzentrischen Programmaufbau, die Gliederung des Abendprogramms nach einer bestimmten Idee. Thematisch strukturierte Programmabende gab es jedoch kaum.[16]

Der Leiter der NWDR-Hörspielabteilung Heinz Schwitzke sah die Notwendigkeit, vor einer endgültigen Konzeption des Fernsehprogramms zunächst die Wir-

---

12 Publikationen von Kritikern wurden daher in diesem Zeitraum verstärkt berücksichtigt. Für die Zeit nach 1950 wurden Texte von Kritikern dann aufgenommen, wenn sie auf besondere Tendenzen der Programmentwicklung hinwiesen.

13 Gerhard Eckert: Programmgestaltung des Fernsehens. In: Rufer und Hörer Jg. 7 1953 H. 6. S.356f.

14 Kurt Wagenführ: Die Zeit drängt - Man muß sie nützen! In: Fernsehen 1. Jg./1953. H. 2. S.69.

15 Vor einem zu hohen Anteil an Wiederholungen hatte Kurt Wagenführ bereits in Kritiken zur Zeit des NS-Fernsehens gewarnt.

16 Dieses Modell wird in den achtziger Jahren zunächst von 3sat zum Beispiel mit einem Programmtag zum Thema "Wetter" aufgegriffen, in den neunziger Jahren sind "Themenabende" charakteristisch für die Programmstruktur von ARTE.

kungsweise des Mediums zu erforschen.[17] Schwitzke betonte als grundlegenden Unterschied zum Hörfunkprogramm die Begrenzung der Programmdauer. Die Einbettung der einzelnen Sendung in ein Gesamtprogramm wie beim Hörfunk sei beim Fernsehen noch nicht gegeben. Es gebe in einem Gesamtprogramm einen Wechsel von Hauptsächlichem und Nebensächlichem. Im Fernsehen jedoch müsse aufgrund der vorhandenen Programmdauerbeschränkung alles hauptsächlich sein.[18] Im Hörfunkprogramm sei der Wechsel von Wort- und Musiksendungen vorherrschend, im Fernsehen jedoch der Wechsel von aktuellen (Live-Übertragungen) und künstlerischen Sendungen (Fernsehspiel). Auch fehlten Möglichkeiten der Überleitung durch Musik zwischen den einzelnen Programmteilen. Vergleichbar zu den Vorstellungen Kurt Wagenführs forderte auch Heinz Schwitzke "einen großen, einheitlichen Programmbogen über mehrere Sendungen hinweg"[19]. Im Unterschied zu anderen Programmverantwortlichen der fünfziger Jahre befaßt sich Schwitzke öffentlich auch mit der Problematik der Gestaltung von Unterhaltungssendungen.

Im weiteren Verlauf der Fernsehentwicklung häuften sich die Vorschläge zur Programmgestaltung. Das Fernsehprogramm wurde als dramaturgisches Problem angesehen; zu seiner Beschreibung wählten die Autoren zumeist die Metaphorik des Theaterbereichs. "Jedes gute Fernsehprogramm ist soviel wie ein Drama, das heißt also Handlung."[20] Die Bevorzugung dramatischer Vermittlungsformen als Programmelemente ist ebenso erkennbar wie die Betonung der Funktion des Vorführens, des unmittelbaren Zeigens von Welt etwa in der Live-Reportage. Der Fernsehkritiker Gerhard Eckert formulierte zusammenfassend als zentrale Zielsetzung: "Das Programm muß ein wohlproportionierter Querschnitt der Welt sein."[21] Clemens Münster verglich 1953 das Fernsehprogramm mit der inhaltlichen Vielfalt einer Familienillustrierten.[22]

Von der Wirkungskraft des neuen Mediums

Die Ansprachen von Bundespostminister Schuberth und dem NWDR-Generaldirektor Adolf Grimme anläßlich der Inbetriebnahme der Fernsehbrücke[23] am 1.1.1953 sind durch metaphernreiche weihevolle Beschwörungen der "Zauberkraft", der schier allumfassenden Möglichkeiten des neuen Mediums gekennzeichnet. Das Fernsehen wird beispielsweise zur Zauberschale, die die Ferne zur Nähe

---

17 Heinz Schwitzke: Das Fernsehen ist da - was nun? Aufsätze zu einer dramaturgischen Besinnung. In: epd Kirche und Rundfunk 1952 Nr. 26. S.2.
18 Doch der Trend zum Programmwachstum war bereits in den frühen Jahren erkennbar.
19 Heinz Schwitzke: Das Fernsehen ist da - was nun? Ansätze zu einer dramaturgischen Besinnung. In: epd Kirche und Rundfunk 1952 Nr. 26. S.2.
20 Gerhard Eckert: Die Kunst des Fernsehens. Emsdetten 1953. S.92.
21 ebenda S.93.
22 Zur Vielfalt der Programmformen in den fünfziger Jahren vergleiche auch: Joan Kristin Bleicher: Programmformen des Fernsehens der fünfziger Jahre. In: Knut Hickethier (Hrsg.): Der Zauberspiegel - Das Fenster zur Welt. Untersuchungen zum Fernsehprogramm der fünfziger Jahre. Arbeitshefte Bildschirmmedien 14. Siegen 1990. S.33-46.
23 Gemeint ist die technische Verbindung zwischen den föderalen Sendeanstalten.

macht und die Grenzen zu fernen Ländern aufhebt. Dieser Metaphorik angepaßt ist Grimmes Verständnis vom Programm als Heiltrank, der die guten Seiten im Menschen stärken und zur Gesundung der deutschen Volksseele beitragen soll, "mit neuen Quellen der Freude im Anblick von Spiel und Tanz"[24]. Das Fernsehen ist das neue, geheimnisvolle "Fenster zur Welt"; eine neue Teilnahme am Leben der anderen sei möglich geworden, deren Schicksal künftig in der eigenen Stube stehe. Dadurch kann das Leben der Zuschauer, nach Auffassung Adolf Grimmes, nicht nur reicher, sondern auch tiefer werden.

Clemens Münster schließt sich noch 1962 diesen von Adolf Grimme beschriebenen Funktionsbestimmungen des Fernsehens an. Aufgabe des Fernsehprogramms, so Münster, sei es, durch Information und Drama Teilnahme zu vermitteln. Information diene der Erweiterung des Wissens und des Bewußtseinshorizontes; das Drama führe zur Teilnahme am Schicksal der dargestellten Person.[25] Das Fernsehen überbrücke den Graben zu anderen Menschen und zu Ereignissen, die außerhalb des Erfahrungsraums der Zuschauer stattfinden. Selbst bislang verschlossene Tore zum Reich des Geistes werden, so Grimme, durch das Fernsehen aufgestoßen.

Die Beschwörungen der allmächtigen Wirkungskraft des Fernsehens finden sich auch in anderen Publikationen, die indirekt die Kritik von Theodor W. Adorno, Max Horkheimer und Günter Anders am Fernsehen als Teil der industrialisierten Massenkultur zurückweisen. Das Fernsehen wird als neue Form menschlicher Verständigung gepriesen, mit ihm könnten die Ausdrucksmöglichkeiten des Menschen vermehrt werden. Gerade das Verarmen menschlicher Kommunikation durch den Einfluß des Fernsehens war ein Punkt der Kritik von Adorno und Anders, die die Wirkung des Mediums in den USA schon länger verfolgen konnten. Günther Anders kritisierte das Fernsehen als Manipulator des Bewußtseins; der traumlose Traum sei auch Vernichter menschlicher Sprachkompetenz. Theodor W. Adorno analysierte das Fernsehen als Teil der Kulturindustrie, die zur Entfremdung des Menschen beitrage.

Werner Pleister, für die Entwicklung des Fernsehens beim NWDR verantwortlich, betonte im argumentativen Gegenentwurf die pädagogischen Möglichkeiten des neuen Mediums. Ziel sei es, zu der Oberfläche des Fernsehens "das innere Gesicht zuzugeben".[26] Es solle gezeigt werden, "was hinter den Dingen ist und was die Menschen sonst nicht sehen können."[27] Das neue Medium, so die Zeitschrift "Ansage", trage zur Erfüllung des Wunsches nach "Friede auf Erden" bei.

---

24 Verschlossene Tore aufgestoßen. Ansprachen zur Inbetriebnahme der Fernsehbrücke am 1.Januar. In: Die Ansage 1952 Nr. 105. S.6.
25 Clemens Münster: Das Fernsehprogramm. In: Fernseh-Informationen Jg.13 Nr. 33 1962 S.688f.
26 Werner Pleister: Fernsehen heißt: ins Innere sehen. In: epd Kirche und Rundfunk 1951 Nr. 24. S.3f.
27 ebenda

Diskussion der "Wesensgesetze" des Mediums[28]

Heinz Schwitzke versuchte den Wesenscharakter des Fernsehens in der Abgrenzung zum Hörfunk zu erfassen. "Das Fernsehen ist in einem Punkte ganz wesentlich vom Rundfunk verschieden. Es kann nämlich wirklich in seinem Programm auf die Darstellung und Selbstdarstellung des Menschen niemals verzichten, während der Rundfunk das weithin kann. Er füllt die überwiegende Zeit seines 20-stündigen Tagesablaufs mit Musik aus, und zwar vorwiegend mit Unterhaltungsmusik, die ja zum Teil weit davon entfernt ist, künstlerischer Ausdruck des Menschen zu sein, und die statt dessen zu einem Opiat, zu einer Art permanentem Nervenberuhigungs- oder -anregungsmittel degradiert wurde."[29]

Als besonderes Charakteristikum des Mediums wurde der Live-Charakter des Fernsehens, die Simultaneität von Ereignis und Fernsehübertragung betont. Der "Zauberspiegel" Fernsehen bringt durch den Empfangsapparat als "fünfte Wand" des Wohnzimmers die Welt ins Haus. "Das Fernsehen zeichnet sich durch die Unmittelbarkeit aus, mit der Zuschauer der Sendung in Bild und Ton folgen können." (Cassirer) "Der Fernseher ist echter Augenzeuge, (...) indem er in Bild und Ton in dem Augenblick dabei ist, wo sich etwas vollzieht."[30]

Hans Gottschalk (SDR) betonte die raumüberbrückenden Möglichkeiten der technischen Medien, die eine Tendenz zur Nähe erzeugen. Für Gottschalk hieß dies konkret, "dem Betrachter auch die entfernten Gegenstände und Ereignisse 'nahezubringen' und sie dadurch zu 'entfernen'." "Je mehr die dargestellten Ereignisse, Gegenstände und Personen dieser Eigentümlichkeit des Fernsehvorgangs Rechnung tragen, um so intensiver das Erlebnis, um so größer die Wirkung."[31] Live-Sendungen waren jedoch nicht so stark im Programm vertreten, wie es diese Beschwörungen vermuten lassen.[32]

Vergleichbar zu Hans Gottschalk verwies auch Gerhard Eckert auf die besondere psychologische Wirkung des Live-Prinzips. "Es ist vielmehr eine psychologische Erkenntnis, daß die Kongruenz von Ereignis und Betrachtung, von Sendung und Empfang bestimmte seelische Grundeinstellungen bewirkt. Der Fernseher ist echter Augenzeuge - nicht in dem Sinne, daß er einen vom Filmgestalter vorher sorgsam zurechtgemachten Film irgendwann einmal betrachtet, sondern indem er in Bild und Ton in dem Augenblick dabei ist, wo sich etwas vollzieht."[33]

Gerhard Maletzke übte Kritik an der Verwendung des Live-Prinzips in fiktionalen Sendungen ohne aktuellen Bezug. "Weiß der Zuschauer überhaupt etwas davon, daß das, was er sieht, in demselben Augenblick im Studio oder in der Mu-

---

28   Emil Dovifat betonte 1950 die selbständigen Wesensgesetze des Mediums.
29   Heinz Schwitzke: Drei Grundthesen zum Fernsehen. In: Rundfunk und Fernsehen Jg.1. 1953 o.S.
30   Henry B. Cassirer: Die Struktur des Fernsehens. In: Rundfunk und Fernsehen Jg.2 1954 H.3-4 S.44.
31   Hans Gottschalk: Grundsätzliche Überlegungen zum Fernsehspiel. In: Rundfunk und Fernsehen Jg. 4 1956 H.2 S.127.
32   Vergleiche hierzu die empirischen Erhebungen der Programmanteile in: Knut Hickethier (Hrsg.): Der Zauberspiegel - Das Fenster zur Welt. Untersuchungen zum Fernsehprogramm der fünfziger Jahre. Arbeitshefte Bildschirmmedien 14. Siegen 1990.
33   Gerhard Eckert: Die Kunst des Fernsehens. Emsdetten 1953 S.7.

sikhalle abrollt? Und selbst wenn er es weiß: Bedeutet es ihm etwas? Wird dadurch sein Erleben bereichert? Nur wenn diese Fragen bejaht werden könnten, wäre es berechtigt, weiterhin im bisherigen Umfang am Live-Prinzip festzuhalten. Denn nur dann würde es lohnen, die Begrenzungen auf sich zu nehmen, die nun einmal zwangsläufig mit Live-Sendungen verbunden sind."[34]

Auch im Bereich der Informationssendungen hatte die Dominanz des Live-Prinzips zum Teil negative Folgen. Gerhard Beyer kritisierte die mangelnde Berücksichtigung des Bereichs "Politische Meinungsbildung und Aufklärung" im Fernsehprogramm. Es fehlten Stellungnahmen zur politischen und gesellschaftlichen Realität der Gegenwart.[35] Clemens Münster forderte trotz der Kritik noch 1959, generell an der Live-Orientierung des Fernsehens festzuhalten. Franz Stadelmayer bemerkte skeptisch "ohne Vorproduktion komme das Fernsehprogramm im Interesse der Zuschauer (...) nicht mehr aus."[36]

Kontroversen um die Programmorganisation

Neben Fragen der Programmgestaltung standen in der weiteren Fernsehentwicklung zunehmend Fragen der Programmorganisation im Mittelpunkt. Schon in der ersten Hälfte der fünfziger Jahre war aus finanziellen Gründen den Vertretern aller Sendeanstalten die Notwendigkeit eines gemeinschaftlich produzierten Fernsehprogramms bewußt. Im Dezember 1953 einigten sie sich nach einem Vorschlag Werner Pleisters (NWDR) auf folgendes Organisationsmodell, das sie protokollarisch fixierten: "Unsere Auffassung von einem Gemeinschaftsprogramm ist, daß dieses Programm Abend für Abend aus verschiedenen Beiträgen der einzelnen Rundfunkanstalten zusammengesetzt wird, was nicht ausschließt, daß ab und an eine Anstalt einen ganzen Abend bestreitet. Es soll möglichst bald zu einer auch im zeitlichen Aufbau mosaikartigen Zusammensetzung des Programms übergegangen werden. Dabei soll vermieden werden, eine zeitliche schematische Aufteilung zu geben. Der Programmaufbau muß organisch erfolgen, entsprechend der inhaltlichen und formalen Art des Angebots."[37]

Aufgrund seiner Vorreiterrolle in der Fernsehentwicklung seit 1948 wollte der NWDR auch weitere Planungen im Fernsehbereich bestimmen. Andere regionale Sendeanstalten versuchten sich insbesondere in den Programmsparten Fernsehspiel und Dokumentationen im Fernsehgemeinschaftsprogramm zu profilieren, um auch im Rahmen der Organisation des Gemeinschaftsprogramms an Einfluß zu gewinnen. Solche regionalen Interessen wurden von NWDR-Fernsehchef Werner Pleister strikt abgelehnt; er propagierte seine Utopie des europäischen Gemeinschafts-

34 Gerhard Maletzke: Irrtümer in der Fernsehproduktion. In: Rundfunk und Fernsehen 1/1956.
35 Gerhard Beyer: Zuviel Angst vor dem Ärgernis. Deutsches Fernsehen: politisch lau und meinungslos. In: Fernsehen Jg. 5 1957 H. 12. S.604f.
36 Franz Stadelmayer: Die Gestaltung des deutschen Fernsehprogramms. Zweites, möglicherweise auch drittes Fernsehprogramm. In: Fernseh-Informationen Jg. 10 1959 H. 33. S.725.
37 Zitiert nach: Joan Kristin Bleicher: Chronik zur Programmgeschichte des deutschen Fernsehens. Berlin 1993. S.57.

programm. Mit der Aufspaltung des NWDR in NDR und WDR hatte die regionale Senderkonkurrenz einen ersten Höhepunkt erreicht.

Im Verlauf der fünfziger Jahre ist die Tendenz zur Erweiterung des Programmangebots unverkennbar. Es bildeten sich Programminseln im Nachmittags-, Vorabend- und Hauptabendprogramm, zwischen denen sich die Lücken langsam schlossen.[38] Aufgrund fehlender Aufzeichnungstechniken und der damit verbunden Archivierungsprobleme entstanden schnell Probleme bei der Programmbeschaffung, die die Programmverantwortlichen immer wieder thematisierten.

Mit den regionalen Vorabendprogrammen hielt auch die Werbung Einzug in das deutsche Fernsehen. In der zweiten Hälfte der fünfziger Jahre kam es zur Diskussion um das Werbefernsehen und seine medienspezifische Wirkung. Die Programmverantwortlichen versuchten, dem Vorwurf, das Fernsehen verringere die Werbeeinahmen von Zeitschriften und Kinos, zu begegnen. Doch vor den Folgen der Kommerzialisierung für das Programmangebot wurde schon früh u.a. seitens der Kirchen gewarnt. Man befürchtete einen allgemeinen Niveauverlust der Sendungen.[39]

Diskussion zu den Planungen eines zweiten Fernsehprogramms

Nach der Durchsetzung des Fernsehens zum Massenmedium begann die Bundesregierung mit verstärkten Versuchen, mehr Einfluß auf das Medium zu gewinnen. Konrad Adenauer verfolgte das Ziel, ein zentral organisiertes Regierungsfernsehen in Gestalt eines zweiten Programms zu schaffen. Schon in der zweiten Hälfte der fünfziger Jahre wurde die Möglichkeit eines zweiten Programms u.a. als Alternative zum bestehenden Programmangebot diskutiert. Es bestand die Vorstellung von der Einführung eines Auswahlprogramms mit Kontrastwirkung etwa zwischen Unterhaltung und einem anspruchsvollen Fernsehspiel.[40]

Die Rundfunkanstalten planten, das zweite Programm in eigener Regie durchzuführen. Mit dem 1958 vorgelegten ersten Programmschema wollten sie die schon zu diesem Zeitpunkt vorhandene Programmvielfalt verdeutlichen.[41] 1958 schließlich wurde das erste offizielle Programmschema des Fernsehens vorgestellt, das den Charakter der Hauptsendungen jedes Abends festlegte. Das bis dahin häufig kritisierte Aufeinanderfolgen von Sendungen der gleichen Programmform sollte so vermieden werden. Der Kontrastgedanke in Form des Wechsels Informa-

---

38 Vergleiche hierzu: Knut Hickethier (Hrsg.): Der Zauberspiegel - Das Fenster zur Welt. Untersuchungen zum Fernsehprogramm der fünfziger Jahre. Arbeitshefte Bildschirmmedien 14. Siegen 1990.

39 Vergleiche: Joan Kristin Bleicher: Chronik zur Programmgeschichte des deutschen Fernsehens. Berlin 1993. S.50f.

40 Franz Stadelmayer: Die Bestrebungen zur Neuordnung des Rundfunks. Der Rundfunk muß unabhängig bleiben. In: Fernseh-Informationen Jg. 9 1958 H. 28. S.583.

41 Angesichts der andauernden und von der CDU forcierten Diskussion um ein Regierungsfernsehen als zweites alternatives Fernsehprogramm zum bestehenden Gemeinschaftsprogramm der ARD-Rundfunkanstalten beantragte die ARD 1957 zusätzliche Frequenzen im UHF-Bereich für die Ausstrahlung eines zweiten Fernsehprogramms. Die Bundespost lehnte den Antrag mit dem Hinweis auf die noch offene Regierungsplanung ab.

tion - Unterhaltung bestimmte die Wochenabfolge. Das Schema umfaßte einen 14-tägigen Turnus folgender Art:

	Woche A	Woche B
So:	Unterhaltung (leichtes Spiel)	Unterhaltung
Mo:	Information	Information
Di:	Unterhaltung	Fernsehspiel
Mi:	Information	Unterhaltung
Do:	anspruchsvolles Fernsehspiel	Fernsehspiel
Fr:	Information	Information
Sa:	Operette, Komödie usw.	Unterhaltung

Bestehende Rundfunkanstalten, so Hans Bausch (SDR) in einer Stellungnahme, seien durchaus in der Lage, ein eigenes Kontrastprogramm zu produzieren. Er verteidigte das föderale Prinzip der Rundfunkorganisation gegenüber den Interessen der Bundesregierung.

Mögliche Konzepte der Organisation eines Regierungsfernsehens wurden in der Fachpublizistik, u.a. in den "Fernseh-Informationen", diskutiert. Ein Vorschlag sah eine Aufteilung der Programmverantwortung vor. Das Informationsprogramm sollte von der geplanten Bundesanstalt selbst verantwortet werden; Kulturprogramme jedoch sollten die anderen Rundfunkanstalten bereitstellen. Ferner wurde eine Teilprivatisierung vorgeschlagen. Das 'unpolitische Programm' sei auf dem 'freien Markt' zu beschaffen.[42] Die Beschaffung unpolitischer Programme auf dem freien Markt gehörte später zur gängigen Praxis des ZDF.

Die Ausstrahlung eines zweiten Programms in eigener Regie der Landesrundfunkanstalten, aber auch die mögliche Programmkonkurrenz mit dem "Regierungsfernsehen" resultierte in einer immensen Steigerung des Programmbedarfs. Mit der Einführung der MAZ-Technik waren Aufzeichnungen von Fernsehproduktionen und damit die Schaffung von Programmreserven möglich geworden. Kurt Wagenführ beklagte, daß trotz dieser neuen Möglichkeit die tatsächlichen Programmreserven weiterhin äußerst knapp bemessen seien.

---

42 Die Bundesregierung und die Schaffung eines zweiten Fernsehsystems. Interessante Erörterungen im Bundeskabinett. Auf dem Wege zu einer Bundes-Rundfunk- und Fernsehanstalt. In: Fernseh-Informationen Jg. 9. 1958 H. 22. S.484.

Die Diskussion um das sogenannte "Adenauer-Fernsehen" setzt sich auch in den frühen sechziger Jahren fort, zumal die "Freies Fernsehen GmbH" bereits mit der Programmproduktion begonnen hatte. Ihr Programm setzte auf Erfolgsrezepte der fünfziger Jahre: Varieté im Unterhaltungsprogramm, Auslandsberichterstattung bei den Informationssendungen. Auffällig erscheint die starke Unterhaltungsorientierung des Programmangebots, die an vergleichbare Konzeptionen der kommerziellen Anbieter in den achtziger Jahren erinnert. Auch die Freies Fernsehen GmbH hatte vor, die Sendungen durch Werbeleisten zu unterbrechen. Kurze Sendezeiten von ca. 40 Minuten, Shows, Quizsendungen und Diskussionen über okkulte Phänomene sollten nach Vorstellung des FFG-Unterhaltungschefs Helmut Schreiber[43] für die Unterhaltung der Zuschauer sorgen.

Es war klar, daß das zu Beginn des Jahres 1961 erwartete Urteil des Bundesverfassungsgerichts die rechtlichen Grundlagen der bundesrepublikanischen Medienlandschaft festlegen würde. Ein Kommentar zum Urteil vom Februar 1961 lautete: "Die Entscheidung lautet, daß dem Bund die Organisation und Veranstaltung von Rundfunk- und Fernsehsendungen nicht zusteht, sondern daß dies die rechtmäßige Aufgabe der Länder ist. Der Bund hat nur die ausschließliche Gesetzgebung über das Post- und Fernmeldewesen."[44]

Diskussion um die Gestaltung des zweiten ARD-Programms

Nach diesem Urteil begannen die Landesrundfunkanstalten zunächst unabhängig voneinander übergangsweise mit Vorbereitungen für die Ausstrahlung eines zweiten Programms, die auch als Vorbereitung für die künftigen Dritten Programme der Landesrundfunkanstalten gedacht waren. Wieder befaßte sich die Diskussion mit der Programmfrage, denn die Gestaltung von zwei Programmangeboten stellte die Verantwortlichen vor deutlich veränderte Probleme im Bereich der Programmplanung. Erstmals galt es, die Möglichkeit eines Programmwechsels durch den Zuschauer in die Konzeption einzubeziehen.

Es begann die lang anhaltende Diskussion um Form und Inhalte eines Kontrastprogramms. Der mögliche Programmwechsel des Zuschauers sollte durch unterschiedlich geartete Angebote auf beiden Kanälen erleichtert werden. Gerhard Ekkert verwies auf die grundsätzliche Problematik des Kontrastgedankens und auf die Notwendigkeit einer gleichförmigen zeitlichen Strukturierung.[45] Hans Bausch beschrieb die Konzeption eines Kontrastprogramms der ARD: "Unser Zweites Programm ist ein Kontrastprogramm, nicht so, daß jede ernste Sendung im Ersten Programm ihr heiteres Gegenstück im Zweiten Programm finden müßte, nicht so, daß alle Sendungen eine genormte Länge haben, so daß die eine im ersten Programm endet, wenn die andere im Zweiten Programm beginnt, aber doch so, daß

---

43 Sein Künstlername als Entertainer und Bühnenmagier lautete Kalanag.
44 Es gibt kein Staats-Fernsehen in der Bundesrepublik! Der Urteilsspruch von Karlsruhe. Wann kommt nun das zweite Fernsehprogramm? In: Fernseh-Informationen Jg. 12 1961 H. 6. S.4.
45 Gerhard Eckert: Kontrastprogramm im Fernsehen. Ein Schlagwort. In: Fernseh-Rundschau 1960.

jeder Abend sein Gesicht hat, dieses Gesicht im Ersten Programm, jenes Gesicht im Zweiten Programm."[46]

Hans Joachim Lange wurde zum Koordinator für das von den Länderanstalten gemeinsam bis zur Gründung des Zweiten Deutschen Fernsehens zu betreibende zweite ARD-Programm gewählt. Er arbeitete folgende Konzeption des ARD-eigenen Kontrastprogramms aus: Auf Ansagerinnen sollte verzichtet werden. Die Programmstruktur sei folgendermaßen zu gestalten:

> Montag: Spielfilm; Dienstag: Auslandsberichte, anschließend kleine Unterhaltung; Mittwoch: Kulturmagazin (14-tägig), eventuell Kurzopern oder Ballett, neuartige Sendungen (z.B. für junge Zuschauer); Donnerstag: große Unterhaltungssendung, actionorientierte Kriminalstücke aus fremder Produktion; Freitag: Großes Fernsehspiel, Samstag: Studio-Bühne, Theater der Avantgarde, Werke aus der Pionierzeit des Films; Sonntag: Panorama-Sendung, kleine Unterhaltung, Sportschau.

Nach diesem Schema wurde das Zweite ARD-Programm ein halbes Jahr lang gesendet. Im Rahmen der Verhandlungen über Form und Inhalte kontrastiver Programmangebote begannen Kategorienbildungen und Genredefinitionen des Fernsehangebots an Bedeutung zu gewinnen. Karl Veit Riedel legte 1964 einen detaillierten Vorschlag für Genredefinitionen vor.[47]

Die Vertreter der ARD waren daran interessiert, die Verantwortung für das Kontrastprogramm zum eigenen Programmangebot möglichst lange beizubehalten. Hans Bausch insistierte auf einer Verlängerung des provisorischen 2. Fernsehprogramms der ARD. 1964 begannen die ARD-Anstalten mit der Ausstrahlung ihrer regionalen Dritten Programme.[48]

Programmkonzeptionen des ZDF

Mit der Gründung des ZDF, das sich durch Gebühren und Werbeeinnahmen finanzieren mußte, begann erstmals in der bundesdeutschen Fernsehgeschichte eine Phase der Programmkonkurrenz, auch wenn diese zunächst auf nur zwei Anbieter beschränkt war. Vertreter von ARD und ZDF erarbeiteten grundlegende Koordinationsvereinbarungen, die folgende zentrale Punkte enthielten:

1. Aufbau von Einzelsendungen auf Programmeinheiten von jeweils 15 Minuten.

2. Das ZDF plaziert zwei Sendungen pro Woche so, daß ein gemeinsamer Beginn des Hauptabendprogramms mit der ARD gewährleistet ist.

---

46 Hans Bausch: Die Eröffnung des Zweiten Fernsehprogramms in der Bundesrepublik. Es ist den Rundfunkanstalten nicht leicht geworden... In: Fernseh-Informationen Jg. 12. 1961 H. 16. S.349.
47 Karl Veit Riedel: Strukturprobleme des Fernsehprogramms. In: Rundfunk und Fernsehen Jg. 12. (1964) H.23. S.131ff.
48 Die Konzeptionen der Programmverantwortlichen der verschiedenen Dritten Programme sind in dem Band "Die Dritten Programme. Dokumentation und Analyse" von Dieter Ross enthalten, der 1967 erschienen ist.

3. ARD und ZDF bestimmen je einen Eurovisions- und einen Sportbeauftragten.

4. ARD und ZDF bilden einen Koordinierungsausschuß.

Im Rahmen dieser Programmkonkurrenz erhielt die Einschaltquote eine neue Bedeutung; die Programmverantwortlichen begannen sich an der Quantität statt an der Qualität als Erfolgskriterium zu orientieren. Die Ausrichtung auf Zuschauermehrheiten wird hinter dem Slogan "Das Programm müsse vieles für viele sein" verschleiert.

Der erste ZDF-Intendant Karl Holzamer setzte auf das Unterhaltungsprogramm als Erfolgsfaktor, um sich gegenüber der ARD Zuschauermehrheiten zu sichern.[49] Karl Holzamer bezeichnete Fernsehen als Unterhaltungsfaktor ersten Ranges, "der in Thema und Form einen sehr weiten Spannungsbogen besitzen muß."[50] Seine Vorstellung vom Programm als "Fluß" war dementsprechend einseitig und nicht mehr vom Modell des Wechsels der Programmformen bestimmt: "Der stete Fluß muß Unterhaltung sein, in die alles andere eingebettet wird oder daraus emporragt."[51] Im Vergleich zur ARD wurde das ZDF-Programm deutlicher an der Familie als Zielpublikum ausgerichtet.

Demokratisierung vs. Ausgewogenheit

In der ersten Hälfte der siebziger Jahren wurden in Reaktionen auf allgemeine Liberalisierungstendenzen in der Gesellschaft Diskussionen um das Verhältnis von Fernsehen und Demokratie geführt. Ein Beispiel für diese Diskussion bildet der Beitrag Rainald Merkerts: "Das Fernsehen und sein demokratischer Auftrag." Als Reaktionen auf politische Liberalisierungstendenzen im Programmangebot kamen Forderungen nach mehr "Ausgewogenheit" des Programmangebots und schließlich der Sendungen selbst auf. Die in der ersten Hälfte der siebziger Jahren geführten Diskussionen um Fernsehen und Demokratie und das Schlagwort "Ausgewogenheit" ist durch zwei Positionen gekennzeichnet. Während besonders Autoren und Redakteure sich um demokratische Strukturen in ihrem Medium Gedanken machten, waren Politiker wie Helmut Hammerschmidt an der Ausgewogenheit politischer Berichterstattung interessiert.

Kontroversen um das Kontrastprogramm und Schutzzonendiskussion

Die Kontroverse um das Kontrastprogramm zwischen ARD und ZDF verstärkte sich, als 1971 Tagesablaufdaten zur Fernsehnutzung der Zuschauer vorlagen. Vor

---

49 Die ARD erhöhte den Anteil ihrer Nachrichtensendungen und versuchte der Konkurrenz mit dem ZDF auch durch eine verbesserte Auslandsberichterstattung zu begegnen.

50 Karl Holzamer: Fernsehen - Unterhaltungs- und Nachrichtenmagazin? In: Archiv-Dienst Funk Fernsehen Film, Jg.12, Nr. 50, Hamburg 1963, S.336f.

51 ebenda, S.336.

allem eine "Schutzzone" für Informationssendungen und anspruchsvolle Produktionen wurde diskutiert. Die Ergebnisse der Zuschauerforschung resultierten in einer Diskussion einschneidender Veränderungen der Programmschemata. Aus Sicht von Dieter Stolte sollte der zeitverschobene Beginn des Hauptabendprogramms von ARD - 20.00 Uhr - und ZDF - 19.00 Uhr - größere Wahlmöglichkeiten für die Zuschauer bieten. Vertreter der ARD sahen in der Vorverlegung der "heute"-Nachrichten auf 19.00 Uhr einen deutlichen Konkurrenzvorteil des ZDF. Ab 1973 verschärfte sich die Krise der Programmkoordination noch weiter. Helmut Oeller (BR) legte 1974 einen neuen Definitionsversuch des Kontrast-Begriffes vor.[52] Er betonte die Zusammenfassung des Verschiedenen. Dies geschehe durch ein Angebot an Alternativprogrammen, die ihrem Wesen nach verschieden sein müßten. Die Konkurrenz aber als leitendes Prinzip der öffentlich-rechtlichen Sendeanstalten scheide aus.

Finanzkrise und Diskussion des industriellen Managements

Im Jahr 1969 zeichneten sich deutliche finanzielle Schwierigkeiten des ZDF ab; eine Finanzkrise erfaßte in den frühen siebziger Jahren alle Sendeanstalten. Die Fernsehgebühren hatten nicht mit den ständigen Programmerweiterungen Schritt gehalten. Personal- und Produktionskosten waren bei gleichen Einnahmen ständig gestiegen. Das ZDF begann dieser Krise mit veränderten Programm- und Planungsstrategien zu begegnen. Neue Präsentationsformen wurden gefordert, die eine sinnvolle Nutzung bislang unausgeschöpfter Archivwerte etwa im Unterhaltungsprogramm ermöglichen sollten. Die Kontakte zwischen den Redaktionen galt es auch mit der Zielsetzung gesteigerter Produktivität zu intensivieren.

Dieter Stolte betonte 1974 die Notwendigkeit des industriellen Managements in den öffentlich-rechtlichen Sendeanstalten.[53] Verstärkten künstlerischen und journalistischen Ambitionen stünden betriebswirtschaftliche Notwendigkeiten der rationellen Nutzung geschaffener Produktionsmittel etwa im Studiobereich gegenüber. Die ARD-Intendanten hatten 1974 einschneidende Sparmaßnahmen im Programmbereich beschlossen, die auch die Verkürzung von Sendezeiten und die Verstärkung des Wiederholungsanteils beinhalteten.

Diskussion einer künftigen Konkurrenz mit kommerziellen Anbietern

ARD und ZDF befaßten sich bereits in den 70er Jahren mit Möglichkeiten und Folgen eines dualen Rundfunksystems. Das ZDF rechnete mit dem baldigen Aufkommen kommerzieller Programmanbieter und intendierte daher die weitere Maximierung der Zuschauerzahlen. WDR-Intendant Klaus von Bismarck hingegen

---

52 Helmut Oeller: Kontrast - Anmerkungen zu einem Schlüsselbegriff. In: Funk-Korrespondenz 1974 Nr. 24. vom 12.6.1974 S.3.
53 Dieter Stolte: Fernsehen von Morgen - Analysen und Prognosen. In: Aktueller Fernsehdienst. Nr.4 1974 S.1.

setzte auf die Programmschwerpunkte Bildung und Information als Erfolgsstrategie in der sich abzeichnenden Konkurrenz mit kommerziellen Anbietern.[54] Auch sollten Möglichkeiten gefunden werden im Interesse der Anbindung an den Sender, das Publikum aktiv in die Programmgestaltung einzubeziehen. Dieter Stolte (ZDF) war jedoch der Meinung, daß die Mitbestimmung der Zuschauer bei der Programmplanung bereits durch die Erstellung der Tagesablaufstudien erfolge. Andrea Brunnen konstatierte angesichts der beginnenden Diskussion um privatwirtschaftliche Konkurrenz auf dem Programmsektor und der Kostensteigerung im Produktionsbereich deutliche Anpassungsprobleme der öffentlich-rechtlichen Sendeanstalten.[55]

Dieter Stolte forderte in dem internen ZDF-Arbeitspapier "Fernsehen in den 70er Jahren. Analysen, Prognosen, Ziele", frühzeitig Strategien gegen die drohende Programmkonkurrenz zu entwickeln. Aus der Erkenntnis künftiger technischer und wirtschaftlicher Möglichkeiten müßten die Sendeanstalten Vorkehrungen treffen, die dann bei tatsächlichen Veränderungen des Programmarktes wirksam werden könnten. In einem Artikel für das ZDF-Jahrbuch 1970 hat Stolte die Veränderungen im Bereich der Technik aufgelistet: "Kassette, Kabel, Gigahertz, Satelliten und ihre mögliche Interdependenz."[56] Stolte erwartete einschneidende Veränderungen der Medientechnologien bereits für die zweite Hälfte der siebziger Jahre. Das Fernsehen müsse trotz des vorhandenen Unterhaltungsbedürfnisses der Bevölkerung auch weiterhin gesellschaftliche Aufgaben übernehmen.

In den veränderten Programmschemata des Jahres 1978 schlugen sich die grundlegenden Strategien der öffentlich-rechtlichen Sendeanstalten angesichts der drohenden Konkurrenz durch kommerzielle Anbieter nieder. Ein neuer Serientermin am Montagabend 20.15 Uhr in der ARD und die Erweiterung des Nachtprogramms durch Spielfilmwiederholungen markierten die neue Bedeutung der Unterhaltung bei ARD und ZDF. Terminvereinheitlichungen und weitgehend homogene Programmangebote sollten die Orientierung der Zuschauer erleichtern. Die Erweiterung der aktuellen Berichterstattung u.a. durch die Einführung der Nachrichtenmagazine "heute-journal" und "Tagesthemen" und Verbesserungen in den Programmbereichen Kultur und Politik dienten der Nutzung eigener Vorteile im Personalbereich insbesondere hinsichtlich des vorhandenen Korrespondentennetzes. Hans Abich formulierte anläßlich erster Erfahrungen mit der veränderten ARD-Programmstruktur 1978 Vorschläge, die teilweise erst in den achtziger Jahren verwirklicht wurden. So forderte er die Einführung eines bundesweiten Vormittagsprogramms und erkannte die Bedeutung eines regionalen "Ländermagazins" und des verstärkten Einsatzes von Originalübertragungen.[57]

---

54 Klaus von Bismarck: Die Haupttendenzen für die nächsten fünf Jahre In: Fernseh-Informationen, Jg.22, Nr.3, München 1972, S.51.
55 Andrea Brunnen: Die "Gründerjahre" des Fernsehens sind vorbei. Notwendige Anpassungsprobleme stehen jetzt im Vordergrund. In: Fernseh-Informationen 1970 H.28. S.662.
56 Dieter Stolte: Anmerkungen zu einer Programmkonzeption der Zukunft. In: ZDF-Jahrbuch 1970. Mainz 1971. S.67.
57 Hans Abich: Perspektiven im Rückblick. Zur Programmstrukturreform der ARD ab 1978. In: ARD-Jahrbuch 1978 S.84f.

Diskussion der Integrationsfunktion des Fernsehens

Bereits vor, aber auch nach der Einführung des dualen Rundfunksystems 1984 wiesen Programmverantwortliche der öffentlich-rechtlichen Sendeanstalten auf die besondere integrative Funktion ihres Programmangebots hin. Es gehe darum, mittels des Programms als kommunikativen Angebots gesellschaftliche Minderheiten mit Mehrheiten ins Gespräch zu bringen. Ferner sei die Funktion der Lebenshilfe, der Orientierungshilfe in einer immer komplexer werdenden Gesellschaft mittels Ratgebersendungen zu erfüllen. Des weiteren betonten Programmverantwortliche wie beispielsweise Alois Schardt, damals Programmdirektor des ZDF, die kulturellen Vermittlungsaufgaben, die das Fernsehen wahrnehme.[58]

Die Programmverantwortlichen von ARD und ZDF hoben mit diesen Beschwörungen ihrer gesellschaftlichen Funktion die Notwendigkeit auch der künftigen Organisation ihrer Sendeanstalten als öffentlich-rechtliche Institution hervor, die nicht nach den gleichen marktwirtschaftlichen Gesichtspunkten operieren könne wie privatwirtschaftlich organisierte Programmanbieter. Dennoch erfolgte bereits in den siebziger Jahren durch einschneidende Rationalisierungsmaßnahmen der öffentlich-rechtlichen Sendeanstalten die Umstrukturierung in nach marktwirtschaftlichen Gesetzen operierende Großunternehmen.[59] Die Betonung der besonderen gesellschaftlichen Relevanz des eigenen Programmangebots sollte, so hat es den Anschein, die bereits vorhandene eigene Orientierung an Einschaltquoten und Werbeeinnahmen argumentativ verschleiern.

Diskussion der Programmentwicklung des dualen Rundfunksystems

Manfred Jenke warnte 1981 vor zwei Verfahrensweisen der Programmplanung: zum einen zusätzliche Programme für die Vermehrung bislang schon vorhandener Programmelemente zu nutzen, zum anderen, das gesamtgesellschaftliche Blickfeld bereits vorhandener Programme auf partielle oder partikulare Blickwinkel zu verengen.[60] Der damalige ARD-Programmdirektor Hans Abich wandte sich schon 1980 gegen den Vorschlag der Spartenteilung, der vorsah, ein Informationsprogramm durch die öffentlich-rechtlichen Sendeanstalten bereitzustellen, den Bereich des Unterhaltungsprogramms jedoch ganz den kommerziellen Anbietern zu überlassen. Ein Vollprogramm sei verpflichtet, auch außerhalb der Hauptsendezeit ein attraktives Programm anzubieten.

Mit seiner Argumentation wandte sich Abich gegen ein klar vorhersehbares Dilemma. Werden die öffentlich-rechtlichen Programme auf die Vermittlung in den

---

58 Alois Schardt: Programmauftrag und kulturelle Identität. In: ZDF-Jahrbuch 1984.
59 Vergleiche hierzu: Joan Kristin Bleicher: Institutionsgeschichte des Bundesrepublikanischen Fernsehens. In: Knut Hickethier (Hrsg.): Institution, Technik und Programm. Rahmenaspekte der Programmgeschichte des Fernsehens. Band 1 von: Helmut Kreuzer; Christian W. Thomsen (Hrsg.): Geschichte des Fernsehens in der Bundesrepublik Deutschland. München 1993. S.106ff.
60 Manfred Jenke: Mehr Programme bringen nicht mehr Information. In: Frankfurter Rundschau 1981 Nr. 1. S.11.

Bereichen Information und Bildung reduziert, so ist angesichts der kommerziellen Konkurrenz mit ihren mehrheitsorientierten Unterhaltungsangeboten ein drastischer Rückgang der Einschaltquoten wahrscheinlich. Diese geringen Einschaltquoten wiederum führen zur Infragestellung des Gebührensystems generell, da sich fragen ließe warum Zuschauer für Programme Gebühren zahlen sollen, die sie doch nicht sehen. Nur in den Satellitenprogrammen von ARD (Eins Plus) und ZDF (3sat) war ein inhaltlicher Schwerpunkt auf den Bereichen Kultur und Information erkennbar.

Der Konkurrenzkampf der Sendeanstalten um Werbeeinnahmen resultierte in der Orientierung an der Breitenwirkung beim Publikum und fand daher vor allem in der Sparte Unterhaltung statt. ZDF-Programmdirektor Alois Schardt setzte bereits vor Einführung des dualen Rundfunksystems auf das Erfolgsrezept eigenproduzierter Serien wie "Traumschiff" und "Schwarzwaldklinik", um den Kaufproduktionen der privaten Anbieter aus dem amerikanischen Bereich zu begegnen. Auch den eigenproduzierten Krimi als "modernes Märchen" nutzte Schardt als Teil der Strategie zur Steigerung der Publikumswirksamkeit des eigenen Programms. Zusätzlich ließ sich noch die ethische Funktion des Krimis hinsichtlich der Vermittlung gesellschaftlicher Werte betonen, was dem eigenen Programmangebot den Anschein besonderer gesellschaftlicher Relevanz verlieh. Bei den eigenproduzierten Sendungen wies Schardt auf die Notwendigkeit 'trivialer' Erzählmuster hin, obwohl er den Gedanken der vorweggenommenen Anpassung an die Unterhaltungsmuster der privaten Anbieter strikt zurückwies.[61]

Dieter Stolte wies bereits 1980 darauf hin, daß mehr Anbieter auch aufgrund der zeitlichen Anordnung des Fernsehprogramms nicht notwendigerweise schon ein breiteres und vielfältigeres Angebot mit sich bringen.[62] Er sah später seine Sicht der Programmentwicklung im dualen Rundfunksystem bestätigt. Günter Rohrbach verwies 1982 auf das Software-Problem, das durch die Programmvervielfältigung drohe. Nicht der Kampf um die Gunst der Zuschauer sei der schärfste, sondern der Kampf um sendbare Programme.[63] Dieter Stolte erkannte darüber hinaus die neue Bedeutung der Senderidentität im Rahmen der allgemeinen Programmvermehrung. Das mit dem Programmwachstum einhergehende Überangebot an Unterhaltungssendungen seit 1984 hatte Stoltes Prognosen entsprechend zur Standardisierung des Unterhaltungsangebots und damit zur mangelnden Identifizierbarkeit der Programmherkunft geführt.

Norbert Schneider kritisierte 1981, also bereits lange vor der heißen Phase der Programmkonkurrenz, die mangelnde Fähigkeit der öffentlich-rechtlichen Sendeanstalten, selbst Programmhöhepunkte zu liefern. Diese würden entweder durch äußere Ereignisse vorgegeben oder fänden in Kaufproduktionen statt. "Nicht Bil-

61 Alois Schardt: Trivialität im Fernsehen - Versuch einer Einordnung. In: ZDF-Jahrbuch 1985 S.51ff.
62 Dieter Stolte: Programme nicht nur vervielfachen, sondern das Angebot verbessern. In: Frankfurter Rundschau 1980 Nr. 264. S.14.
63 Günter Rohrbach: Die Fernsehzukunft wird vor allem teuer. Plädoyer für die kritische Solidarität einer aufgeklärten Öffentlichkeit mit den öffentlich-rechtlichen Rundfunkanstalten. In: Die Zeit 1982. Nr. 14. S.37.

dung, sondern Abbildung dominiert".[64] Auch Rückwendungen in die Geschichte dienten als Flucht vor der notwendigen Auseinandersetzung mit den Konflikten der Gegenwart.

Die Dritten Programme versuchen mittels der Betonung der Region - u.a. im Informationsprogramm durch regionale Nachrichtensendung, durch die Einführung von Regionalfenstern - auf die Veränderungen des Programmangebots zu reagieren. Die Regionalisierung kommt den Orientierungsinteressen der Zuschauer entgegen. Es wird auch mit eigenen Unterhaltungsangeboten eine stärkere Abgrenzung vom ARD-Gemeinschaftsprogramm gesucht. Der WDR strebte jedoch nach der Beteiligung an dem in den frühen achtziger Jahren geplanten ARD-Satellitenprogramm.[65]

Programmkonzeptionen kommerzieller Sendeanstalten

Im Vergleich zu den Programmkonzeptionen von Verantwortlichen der öffentlich-rechtlichen Sendeanstalten wirken die Äußerungen der Vertreter kommerzieller Anbieter zu ihren Programmvorstellungen bislang sehr plakativ. Man setzt auf werbewirksame Äußerungen, will, so scheint es, vor allem mit einfachen Slogans überzeugen.

Bereits in den ersten Tagen des Ludwigshafeners Kabelpilotprojekts zeichneten sich grundlegende Programmentwicklungen ab. Rainer Frenkel konstatierte nach einer Programmbeobachtung: Wiederkehr, Wiederholung des Gleichen statt Rhythmus. "Das Grundmuster aber ist gestrickt, Unterhaltung gemischt mit Unterhaltung, sich selbst wiederholend, immer nur aus einem Fundus schöpfend."[66] In der Frühphase ihrer Programmentwicklung griffen die kommerziellen Anbieter auf die Erfolgsrezepte ihrer Gesellschafter zurück. RTL plus präsentierte neben eigenproduzierten Gameshows ein Wunschkonzert mit Hörfunk-Altstar Camillo Felgen. Das plus im Namen wies auf den televisionären Zusatz zum bestehenden Hörfunkprogramm hin. RTL wollte in der ersten Phase seiner Ausstrahlung, so eine Äußerung des Geschäftsführers Helmut Thoma, erst einmal terrestrische Frequenzen im Grenzbereich besetzen. Mit detaillierter Programmentwicklung befaßte man sich 1985 noch nicht. SAT.1 nutzte das Film- und Serienarchiv seines Gesellschafters Leo Kirch und stellte Sendeplätze für die Gesellschafter aus dem Zeitschriftenbereich bereit.

Besonders in der Zeit nach der Einführung des dualen Rundfunksystems 1984 kam es zum verbalen Schlagabtausch zwischen den Konkurrenten. Eine ethische Langzeitorientierung des öffentlich-rechtlichen Fernsehens wurde von Programm-

---

64 Norbert Schneider: Brandstifter beim Feuerwehrball. Eine kritische Bilanz der Rundfunkentwicklung. In: epd Kirche und Rundfunk 1981 Nr.62 S.4.

65 Zur allgemeinen Programmentwicklung in den achtziger Jahren vergleiche auch: Joan Bleicher; Rolf Großmann; Gerd Hallenberger; Helmut Schanze: Deutsches Fernsehen im Wandel. Perspektiven 1985 - 1992. Siegen 1993.

66 Rainer Frenkel: Statt Vielfalt: Vervielfältigung. Wo Profis und Provinz die Programme machen - die ersten Tage vor dem Bildschirm des Ludwigshafener Kabelfernsehens. In: Die Zeit 1984 Nr. 3. S.50.

verantwortlichen wie Dieter Stolte werbewirksam gegen die an der Optimierung der eigenen wirtschaftlichen Situation interessierten Kurzzeitorientierung der kommerziellen Anbieter propagiert.[67] Die Programmverantwortlichen von RTL plus und SAT.1 setzen auf Slogans wie "Der Zuschauer als Programmdirektor" (Jürgen Doetz SAT.1), um ihre programmplanerische Orientierung am mehrheitsfähigen Massengeschmack zu dokumentieren.

Traditionelle Vorstellungen vom Fernsehprogramm als Vermittler von Information und Bildung werden bei den kommerziellen Anbietern abgelöst von der strikten Nutzung des Fernsehens als Unterhaltungsmaschine, Helmut Thoma nannte das Fernsehen den "Ozeandampfer der Unterhaltung". Die Orientierung am Zuschauergeschmack scheint durchgängige Programmphilosophie zu sein, die an den Wünschen der werbetreibenden Industrie ausgerichtet ist. Traditionelle Schwerpunkte des Unterhaltungsprogramms sind nach Auskunft der Programmverantwortlichen der kommerziellen Anbieter die Grundsäulen ihrer Programmangebote: Game Shows, Spielfilme und Serien.

Bei den kommerziellen Anbietern hatten standardisierte Unterhaltungsangebote zunächst eine Ununterscheidbarkeit des Programmangebots zur Folge. Serien, Game Shows,[68] Personality Shows zählten zu den erfolgreichen Sendungen auf allen Kanälen. Diese Flut gleichartiger Programmangebote erschwerte die Möglichkeit, mit einem Programmereignis die Aufmerksamkeit des Zuschauers auf den eigenen Sender zu ziehen.[69] Aus Mangel an eigenem Personal im Redaktions- und Produktionsbereich und eigener Produktionskapazität nahmen zunächst Kaufproduktionen aus den USA einen hohen Anteil des Programmangebots fiktionaler Sendungen von RTL und SAT.1 ein. SAT.1 konnte sich aus dem Fundus seines Gesellschafters Leo Kirch bedienen. Daß zusätzlich viele alte Produktionen, die den Zuschauern schon aus den Kinos, aber auch aus dem Programmangebot der öffentlich-rechtlichen Sendeanstalten bekannt waren, wiederholt wurden, gaben die Programmverantwortlichen als besondere Zuschauerfreundlichkeit aus. "Jeden Abend senden wir außerdem mindestens einen Spielfilm. Dabei haben alte, liebgewordene Schinken ebenso ihren Platz im Programm wie jüngste, bisweilen wegweisende Arbeiten aus der Filmindustrie."[70]

---

67 Vertreter der öffentlich-rechtlichen Programme betonen neben der Erfüllung gesetzlich festgelegter gesellschaftlicher Aufgaben den Charakter des Kulturguts mit der Funktion des Public Service. Dem steht die Marktorientierung der kommerziellen Anbieter gegenüber, die dem Programmangebot einen Warencharakter zukommen läßt. Die positiv besetzte Werteorientierung der öffentlich-rechtlichen wird der Kommerzorientierung der kommerziellen Anbieter entgegengesetzt.

68 Bei den privaten Anbietern gehören vor allem die täglich ausgestrahlten Mischformen Game Show/Werbung zu den Einschaltquotenlieferanten.

69 Vergleiche hierzu: Joan Kristin Bleicher: Fernsehen über Fernsehen. Formen und Funktionen selbstreferentieller Sendungen im Unterhaltungsprogramm der öffentlich-rechtlichen Sendeanstalten in den achtziger Jahren. In: Wolfgang Hoffmann-Riem, Louis Bosshart (Hrsg.): Mediennutz und Medienlust. Unterhaltung im Fernsehen. München 1994. Joan Kristin Bleicher: VOX: Ereignisfernsehen ohne Ereignisse. In: Medien und Erziehung 3/1993.

70 Helmut Thoma: Tarzan, Thriller, tolle Tanten. RTL-plus, das erfrischend andere Fernsehen. In: Dennhardt/ Hartmann (Hrsg.). Schöne neue Fernsehwelt. Utopien der Macher. Kindler Verlag GmbH, München 1984, S. 226f.

Kritikern der Unterhaltungsorientierung kommerzieller Anbieter entgegnete man mit Hinweisen auf besondere Qualitäten des eigenen Angebots an Informationssendungen. RTL-Chef Helmut Thoma betonte schon 1984: "Große Bedeutung messen wir der aktuellen Berichterstattung bei. Dabei fühlen wir uns verpflichtet, wahrheitsgemäß, tolerant, gewichtend und verständlich ohne Zeigefinger und ohne Hochnäsigkeit dem Zuschauer das Tagesgeschehen zu vermitteln. Selbstverständlich gehören auch Hintergrundberichte zum Programm und Beiträge, die aktuelle Vorgänge in größere Zusammenhänge rücken."[71] Kein Wort fiel über die Tatsache, daß die Informationsprogramme der kommerziellen Anbieter Ergebnisse von Auflagen der Landesmediengesetze sind.

Die den kommerziellen Anbietern gemeinsame Unterhaltungsorientierung führte zur Programmangleichung und damit zu deutlichen Problemen der Senderkennung. Es galt ein eigenes unverwechselbares Profil im Kontrast zu den konkurrierenden Anbietern zu entwickeln. Gegenüber den öffentlich-rechtlichen Anbietern setzt man auf Tabudurchbrechungen und Grenzüberschreitungen im Programmangebot. Sexfilme, Sexmagazine wie das "Männermagazin" und Sexshows gab es so noch nicht bei den öffentlich-rechtlichen Sendeanstalten zu sehen. Eine zweite Grenzüberschreitung sah Thoma in den "unglaublichen Geschichten": "Auch dieses Programmangebot ist ungewöhnlich und stößt in eine Marktlücke. Eine regelmäßige Sendung über Grenzgebiete der Wissenschaft gibt es sonst in der Form (noch) nirgendwo im gleichen Medium."[72]

Der Sensationsgier und dem Voyeurismus bei Zuschauern kamen die kommerziellen Anbieter in den neunziger Jahren mit Reality TV-Sendereihen wie "Notruf", "Retter" und Bekenntnisshows wie "Ich bekenne" (SAT.1) oder "Verzeih mir!" entgegen. SAT.1 verteilte Videokamera-Ausrüstungen an Feuerwehren und Rettungsdienste, um an möglichst authentische Aufnahmen für seine Reality-TV-Sendereihen zu gelangen.

Ein Erfolgsrezept waren Eigenproduktionen in den Bereichen Serie, Sitcom, Game Show und Talk Show. Zuschaueranbindung wurde zusätzlich durch Rhythmenbildung, etwa in der täglichen Wiederkehr gleichartiger Programmangebote wie Serien, Game Shows oder Talk Shows gesucht. Auch die sogenannten Programmpersönlichkeiten erfüllten eine wichtige Funktion hinsichtlich der Profilsuche im Rahmen der Programmkonkurrenz. Exklusiv-Verträge schloß bspw. SAT.1 mit Mike Krüger und Karl Dall ab, Vertretern des unterhaltungswirksamen Comedy-Bereichs der öffentlich-rechtlichen Sendeanstalten. SAT.1-Chef Werner Klatten betonte aber auch die Notwendigkeit der Förderung hausinterner Programmpersönlichkeiten wie Wolf-Dieter Herrmann oder Frederic Meisner.

Galt es noch in der Frühphase des dualen Rundfunksystems, breite Zuschauermehrheiten für sich zu gewinnen, so setzt sich in den frühen neunziger Jahren immer mehr die Zielgruppenorientierung durch. Vor allem junge, finanzkräftige Zu-

---

71 ebenda
72 ebenda. Diese Behauptung ist nicht ganz richtig. So befaßte sich beispielsweise Rainer Erlers Mehrteiler "Das blaue Palais" (ZDF) in den siebziger Jahren ausschließlich mit Phänomenen der Parapsychologie.

schauer sind nun als kaufkräftige Kunden gefragt; Senioren hingegen gelten als zu wenig konsumfreudig, was zur Verschiebung ihrer Lieblingssendungen wie "Der Preis ist heiß" (RTL) auf schlechtere Sendeplätze führt. Das Programm gerät zur vermittelnden Zwischeninstanz zwischen werbetreibender Industrie und dem potentiellen Kundenkreis.

Die Zweifel an der Möglichkeit der Senderanbindung von Zuschauern nehmen, auch angesichts der sich abzeichnenden Programmvermehrung durch das Digitale Fernsehen, zu. "Von der gerühmten 'Kanaltreue' wird wenig übrig bleiben: Mehr denn je werden einzelne Programmteile (ein besonderer Spielfilm, eine beliebte Show, ein außergewöhnliches Sportereignis) die Seherwanderung bestimmen - das Vehikel für diese Sprunghaftigkeit heißt Fernbedienung."[73]

Solche konzeptionellen Äußerungen lassen Problembereiche erkennbar werden, die auch die weitere Entwicklung des Fernsehens beeinflussen. Fragen der Senderkennung, Möglichkeiten der Zuschauerbindung an das eigene Programmangebot, die Gestaltung von Zielgruppenprogrammen im Interesse der Werbeindustrie, Ablösung rasch verbrauchter Sendeformen wie Reality TV werden die Programmverantwortlichen auch künftig beschäftigen. Der derzeitige ARD-Programmdirektor Günter Struve hat seine detaillierten Prognosen der weiteren Programmentwicklung bereits publiziert. Dieter Stolte faßte seine publizistischen Beiträge der letzten Jahre zur künftigen Fernsehentwicklung in der Buchpublikation "Fernsehen am Wendepunkt" zusammen. Die Prognosen der kommerziellen Anbieter sind bislang weniger auf Programminhalte als auf mögliche ökonomische Perspektiven ausgerichtet. Auch dies läßt künftige Tendenzen erahnen.

---

73 Georg Kofler. PRO 7: "Marktchancen für private Fernseh-Vollprogramme in der Bundesrepublik Deutschland der 90er Jahre" (1989)

I. Das NS-Fernsehen und sein Programm

Die Reichs-Rundfunk-Gesellschaft eröffnet einen Fernseh-Versuchsbetrieb für Berlin (1935)

"Als vor einigen Wochen der englische Generalpostmeister im Unterhaus mitteilte, daß die Einführung eines Fernseh-Rundfunks in England noch für das laufende Jahr geplant sei, erweckte diese Nachricht in der Presse aller europäischen Länder das größte Aufsehen, und es entstand vielfach auch in der deutschen Öffentlichkeit der Eindruck, daß die englische Fernseh-Technik vor der deutschen einen wesentlichen Vorsprung haben müsse, und daß - darüber hinaus - in England das Problem des Fernseh-Rundfunks offenbar endgültig gelöst sei. Diese irrige Vorstellung wird in den nächsten Tagen schlagend dadurch widerlegt, daß in Berlin ein Fernseh-Dienst eröffnet wird, der in allen Einzelheiten mit dem übereinstimmt, was in England für den Herbst des Jahres geplant ist.

Noch im März wird die Reichs-Rundfunk-Gesellschaft einen Fernseh-Versuchsbetrieb aufnehmen, durch den Groß-Berlin in einem Umkreis von etwa 50 km um den Witzlebener Funkturm mit Fernseh-Sendungen versorgt wird. Die Sendungen, die vorerst dreimal in der Woche abends in der Zeit von 20.30 - 22.00 Uhr stattfinden, erfolgen mit Hilfe zweier Ultrakurzwellensender, von den der eine 67 m Wellenlänge besitzt und zur Übertragung der Fernseh Bilder dient, während der zweite - von 6,985 m Wellenlänge - den Begleitton überträgt.

Zur Übertragung gelangen vorerst in der Hauptsache *Tonfilme*, die von Filmverleih-Gesellschaften bezogen werden und nach besonderen Gesichtspunkten ausgewählt sein müssen. Dabei spielt nicht nur der Bildinhalt der einzelnen Szenen eine wichtige Rolle (die Fernseh-Bilder ähneln in ihrem Aussehen z. Zt. Zeitungsbildern und dürfen daher nicht zu viel Einzelheiten enthalten, wenn sie wirklich erkennbar sein sollen), sondern es kommt auch auf Schwärzungsverhältnisse der Kopien an, die nach ganz besonderen Gesichtspunkten hergestellt sein müssen.

Das Programm der Sendungen, die von den einzelnen Empfangsteilnehmern zu Hause aufgenommen werden sollen, wird sich fürs erste eng an das Programm eines gewöhnlichen *Kino-Theaters* anlehnen und auch wie dieses wöchentlich wechseln. Zu Beginn der Sendungen werden Ausschnitte aus *Wochenschauen* gezeigt, die besonders aktuelles Interesse besitzen. Darauf folgt ein geeigneter *Spielfilm*.

Dieses Programm soll in der nächsten Zeit noch durch einen besonderen *Reportagedienst* erweitert werden. Zu diesem Zweck wird eine leicht transportable Tonfilmaufnahme-Apparatur in einem besonderen Auto untergebracht und ein zweites Auto mit allen Beleuchtungseinrichtungen versehen, die zur Herstellung von Tonfilmaufnahmen in geschlossenen Räumen notwendig sind. Die beiden Autos werden, dem 'Echo-Wagen' ähnlich, von Tagesereignissen Tonfilmaufnahmen machen, die im Laufe des Abends entwickelt und als 'Spiegel des Tages' durch die Fernseh-Sender übertragen werden. (...)

Die Eröffnung eines Fernsehdienstes mit dem Berliner Ultrakurzwellensender stellt einen wichtigen Schritt zur Verwirklichung des Fernseh-Rundfunks dar und ist besonders dadurch bedeutsam, daß es sich um den ersten Sendebetrieb dieser Art handelt, der in der Welt eingerichtet wird. Natürlich darf die Tragweite der Eröffnung eines solchen Versuchsbetriebes auch nicht überschätzt werden.

Der Zweck dieses Versuchsbetriebes ist, das Fernsehen, das sich bisher ausschließlich in Laboratorien abgespielt hat, im praktischen Betrieb zu erproben. Dabei müssen nun erst verschiedene Fragen in technischer und wirtschaftlicher Hinsicht für einen Sendebetrieb bereits bei dem heutigen Stand der Technik geklärt werden. Wirtschaftliche Voraussetzung für einen praktischen Betrieb wäre vor allem, Empfangsapparate zu einem Preis auf den Markt zu bringen, der den Empfänger erschwinglich macht; z. Zt. schwankt der Preis eines guten Empfängers zwischen M. 3.500,- und M. 6000,-. Daraus sieht man, daß die Fernseh-Technik von einer Klärung der Bedingungen, denen ein Fernseh-Empfänger genügen muß, noch recht weit entfernt ist. (...)

Der *Weltrundfunkverein*, der dieser Tage sein *zehnjähriges Bestehen* mit einer Festsitzung in Lausanne begehen konnte, hat den Beschluß gefaßt, in stärkerem Maße als bisher unter den Rundfunkländern einen Programmaustausch durchzuführen. Für die kommende Saison sind sechs große rein nationale Konzerte vorgesehen, die von allen europäischen Stationen übernommen werden. Außerdem ist ein großer *Tag der europäischen Jugend* als Ringsendung geplant."[74]

Aus der Ansprache des Reichssendeleiters Eugen Hadamovsky anläßlich der Feier zur Offiziellen Eröffnung des Fernsehprogrammbetriebs am 22.3.1935

"Das Fernsehen muß uns wirklich zusätzliche Kulturmöglichkeiten schaffen, es muß neuen künstlerischen Formen und Äußerungen Bahnfrei geben, es wird uns eine unerhörte Vertiefung des politischen Gemeinschaftserlebnisses bringen durch das Mitwirken des Auges. Daß wir nun aber fast alle Sinne am Erleben teilnehmen lassen können, darf und soll nicht zu einer Proletarisierung der Kulturproduktion führen; wenn wir alle am Erlebnis teilnehmen lassen, so heißt unsere Aufgabe damit nicht *Proletarisierung*, sondern umgekehrt *Aristokratisierung der Kulturproduktion*, d.h. Ausschaltung des Schlechten, Vernichten des Minderwertigen, Durchsetzung des Führerprinzips auch in der Kulturproduktion.

Amerika beispielsweise ist heute noch nicht so weit wie wir, weil sein Rundfunk auf der Reklamegrundlage aufbaut. Er wird damit zu einer Konkurrenz der amerikanischen Presse, der er durch Rundfunkinserate die Lebensgrundlage, näm-

---

74 Ausschnitt aus: Der Deutsche Rundfunk. Hier und Dort. 13. Jg. 1935 Heft 11. Der Autor konnte nicht ermittelt werden.

lich die Zeitungsinserate, entzieht. Der deutsche Rundfunk ist keine Konkurrenz der deutschen Presse, weil er im Gegenteil soeben das Inseratenwesen ganz aus dem Rundfunk auszuschalten im Begriff ist und damit der Presse ihre völlig selbständige Lebensgrundlage weiterhin wahrt. Aber diese Methode, den Rundfunk aus Inseraten zu ernähren, hat gleichzeitig zu einer Kulturverflachung geführt, deren umgekehrte Resultate wir bei der Rundfunkentwicklung seit der Übernahme der Führung anstreben und in der Entwicklung des Fernsehens verwirklichen wollen, d.h. die finanzielle Grundlage des Fernsehens muß dem deutschen Kulturleben dienen, d.h. der künftige Fernsehbeitrag kann nicht - etwa wie die Rundfunkgebühr des Herrn von Bredow - eines Tages nach Belieben aus dem Ärmel geschüttet werden, *die künftige Fernsehgebühr ist des deutschen Volkes Kulturbeitrag und muß damit hundertprozentig dem Kulturleben zugute kommen.*"[75]

Ansprache des Reichssendeleiters Eugen Hadamovsky im Fernsehprogramm vom 22.3.1935

"Heute beginnt der nationalsozialistische Rundfunk in Zusammenarbeit mit der Reichspost und der deutschen Industrie *als erster Rundfunk der Welt den regelmäßigen Fernseh-Programmbetrieb.*

Eine der kühnsten Menschheitsträume ist verwirklicht. Unserer kleinen Versammlung in diesem Saal des Witzlebener Funkhauses werden zu gleicher Zeit über unseren Fernsehsender diejenigen Volksgenossen beiwohnen, die heute schon im Besitze eines Fernsehempfängers sind. Das Programm des Abends, das Sie hier auf dem Leuchtschirm unserer Empfangsapparate vor sich sehen, wird zu gleicher Zeit in ganz Berlin - ja darüber hinaus im Umkreis von über hundert Kilometern - sichtbar sein. Dank der geistigen Schöpferkraft unserer Wissenschaftler, Ingenieure und Techniker, dank der hingebungsvollen, fleißigen und gewissenhaften Präzisionsarbeit unserer deutschen Arbeiter und dank der organisatorischen Kraft meiner Mitarbeiter im Rundfunk vollziehen wir in diesem Augenblick *auf deutschem Boden einen Kulturfortschritt, der einmal als die Krönung vieler technischer Einzelentwicklungen der letzten Jahrzehnte angesehen werden wird.*

Während wir hier im Saale atemlos lauschen und schauen, hat die Zeit eines neuen unbegreiflichen Wunders begonnen. Nach dem 30. Januar 1933 hat der Rundfunk das Wort des Führers allen Ohren gepredigt. In dieser Stunde wird der Rundfunk berufen, *die größte und heiligste Mission* zu erfüllen:

Nun *das Bild des Führers unverlöschlich in alle deutschen Herzen zu pflanzen.* Das nationalsozialistische Gemeinschaftsleben erhält seine höchste und edelste Form in Zukunft durch Beteiligung unseres höchsten und edelsten Sinnesorgans des Auges.

---

75 Aus der Ansprache des Reichssendeleiters Eugen Hadamovsky anläßlich der Feier zur offiziellen Eröffnung des Fernsehprogrammbetriebes am 22.3.1935. Ausschnitt entnommen einer in den Fernseh-Informationen Nr.5 im März 1985 enthaltenen Kopie aus den Presse-Mitteilungen der Reichs-Rundfunk-Gesellschaft. Hervorhebungen sind im Originaltext enthalten.

'Zum Sehen geboren, zum Schauen bestellt,
dem Turme verschworen, gefällt mir die Welt.'

Das soll nicht länger das glückliche Los einiger Auserwählter sein. Dem natio-nalsozialistischen Fernsehrundfunk erwächst die großartige *Aufgabe*, im wahren Sinne des Wortes *ein Volk zum Sehen aufzurufen*. Dem Rundfunk der Welt winkt die herrliche Mission, *die Völker sehend zu machen und damit der Wahrheit und dem Frieden zu dienen.*

Ich weiß, daß bis dahin noch ein langer Weg zurückzulegen ist, daß heute in der Millionenstadt Berlin vielleicht nur einige hundert Volksgenossen in der Lage sein werden, durch ihre Fernsehempfänger dieser festlichen Stunde zuzuschauen. Allein die Stunde der Geburt und des kühnen Entschlusses ist entscheidend für die Zukunft.

Deshalb wird nun auch trotz aller Hindernisse, die wir erwarten und überwin-den werden, die Stunde kommen, in der aus diesen Wenigen ebensoviele Tausende und Hunderttausende fernstehender Volksgenossen geworden sind und schließlich ein ganzes Volk der höchsten Augenfreude, die wir ihm schenken können, teilhaf-tig wird. Für diese Stunde wollen wir unermüdlich arbeiten. Damit eröffne ich das regelmäßige Fernsehprogramm des Fernsehsenders Berlin-Witzleben."[76]

Der stellvertretende Reichssendeleiter Carl-Heinz Boese zu aktuellen Fragen des Fernsehbetriebes (1935)

"Bis jetzt ist das Fernseh-Programm so aufgebaut, daß Filme mit Schallplattenmu-sik abwechseln. Diese *Unterbrechung* der Tonfilmsendungen durch Musik ist not-wendig, weil die ziemlich *kleine Bildfläche* des Fernsehempfängers vorläufig noch die Aufmerksamkeit des Zuschauers rasch ermüden läßt. Es dürfte schwierig sein, auf dieser kleinen Bildfläche ein Fernsehprogramm von anderthalb Stunden mit unverminderter Anspannung zu verfolgen. Außerdem ist die Unterbrechung von Tonfilmsendungen durch Schallplatten deshalb erforderlich, weil durch die Musik die zum Auswechseln der Filmtrommeln benötigte Zeit überbrückt wird.

Die Tonfilme für den Fernseh-Sendebetrieb werden von der *Filmindustrie* zur Verfügung gestellt. Wir suchen dann aus ihren ungeheuren Vorräten die geeigne-ten Filme heraus.

Wir können nicht alle Kopien von Filmen benutzen. Die kleine Bildfläche des Fernseh-Empfängers zwingt uns, möglichst Großaufnahmen zu zeigen und bei den Landschafts- und Zimmerdekorationen solche auszuwählen, die auf der kleinen Reproduktionsfläche einigermaßen übersichtlich sind. Die meisten Filme sind in ihrer rein filmischen Form für das Fernseh-Senden nicht brauchbar. Fast jeder Film muß für das Fernsehen in einer Spezialkopie angefertigt werden.

Bei der heutigen Abhängigkeit des Fernseh-Sendebetriebes vom Tonfilm liegt die Frage nahe, ob das Fernsehen von der Filmindustrie nicht als unliebsame Kon-

---

76 ebenda

kurrenz aufgefaßt wird. Ich berufe mich hier auf die Rede, die Reichssendeleiter Hadamovsky bei Eröffnung des Fernseh-Programmbetriebes hielt, wo er erklärte, daß das *Fernsehen keine Konkurrenz* der Filmindustrie, sondern im Gegenteil, eine Befruchtung bedeutet und ein zusätzliches Geschäft, wenn das Fernsehen Gemeingut breiter Volkskreise geworden ist.

Der Film hat eine völlig eigene, durch den Fernseh-Rundfunk nicht zu beeinflussende *Eigengesetzlichkeit*. Wenn der Fernseh-Rundfunk auch seine künstlerische Eigengesetzlichkeit gefunden hat, dürfte er in fruchtbarer Wechselbeziehung zum Tonfilm treten.

Die *Lichtspieltheater* werden nach Vervollkommnung der Fernseh-Sendungen einmal eine unerhörte Steigerung ihrer täglichen Aktualität erreichen. Die Filmtheater werden immer mehr zum Sammelpunkt der großen volksgemeinschaftlichen Ereignisse unserer Nation werden. Wenn sich heute bei politischen Großkundgebungen die Volksmassen auf den Straßen und Plätzen der deutschen Gaue vor den Lautsprechern zum Gemeinschaftsempfang versammeln, so werden in Zukunft die gleichen Massen, in ihrer Erlebnismöglichkeit durch das Wunder des Fernsehens gesteigert, sich um die Übertragungen der aktuellen Fernsehsendungen in den Lichtspieltheatern scharen. *Neue Formen des politischen Gemeinschaftsempfangs werden entstehen, die den Lichtspielhäusern zusätzliche Besucher schaffen werden.*

Die *Abhängigkeit des Fernsehens vom Film* wird sehr bald aufhören. Die Abtastapparatur, die das Reichspost-Zentralamt und die Industrie entwickeln, steht vor der Vollendung. Mit diesen Abtastapparaturen werden wir sehr bald unmittelbare Fernsehsendungen durchführen. Der Kreis der Fernsehteilnehmer ist schon sehr beachtlich. (...)

Das Fernsehen befindet sich erst im Anfangsstadium und ist noch weit davon entfernt, irgendwelche Rückschlüsse auf die Entwicklung des Rundfunks zuzulassen. Wir legen den allergrößten Wert darauf, daß die Rundfunkpropaganda durch die Einführung des Fernseh-Sendebetriebes nicht beeinträchtigt wird. Volksgenossen, die noch nicht Rundfunkhörer sind, dürfen sich durch den Fernseh-Sendebetrieb nicht davon abhalten lassen, Rundfunkhörer zu werden. (...)

Ein in Kürze bei der Reichsrundfunkkammer zu bildender Fernseh-Ausschuß wird dafür Sorge tragen, daß die Fragen der Rundfunkgestaltung und des Fernsehens in einer für alle Beteiligten zufriedenstellenden Form behandelt und gelöst werden."[77]

Film und Fernsehen (1936)

"Ebenso wie das Theater nur wesenseigenen Gesetzen gehorcht, die sich nicht ohne weiteres auf den Film übertragen lassen, ebensowenig kann man dem Theater

---

[77] Ausschnitt aus: Der stellvertretende Reichssendeleiter Carl-Heinz Boese zu aktuellen Fragen des Fernsehbetriebs. In: Mitteilungen der Reichs-Rundfunk-Gesellschaft mbH Berlin Nr. 460 vom 30.3.1935. S.3ff.

die Gesetze des Films aufzwingen und in demselben Maße schafft sich auch der Bildfunk bzw. das Fernsehen seine eigenen Gesetze. Das schließt keineswegs aus, daß verschiedene dieser Grundsätze mit denen einer anderen Kulturerscheinungsform parallel laufen. (...)

Bei einer Untersuchung der Beziehungen zwischen Fernsehen und Film wird man einen Unterschied machen können zwischen dem unmittelbaren Fernsehen, d.h. der Übertragung von Geschehnissen zeitlich auf den Empfangsapparat und dem Bildfunk, d.h. der Übertragung von Filmstreifen auf funkischem Wege zum Empfänger. (...)

Nach dem derzeitigen Stande des Fernsehfunks vermittelt er zeitunmittelbare Eindruckswerte. Der Film gestattet die schärfere Herausarbeitung von Einzelheiten, während der Fernsehfunk mehr den Totaleindruck, das Übersichtsmäßige vermittelt.

Der Film hat für sich eigene Stoffe verarbeitet; der Fernsehfunk wird das auch tun, aber seine Stoffe bedürfen weniger der Abfeilung, weil sich in der Hauptsache unmittelbar aus dem Leben heraus ins Bild gelangen. Der Film ist und bleibt eine in sich abgeschlossene Form, deren Wert von der Genauigkeit der Beachtung seiner Eigengesetze abhängig ist, er ist daher gerade in unserer Zeit zum Grundsatz der Gemeinschaftsarbeit künstlerisch Schaffender gekommen. Der Fernsehfunk ist dabei, sich seine eigenen Gesetze zu erarbeiten, nicht allein als Ergebnis seiner jungen Erfahrungen, sondern auch aus der Analyse verwandter Kulturerscheinungsformen heraus. Und daraus gelangen wir schon zu einem wesentlichen Umstande: Der Fernsehfunk muß noch eine Zeit hindurch auf dem Grundsatz der Einzelleistungen bestehen bleiben, weil erst die technische Fortentwicklung die Möglichkeiten für Gemeinschaftsarbeit schaffen kann. Ihre Zusammenfassung zu einem abgerundeten Gesamteindruck ist ein Teil der verständnisvollen Arbeit des Sendeleiters und Programmgestalters.

(...) Der Fernsehfunk bedient sich der Regie des Augenblicks, wie bis zu einem gewissen Grade auch die Filmwochenschau. Seine Unterordnung unter den Willen des Schaffenden sieht ihre Grenzen nur in zeitlichen und örtlichen Gebundenheiten. Im Fernsehfunk kann man nicht hinterher etwas herausschneiden oder hineinkopieren, wenn mal ein Bild nicht so ist, wie es der Vorstellung entspricht. Wenn es in das Ikonoskop hineingeschlüpft ist, dann rast es gedankenschnell durch den Äther und in das Fernsehbild des Empfängers hinein; und dann kann niemand die weniger gelungenen Stellen mit Schere oder Retusche hinaus komplementieren. Nur in den Fällen, wo im Fernsehfunk der Zwischenfilm zur Verwendung gelangt, kann auch das Tagesgeschehen 'geschönt' werden, aber auch hier nur in seltenen Fällen und höchstens da, wo die Aufnahmezeiten nicht mit den Sendezeiten übereinstimmen."[78]

---

78 Film und Fernsehen. In: Der deutsche Film. Nr.5 November 1936. Nachdruck in Auszügen entnommen: Fernseh-Informationen. Nr. 19 Oktober 1986 S.587f.

Gerhard Tannenberg: Die neue Aufgabe: Der Fernsehsprecher (1936)

"Der Rundfunkberichter wendet sich an das Ohr des Hörers, er formt das Blickfeld in Worte um und unterstützt die Hörer durch die Erklärung des Bildes. Der Fernsehsprecher wendet sich aber an Hörer, die gleichzeitig auch sehen! Hier muß er sich an das Fernsehbild halten und muß gewissermaßen immer 'im Bilde' bleiben. Er darf sich auch nicht irren, denn das Fernsehauge würde ihn sofort Lügen strafen. Diese Grundbedingung zwingt ihn zu einer besonderen Genauigkeit und Zurückhaltung. Immer muß der Sprecher damit rechnen, daß das Fernsehauge mehr und besser gesehen hat als das Menschenauge. Und so muß der Fernsehsprecher auch immer damit rechnen, daß der Beobachter am Fernseher unter Umständen einen Sieger deutlicher erkannt hat als er selbst.

So steht der Fernsehsprecher tatsächlich vor neuen und veränderten Arbeitsbedingungen. Er muß stets von dem Bild ausgehen, darf aber selbst nicht wieder 'Bild' Sprechen, sondern er muß vielmehr dem Bild Sinn, Inhalt und Beziehung zu geben suchen. Er muß klären und erklären können.

(...) Der Fernsehsprecher muß also sparsamer und sachlicher verfahren als der Rundfunksprecher. Für ihn ist immer das Bild 'ton'-angebend. Darum ist eine enge Zusammenarbeit mit dem Kameramann und dem Fernsehsprecher die notwendigste Grundlage, und darum braucht diese Arbeit auch in ganz anderem Maße als beim Rundfunk eine Regie. Der Sprecher darf z.B. nicht plötzlich von Vorgängen zu erzählen beginnen, die sich bildlich in diesem Augenblick nicht einfangen lassen."[79]

Versuch und Wille. Zum Winterprogramm des "Fernseh-Senders Paul Nipkow" (1936)

"Noch sind die großen Leistungen des Fernsehrundfunks beim Reichsparteitag 1936, bei den Olympischen Spielen, beim Hamburger Weltkongreß unvergessen. Und so kann die Winterarbeit mit der Zuversicht begonnen werden, einen neuen wertvollen Helfer in der Arbeit für Bewegung und Staat formen zu können.

Es ist in zweiter Linie angestrebt worden, ein *Wechselprogramm* zu schaffen, das die Essenz dessen bringt, was Film und Konzertsaal zu bieten vermögen. Verständlicherweise baut sich die Wirkung des Fernsehens auf anderen, auf neuen künstlerischen Gesetzen auf. Das Unterhaltungsprogramm des Fernsehsenders darf daher nicht in Konkurrenz treten mit den bereits vorhandenen Kunstinstitutionen, sondern es muß, indem es auf einen neuen Kunststil hinwirkt auch *zusätzliche Kunstbedürfnisse* wecken. (...)

Das Fernsehprogramm wird in weitestem Umfange bestrebt sein, alles Gute und völkisch Wertvolle in der deutsche Filmarbeit, auch der verflossenen drei Jah-

---

79   Gerhard Tannenberg: Die neue Aufgabe: Der Fernsehsprecher. In: Funkwacht Nr.37 1936. Nachdruck in Auszügen entnommen: Fernseh-Informationen Nr. 15 August 1936 S.457.

re, aufzuspeichern in einem Repertoire niveauhafter Heiterkeit, aber auch volkshafter Verbundenheit. (...)

Es sollen *wöchentlich bei täglich wechselndem Programm etwa zwei neue Filme*, auch gute und interessante Kulturfilme gezeigt werden, daneben im 'Aktuellen Bildbericht' Tagesereignisse. In bunter Folge laufen Bildstreifen vom Brauch- und Volkstum, von der Schönheit der deutschen Landschaft, von der Arbeit des schaffenden Volksgenossen in den verschiedensten Industrie- und Wirtschaftszweigen. So soll der deutsche Volksgenosse durch die geplante Reihe 'Städtebilder' Gelegenheit haben, die deutsche Heimat näher kennenzulernen. Filme aus dieser Reihe, wie 'Bremen, der Schlüssel des Reiches, 'Wuppertal, die kleine Stadt im engen Tal' und 'Stuttgart, die Stadt der Auslandsdeutschen, die Stadt zwischen Bergen und Reben', sind besonders geeignet, die Vielfalt und Eigenart der deutschen Lande aufzuzeigen. Das Ringen der deutschen Bauern um den Boden kann nicht besser veranschaulicht werden als in dem Film 'Sturm über Hallig', der von den harten Werken und Schaffen der Halligbewohner ein beredtes Zeugnis ablegt. (...) Und all das ist nur ein kleiner Ausschnitt aus dem Kulturfilmprogramm, das nicht nur der Unterhaltung dienen, sondern auch das Verständnis zwischen Stadt und Land, von Hand- und Kopfarbeiter fördern soll.

In den Pausen zwischen den Filmen werden Künstler in direktem Senden gezeigt. Hauptbestandteil des Fernsehfilmprogramms bleibt nach wie vor der *gute Unterhaltungsfilm*. (...) Die fortschreitende technische Vervollkommnung ermöglicht bereits heute das Senden von Einaktern und Sketchen, in denen drei bis vier Personen zur gleichen Zeit in direkter Abbildung wirken."[80]

Kurt Wagenführ: Im verdunkelten Zimmer. Der Programmaufbau des Fernsehsenders (1938)

"Des gesamten Wesens des Fernsehens nach wird an erster Stelle der aktuelle Dienst stehen, die Widerspiegelung des Geschehens durch unmittelbare Übertragungen vom Ort des Geschehens durch 'unechte' Zeitdienstsendungen, das heißt durch Unterredungen, Vorträge usw. im Senderaum. Die Ausweitung dieses Bereichs bringt naturgemäß die Wochenschau, die heute (...) mit einigen Kulturfilmen zusammen das einzige Filmelement im Programmbetrieb ist. Sie wird es bleiben, und zwar im wöchentlichen je zweimaligen Vorführen von drei Wochenschauen Ufa, Fox und Deulig. Die unmittelbaren aktuellen Sendungen und die Wochenschau nehmen regelmäßig den ersten Teil des Abendprogramms ein, der im allgemeinen bis 20.45 Uhr dauert. Dann folgen bunte Abende, musikalische Sendungen, besonders bearbeitete Theaterstücke, Kleinkunstdarbietungen usw., die im Laufe eines Monats dreimal wiederholt werden. Das Abendprogramm bringt also in seinem Zeitdienst an jedem Tage jedem Zuschauer etwas Neues -

---

80 Ausschnitt aus: Versuch und Wille. Zum Winterprogramm des Fernsehsenders „Paul Nipkow". In: Reichs-Rundfunk GmbH (Hrsg.): Freude und Gemeinschaft. Das Rundfunkprogramm Winter 1936/1937. Berlin 1936.

hier liegt der Kernpunkt der Programmgestaltung, hierin werden sich auch die Wünsche der jetzigen und kommenden Zuschauer treffen. Wichtig erschien es uns allerdings, daß (wie früher) der wertvolle Vortrag von etwa zehn bis fünfzehn Minuten Dauer wieder gepflegt würde; das zusätzliche Bild ist dabei von außerordentlicher volksbildnerischer Wirkung. Ohne heute auf Einzelprobleme einzugehen, die beinahe mit jeder Sendung in neuen Schattierungen auftauchen, glauben wir, annehmen zu können, daß die 'kritische' Programmrubrik in die Gestaltung des zweiten Teiles der abendlichen Programme liegen wird, die sich naturgemäß an eine Vielheit von Geschmacksrichtungen wendet."[81]

Gespräch mit Intendant Nierentz und Präsident Gladenbeck: Wo steht der deutsche Fernsehrundfunk heute? (1939)

"Im Programm, das werktäglich von 20.00 bis 22.00 Uhr ausgestrahlt wird, nimmt das Fernsehspiel allerdings noch nicht den ihm gebührenden Platz ein. Es sind in der Mehrzahl heitere Stoffe, die gesendet werden, sobald aber der technische Sendevorgang als solcher stabilisiert und in jeder Hinsicht einwandfrei ist, wird auch die ernste dramatische Kunst zu ihrem Recht kommen.

Sehr große Bedeutung mißt der Intendant der Arbeit des Zeitdienstes bei. Das ist schon daraus ersichtlich, daß er von den 120 Sendeminuten fast 45 Minuten der Abteilung Zeitdienst zur Verfügung stellt. Persönlichkeiten der Kunst und Wissenschaft, überhaupt alle Männer, von denen man spricht und die für die Öffentlichkeit irgendwie von Interesse sind, werden dem Fernsehfreund vorgestellt und in ihrer Bedeutung gewürdigt. Wir erinnern nur an die letzten Sendungen mit Professor Filchner, Bengt Berg, Karl Ritter, Louis Trenker usw.. Zwar finden diese Sendungen vorläufig noch vor den Bildfängern im Senderaum statt. Was für Möglichkeiten werden sich aber erst ergeben, wenn die Zeitdienstmänner genau so wie ihre Kameraden vom Rundfunk, den Sendesaal verlassen können, um das aktuelle Ereignis in direkter Sendung von Ort und Stelle zu übertragen!"[82]

Gerhard Eckert zur Dramaturgie des Fernsehspiels und der Fernsehfolge im NS-Fernsehen (1940/1941)

"Das Fernsehen ist mitten hinein zwischen Rundfunk und Film gestellt. Von beiden nimmt es Elemente auf und ist doch von Anfang an bestrebt, etwas Eigenes zu sein, etwas Eigenes zu leisten. Wenn erst die Basis für solche Erörterungen breiter geworden ist, wird über die künstlerische Selbständigkeit oder Abhängigkeit oder ihren jeweiligen Grad eine lebhafte Aussprache beginnen. Dabei läßt sich heute

---

81   Kurt Wagenführ: Im verdunkeltem Zimmer. Der Programmaufbau des Fernsehsenders. In: DAZ vom 13.2.1938. Ausschnitte entnommen einem Nachdruck in den Fernseh-Informationen H.1. 1985.
82   Ausschnitte aus einem Gespräch mit Intendant Nierentz und Präsident Gladenbeck: Wo steht der deutsche Fernsehrundfunk heute? In: Der Rundfunk 2 Jg./Heft 5 Februar 1939. S.98.

schon feststellen, daß der Film in erster Linie als Mittel, der Rundfunk aber zugleich als geistige Gestalt herangezogen wird. Kulturfilme und Wochenschau füllen heute noch das Programm in der Zeit, wo zu eigenschöpferischer Arbeit keine Gelegenheit war. Der Film tritt zugleich als Helfer ähnlich der Schallplatte und anderen Tonaufnahmeverfahren beim Rundfunk in Erscheinung, wenn eine optische Begebenheit über den Augenblick ihres Ablaufs für die Sendezeit festgehalten werden soll. Aus dem Rundfunk ist der Fernsehrundfunk technisch gewachsen.

Fernsehspiele wie 'Fieber im Urwald' oder 'Station D im Eismeer' gingen unmittelbar auf Hörspiele zurück. Sie setzen also den Umformungsprozeß, der bisher von Roman und Drama zu Film und Hörspiel und vom Hörspiel andererseits zu Film und Drama ging, fort. Im Zeitdienst des Fernsehsenders knüpfte man an die aktuelle Arbeit des Rundfunks an, wobei man an die Stelle des Hörberichts den *Fernsehbericht* setzen mußte, eine neue Form, deren Schwierigkeiten seltsamerweise darin liegen, daß der Hörer das sehen kann, worüber der Sprecher berichtet. Das ist nicht etwa eine Erleichterung, sondern eine Erschwerung für den Sprecher, der nun erst lernen muß, daß er längere Zeit schweigen und den Zuschauer ganz allein der Anschauung überlassen soll. (...) Zwischen Zeitdienst und Fernsehspiel liegt die Fernsehfolge. (...) Für die Fernsehfolge läßt sich annähernd sagen, daß es sich um eine berichtende Sendung in einer geschlossenen Form unter Verwendung mannigfacher Darstellungsmittel (wie Bild, Vortrag, Szene, Berichte usw.) handelt.

Ist die Fernsehfolge nur zögernd weiterentwickelt worden, so können wir im Fernsehspiel heute schon auf eine stetige Entwicklung von vier Jahren zurückblicken, die erfreulicherweise auch im Kriege nicht einen Augenblick abgerissen ist. Die Schwierigkeit des Fernsehspiels besteht in der Tatsache, daß es Pausen wie im Bühnenstück nicht geben darf. Die Pausenlosigkeit von Film und Hörspiel war das Ergebnis der Möglichkeit, die einzelnen Teile für sich gestalten und beliebig aneinderreihen zu können oder aber allein eine in der Phantasie des Zuschauers vorhandene Wirklichkeit zu gestalten. Liegt im Film der Schnitt, der die einzelnen Szenen aneinanderreiht, vor der Aufführung, so muß dieser Schnitt im Fernsehspiel sozusagen während der Darstellung erfolgen. Man sah die Schwierigkeit schon in der Theorie, bevor die Praxis die Aufgabe stellte. Man löste sie durch ein Nebeneinander oder Ineinander von Bühnen bzw. an verschiedenen Punkten einer Dekoration verteilte Fernsehkameras, die gleichzeitig eine Szene oder mehrere Szenen von verschiedenen Blickwinkeln aus einfangen und übertragen. Der Spielleiter hat die einzelnen Bilder, deren Höchstzahl heute vier bis fünf beträgt, gleichzeitig vor sich und kann eines von ihnen auswählen und nach Bedarf durch ein anderes ersetzen. Je größer die Kamerazahl wird, um so größer werden die Variationsmöglichkeiten, die für die optische Verlebendigung bestehen. Heute neigt man aus den gegebenen Notwendigkeiten heraus zu einem ziemlich statischen Bildeindruck, zu einem ruhigen, fast gemächlichen Fließen, das zugleich die Beiläufigkeit des Optischen neben dem Akustischen unterstreicht. Aber es ist nicht gesagt, daß man dabei bleibt. Dank schuldet man dem Fernsehsender für die Tatsache, daß er sich Abend für Abend um eine neue Gestaltung des Spiels bemüht und nicht den bequemeren, aber auch schädlichen Weg der Fixierung der einmal gelungenen Aufführung auf Filmband geht. (...)

Die von Peter A. Horn vorgenommene Bearbeitung des "Strom", die zugleich die allzu düsteren Züge aufhellte und in einer Rahmenhandlung die Beziehung zur Gegenwart herstellte, fand in dem Spielleiter Hanns Farenburg, den wir schon aus seiner Rundfunkarbeit am Saarbrücker Sender kannten, den werkgetreuen Interpreten. Es entstand niemals der bisher vorherrschende Eindruck des etwas zweitrangigen Theaters. Das Ganze spielte sich in einer weiträumigen Dekoration mit wunderbaren Perspektiven ab, die der Fernsehkamera alle Arbeitsmöglichkeiten ließ. Zum erstenmal saß man vor dem Fernsehempfänger nicht unterhalten, nicht technisch interessiert, sondern unter dem Eindruck eines künstlerischen Erlebnisses. Von diesem Fernsehspiel werden, wie wir hoffen, fruchtbare Einflüsse auf die kommende Arbeit ausgehen.

Die Fernsehfolge, die bisher mehrfach der Verlebendigung von Landschaften galt, zeigte mit dem Werk 'Emil von Behring' eine Note, die zugleich eine Verwandtschaft mit dem Kulturfilm ahnen ließ. Hermann Toelle, der auf dem Gebiet der Fernsehfolge schon tätig war, hatte diese Sendung gestaltet. Sie verband Bilder, Vortrag, Spielszenen und Tatsachenberichte, zum Teil im Original, zum Teil im Film zu einem Ganzen. Die Sendung bewies mehr die Möglichkeiten, die in dieser Form stecken, als daß sie schon bis ins letzte als gelungen gelten konnte. Aber man hat hier noch nicht die Erfahrungen und wohl auch nicht die Gelegenheiten, die dem Fernsehspiel zur Verfügung standen. Der Vergleich mit dem Kulturfilm zeigt, wohin der Weg etwa gehen wird. Neben den aktuellen Zeitbericht wird auch im Fernsehsender die Verbindung der thematisch zusammengehörigen Teile treten. Zu den im Rundfunk bestehenden Möglichkeiten treten im Fernsehen zahlreiche neue hinzu, die in der Tat eine glückliche Erweiterung bedeuten. Man wird außerdem im Fernsehsender weit aktueller arbeiten können, als das dem Rundfunk gegeben ist. Der Sprecher des Rundfunks wird, wenn er für eine Fernsehfolge eingesetzt ist, zurücktreten müssen hinter den optischen Bestandteilen der Sendung. Ist es jetzt häufig üblich, daß der Berichterstatter des Fernsehsenders in den Berichten auch optisch in Erscheinung tritt, so fragt es sich, ob er nicht allmählich ähnlich verschwinden wird, wie er auch im Kulturfilm fast nie zu sehen, sondern nur zu hören ist. Das wird gerade auf den Stil der Fernsehfolge, die die Arbeit im Studio des Senders und außerhalb von ihm vereinen muß, von wesentlichem Einfluß sein können. Es ist zu hoffen, daß man neben dem Fernsehspiel auch die Fernsehfolge in Zukunft stärker berücksichtigen und ihr die Lebendigkeit in optischer und akustischer Hinsicht geben wird, zu der sie imstande ist.

Auch im Fernsehrundfunk lassen sich so von den aktuellen berichtenden Möglichkeiten Beziehungen zu den rein künstlerischen Gestaltungsformen ziehen. Fernsehspiel und Fernsehfolge müssen nebeneinander betrachtet werden als zwei

Bemühungen, die neuen technischen Gegebenheiten in den Dienst einer sinnvollen Programmarbeit zu stellen."[83]

---

83 Gerhard Eckert: Zur Dramaturgie des Fernsehspiels und der Fernsehfolge im NS-Fernsehen. In: Die Literatur. Monatszeitschrift für Literaturfreunde 43 Jg. 1940/41. Der Beitrag wurde in Auszügen einem Nachdruck der Fernseh-Informationen Nr.8. April 1986 entnommen.

II. Programmkonzeptionen der Fünfziger Jahre
Anmerkungen zum Versuchsprogramm

Gerhard Eckert: Im Hintergrund das Fernsehen. Notwendige Betrachtungen nach der Funk-Ausstellung (1950)

„Entscheidend aber ist die Frage des Senders - das heißt: das Programm. Das Fernsehen ist nämlich heute kein technisches Problem mehr. Was in dieser Hinsicht zu tun ist, geschieht in den Laboratorien. Erforderlich jedoch ist, daß Deutschland so schnell wie möglich mit einem Fernsehprogramm beginnt, um den seit vielen Jahren verlorenen Anschluß an die internationale Entwicklung wiederzugewinnen. Wir hörten von Besuchern in Amerika, daß die Methoden der deutschen Fernsehspiele noch heute unübertroffen sind. Trotzdem wird das Fernsehen in wenigen Jahren zahllose Fachkräfte erfordern, die nur allmählich herangebildet werden können. Und die Wechselwirkung von Kultur und Technik wird im Fernsehrundfunk vor neue Bewährungsproben gestellt. Hier muß so schnell wie möglich die praktische Arbeit beginnen, die nur in Form eines regelmäßigen täglichen Programms geleistet werden kann. Das Geld dafür ist vorhanden - sonst könnten die deutschen Sender nicht solche Summen in Funkhausneubauten und Kulturzuschüsse stecken!"[84]

Werner Pleister: Fernsehen heißt: ins Innere sehen (1951)

„Ich bin nicht der Auffassung, daß von Seiten der Kirche für das Fernsehen ein kirchliches Programm gemacht werden dürfte. Wir müssen statt dessen den Weg gehen, den uns die Ansätze im amerikanischen Fernsehen und die noch besseren im englischen weisen, wo ein Spiegelbild des amerikanischen oder englischen Menschen gegeben wird. Ich denke, außer an die einfachen aber sehr menschlichen Quiz-Sendungen, Rate- oder Geschicklichkeitsspiele, z.B. an eine besonders erfolgreiche Sendung „Das Leben beginnt mit 80", in der man immer Ehepaare, beide Teile über 80 Jahre, vor dem Mikrophon sieht, die sich dann gegenseitig liebevoll etwa darüber streiten, ob die Frauen oder die Männer besser seien. Freilich geben solche Versuche nach meiner Meinung nur die äußere Schau und die Oberfläche des Lebens. Bei einem Fernsehen, wie wir uns es vorstellen, wird es darauf ankommen, ob es gelingt, zu dieser Oberfläche das innere Gesicht hinzuzugeben. Ob es gelingt, durch die Programmgestaltung, durch die Art der Auf-

---

84   Ausschnitt aus: Gerhard Eckert: Im Hintergrund das Fernsehen. Notwendige Betrachtungen nach der Funk-Ausstellung. In: epd Kirche und Rundfunk 1950 Nr. 18. S.3f.

nahme und der Aussage, - denn der begleitende Text ist nicht unwichtig, - das zu zeigen, was hinter den Dingen ist und was die Menschen sonst nicht sehen können.

Ein Fernsehen - in dieser Art aufgefasst - wird schwer sein. Ich bin mir klar darüber, wie weit vorgegriffen der wirklichen Entwicklung alle diese Gedanken sind. Aber ich glaube, daß eine ernsthafte Bemühung um das Fernsehen, ein Griff in die geheimnisvolle Kiste der Technik, aus der uns dies neue Wunder beschert wurde, nur dann erlaubt ist, wenn man über die unendlichen Möglichkeiten der äußeren Schau die Verpflichtung der inneren Schau stellt. Und wenn und die Kirche in unseren vorbereitenden Arbeiten wirklich helfen will, dann wäre es gut, wenn sie alle Vorstellungen, als ob es möglich wäre, eine Art kirchlicher Propaganda durch das Fernsehen zu betreiben, beiseite ließe und sich klar machte, daß es hier darum geht, daß innere Bild des Menschen zu entwickeln.“[85]

Ein Jahr Fernseh-Versuchsprogramm. Das Experiment ist nicht so unverbindlich, wie es scheint (1951)

„Stellen wir ohne alle Illusionen fest, daß nach nicht mehr als 150 gesendeten Programmstunden des ersten Jahres gerade die so entscheidende Frage der Programmgestaltung nur recht wenig vorangekommen ist. Ein einziges Fernsehspiel - eine Adaption des formal keineswegs sonderlich geeigneten „Vorspiel auf dem Theater“ fürs Fernsehen - wurde gesendet. Eine einzige Direktübertragung eines aktuellen Ereignisses - von der Deutschen Landwirtschaftlichen Ausstellung - fand statt. Die Interviews vor der Kamera im Studio, anstatt unablässig Objekt eines formsuchenden Experimentierens zu sein, erstarrten schnell in einen Routinestil. Dutzende von Möglichkeiten aktueller Fernseharbeit wurden noch gar nicht erprobt. Alle diese Vorwürfe treffen weit weniger die Fernsehleute in der drückenden Atmosphäre des Hamburger Fernsehbunkers als die übergeordneten Instanzen, die es bisher nicht verstanden haben, der Fernseharbeit das Gepräge und die Geltung einer echten Pionierleistung zu geben, wie sie ab 1923 im Rundfunk in kürzester Zeit so erstaunliche Erfolge nach sich zog.“[86]

Emil Dovifat: Die geistige und kulturelle Aufgabe des Fernsehens (1950)

„Heute nun vereinigt sich mit der Fernübertragung des Wortes die Fernsehübertragung des Ereignisses oder des Spiels, und was so entstanden ist, ist mehr, als die bloße Addition beider Techniken. Es ist eine Form durchaus wesenseigener Art. Es ist die gleichzeitige Übertragung nicht nur des Gehörten, sondern auch des Gesehenen. Es ist ein unmittelbares Miterleben möglich geworden, ein neues publizistisches Mittel durchaus eigener Art und selbständigen Wesensgesetzes, ein kaum

---

85 Ausschnitt aus: Werner Pleister: Fernsehen heißt: ins Innere sehen. In: epd Kirche und Rundfunk 1951 Nr. 24. S.3f.
86 Ausschnitt aus: Ein Jahr Fernseh-Versuchsprogramm. Das Experiment ist nicht so unverbindlich, wie es scheint. In: epd Kirche und Rundfunk 1951 Nr. 19. S.2.

mehr zu überbietendes technisches Geschenk. Damit ist aber eine ebenso große Bürde an Verantwortung auf unsere Schultern gelegt, an kultureller Verantwortung, an sozialer Verantwortung, an politischer Verantwortung, an ethischer Verantwortung; an Menschheitsverantwortung. (...)

Wir möchten beweisen, daß Zugkraft nicht Plattheit bedeut, daß auch das erregende Zeitgeschehen Deutung und Darbietung in Wort und Bild finden kann, die kultureller und seelischer Verantwortung gerecht wird. Wir sind der Zuversicht, daß die fraglos vorhandene Gefahr, das Fernsehen zu einem Mittel der Vermassung zu machen überwunden werden kann. (...) Das Programm wird einmal für Millionen bestimmt sein, aber es wird jeden einzelnen - nunmehr in der faszinierenden Vereinigung von Bild und Ton - in seinem persönlichen Dasein, in seiner Häuslichkeit, treffen. Dort muß es ein Gast sein, der auch im buchstäblichen Sinne 'gern gesehen' ist und kein Unheil anrichtet. Da er teils aktuell berichtet, teils in eigengestalteten Sendungen sich unterhaltende und belehrende, ja selbst künstlerische Aufgaben stellt, muß er immer wahrhaftig und ansprechend, packend und gehaltvoll und selbst den harten, schicksalsschweren Ereignissen der Zeit in ihrer Darstellung und Deutung in echter Weise gerecht werden.

(...) Im Großen gliedern sich die Sendungen in zwei Gruppen: die fernzusehenden Stoffe des aktuellen Lebens, der Fernseh-Nachrichtendienst, nein, wir müssen jetzt schon sagen, die Fernsehbeteiligung an den Dingen, ihr Miterleben (...) und zweitens jene gestaltenden Sendungen, die also nicht mehr aktuell wiederholend, aber als Fernsehspiele auch künstlerisch gestaltet sind.

(...) In der gestaltenden Arbeit im Fernsehspiel (in allen seinen Formen) sind nicht nur bestimmend die sehr komplizierten neuen technischen Voraussetzungen, z.B. des kleinen Bildes, hier ist der Umstand sehr entscheidend, daß jede dieser Sendungen eine gewisse monopolistische Einmaligkeit besitzt. Sie tritt als einzige in den Wohn- und Familienraum. Sie unterliegt keinem Wettbewerb. (...) In der Wertskala sollte ein erheblicher Teil der Sendungen etwa in der Werthöhe jener deutschen Kulturfilme liegen, die einmal Weltruf hatten."[87]

Emil Dovifat: Rede zur Eröffnung des NWDR-Fernsehversuchsprogramm Berlin am 6.10.1951

„Namens des NWDR, seines Generaldirektors und seines Verwaltungsrates eröffne ich das deutsche Fernsehen auf dem Boden Berlin.

Berlin war die Wiege des Fernsehens in Deutschland. Es gab hier bereits eine sehr beachtliche technische Entwicklung. Berlin sieht heute - nachdem ein politisch gefesseltes Programm des Fernsehen im politischen Zusammenbruch unterging - ein Wiedererstehen in einer internationalen Ausstellung als ein Werk der Zusammenarbeit, als ein echtes Werk des Friedens.

---

87 Emil Dovifat: Die geistige und kulturelle Aufgabe des Fernsehens. Der Wortlaut der ausgewählten Passagen aus der Rede Dovifats auf einer Pressekonferenz des NWDR in Hamburg vom 25.9.1950 wurde entnommen: Fernseh-Rundschau 1960. S.443f.

Deutschland war im Fernsehen durch den politischen Zusammenbruch völlig zurückgeworfen. Das Fernsehen in dieser Ausstellung soll zeigen, daß sich Deutschland in den Wettbewerb wieder einschaltet. Es wird geistig und technisch seinen Beitrag zu diesem großen und in echtem Sinne fortschrittlichen Werk des politischen und wirtschaftlichen Lebens und ebenso des kulturellen Aufbaus und der guten Unterhaltung - wie das Fernsehen es darstellen soll - leisten.

Das Programm, das diesen ersten Sendungen in den kommenden 14 Tagen zu Grunde liegt, zeigt die durch das Fernsehen gegebenen Möglichkeiten schon in großer Vielfalt. Es breitet nicht nur - um mit den Worten Goethes aus dem „Vorspiel auf dem Theater" zu sprechen, das symbolisch heute der Fernseharbeit als erste Darbietung voraufgeht - nicht nur in „diesem Bretterhaus, den ganzen Kreis der Schöpfung aus", es wird durch die ihm eigenen technischen Mittel auch das ganze Leben von draußen auffangen und ferngesehen hierher bringen. (...)

Und zum Schluß noch ein Hinweis auf die volkstümliche Note des Fernsehens, auf seine Bindung an die breiteste Öffentlichkeit. Über den Boden dieser Ausstellung hinaus werden in zahlreichen Empfängern in den Läden und Schaufenstern der Rundfunkgeschäfte die Berliner an den Fernsehsendungen Anteil nehmen, an einem Fernsehprogramm, das später - und wie wir hoffen bald - in ihre Wohnungen aufgenommen werden wird. (...) Das Programm, das zeigt schon der Anfang in diesen 14 Tagen, wird unter ausgesprochen kulturbewußter Grundhaltung den Elementen der Unterhaltung ebenso Raum geben wie dem ernsten politischen Geschehen und der ganzen Weite des Nachrichtenwesens.

Und somit: Vorhang hoch! Eingeschaltet! Abgefahren! 'Wer fertig ist, dem ist nichts recht zu machen, ein Werdender wird immer dankbar sein.' - Ein werdender in diesem Geist ist der Fernsehrundfunk, er dankt daher für jedes Wort der Wertung und Kritik. Die Entfaltung seines Programms, seiner Technik ist Volkssache, soll Volkssache werden. Diese Ausstellung ist der entscheidende Schritt dazu."[88]

Ein Schritt ins Ungewisse. Zum Beginn des täglichen Fernsehprogramms (1952)

„Zweifellos bedeutet der Programmbeginn einen Schritt ins Ungewisse. Noch weiß niemand, wie das deutsche Publikum auf das Fernsehen reagieren wird. Gewiss wird niemand die Entscheidung, ob das Fernsehen bei uns den stürmischen Aufschwung nehmen wird wie in den angelsächsischen Ländern oder ob bald eine ähnliche Stagnation eintritt wie in Frankreich, weitgehend von der Art des Programms abhängen. Außerdem gibt es gewichtige wirtschaftliche Imponderabilien. Immerhin bleibt die Frage des Programms von ausschlaggebender Wichtigkeit. Man wird sie allerdings nicht auf die Alternative: populäre Unterhaltung oder kulturell anspruchsvolle Sendung vereinfachen dürfen. Wie beim Rundfunk wird es auch beim Fernsehen auf ein vernünftiges Abwägen und Mischen ankommen.

---

88 Emil Dovifat: Rede zur Eröffnung des NWDR-Fernsehversuchsprogramm Berlin am 6.10.1951. Der Wortlaut der Redeauszüge wurde entnommen aus: Die Vor-Versuche in Berlin. Fernseh-Rundschau 1961. S.398f.

Wer die kulturelle Bedeutung des Fernsehens gewahrt wissen möchte, wird sich eine starke und mitreissende Anteilnahme wünschen. Denn ein schleppender und unsicherer Beginn würde die Programmgestalter, ob sie wollen oder nicht, in den Strudel der Konzessionen an den Publikumsgeschmack reißen. Und das wäre verhängnisvoll.

Denn die geistige Situation, in die der Beginn des deutschen Fernsehens fällt, ist höchst problematisch. In ihr einen Stil zur Bewältigung all des Vielfältigen und Widerspruchsvollen zu finden, das sich zur Fernsehübertragung anbietet, ist nicht leicht. Weder das französische noch das englische Vorbild wird man übernehmen können - vom amerikanischen zu schweigen. Welche Formen entwickelt werden müssen, um den deutschen Beschauer zu fesseln, wissen wir noch nicht genau. Manche Hypothese ist schon unterstützt worden. Die eigentliche Zeit der Experimente kommt erst. Daß man bei der begrenzten Sendezeit von zwei bis drei Stunden täglich bleiben will, ist begrüßenswert. Zusätzliche Reklamesendungen sollten vermieden werden. Vor allem aber müßte ein deutsches Gemeinschaftsprogramm mit Zustimmung aller Rundfunkanstalten nicht nur proklamiert, sondern praktisch verwirklicht werden. Das erfordert viel Geld und Arbeit. Ohne sehr viele Proben, ohne erstklassige Künstler und Mitwirkende, ohne eine gediegene Ausstattung und eine gewisse Großzügigkeit ist ein gutes Fernsehprogramm nicht zu machen!"[89]

Heinz Schwitzke: Das Fernsehen ist da - was nun? Ansätze zu einer dramaturgischen Besinnung (1952)

„Aber es geht nun nicht mehr in erster Linie darum, Vor- und Nachteile abzuwägen, sondern die Wirkweise des Instruments kennenzulernen. Ein Fernsehprogramm sieht ganz anders aus als ein Rundfunkprogramm. Jede Sendung ist etwas für sich, nicht in der gleichen Weise eingebettet in ein kontinuierliches Gesamtprogramm wie beim Rundfunk. Es ist beim Fernsehen ein Problem, einen großen, einheitlichen Programmbogen über mehrere Sendungen hinweg zu bilden. Die schwierigste Aufgabe ist, gangbare, nicht allzu aufwendige Unterhaltungssendungen zu gestalten. Beim Rundfunk bietet sich, gerade umgekehrt, die nicht aufwendige Unterhaltung in der Form von Musik am ersten an. Vor einem Hörspiel und nach einem Hörspiel steht Musik, sie leitet hin und über. Im Fernsehen steht vor einer Schau und nach einer Schau immer wieder eine Schau. Es gibt eigentlich keine Füllung, keinen fill up wie beim Rundfunk. Das kann bedeuten, daß das Fernsehprogramm (wenn in ihm verantwortungsvolle Menschen am Werke sind) sehr viel weniger leicht und leichtfertig und sehr viel solider und kostbarer gemacht werden müßte. Es kann eigentlich nichts Nebensächliches neben Hauptsächlichem stehen. Es müßte alles hauptsächlich sein. Auch die größere Kostbarkeit und Kostspieligkeit im finanziellen Sinne gehört hierher. Eben diese Gewichtigkeit und Kostspieligkeit zusammen müßten eigentlich schon bewirken,

---

89 Ausschnitt aus: Ein Schritt ins Ungewisse. Zu Beginn des täglichen Fernsehprogramms. In: epd Kirche und Rundfunk 1952 Nr. 24. S.2f.

daß man unbedingt an dem Grundsatz der zeitlichen Beschränkung auf zwei oder drei Stunden am Tag festhält.

Wenn es nun den Gegensatz Wortsendungen - Musiksendungen, der den bunten Wechsel des Rundfunkprogramms und seine Kontinuität ausmacht, im Fernsehprogramm nicht gibt, so gibt es dafür im Fernsehen ein anderes Gegensatzpaar von Sendungen, das jedoch keineswegs im gleichen Maße programmbindend wirkt: den Gegensatz zwischen aktuellen und künstlerischen Sendungen. Sie gehen zwar hier und dort ineinander über, sie repräsentieren jedoch die beiden charakteristischen Möglichkeiten des Fernsehens. Die eine Möglichkeit hat also ihre extreme Form im Fernsehspiel, die andere in Übertragungen eines Sportereignisses, eines politischen Ereignisses, in der Reportage und in der Wochen- oder Tagesschau."[90]

Das Programm als Heiltrank in der Zauberschale Fernsehen

Verschlossene Tore aufgestoßen. Ansprachen zur Inbetriebnahme der Fernsehbrücke am 1. Januar (1953)

Bundespostminister Schuberth
„Manche Beispiele in der Welt zeigen uns Fernsehdarbietungen, die dem deutschen Geschmack keinesfalls entsprechen. Es scheint mir aber verfehlt, daraus zu einer Ablehnung des Fernsehens überhaupt zu kommen. Das Fernsehen ist vergleichbar einer von technischen Könnern kunstvoll getriebenen Schale, und es liegt nun an uns, was wir in diese Schale hineintun wollen, um es den Fernsehteilnehmern darzubieten. Ich möchte wünschen, daß das, was uns künftig in diesem Gefäß dargereicht wird, zur Gesundung der deutschen Seele beitragen möge und möchte weiter hoffen, daß die anderen deutschen Rundfunkanstalten bald dem Beispiel des NWDR werden folgen können."

Generaldirektor Dr. Grimme
„So hat uns denn, um ein Bild aus der Ansprache von vorhin zu wiederholen, die Technik jene kunstvolle Schale geliefert, die sich fortan alltäglich mit dem bunten Weltgeschehen füllen wird. Neue Quellen der Freude werden sich uns im Anblick von Spiel und Tanz erschließen, verschlossene Tore zum Reich des Geistes werden aufgestoßen, und unser Leben kann dadurch nicht nur reicher, es kann dadurch auch tiefer werden, tiefer auch durch das Miterleben von Freud und Leid der anderen. Denn durch diese Zauberschale wird die Ferne zur Nähe werden und der Raum zwischen uns und fremden Ländern wird wie aufgehoben sein. Das Schicksal der Anderen wird künftig mitten in unserer eigenen Stube stehen, und das Fernsehen kann so aus dem Entfernten unseren Nächsten machen. Wir sehen freilich mit Schrecken, daß unser Sinn gegen das Los unseres Nächsten immer abgestumpfter wird und unsere Herzen immer mehr versteppen. Worauf es deshalb im

---

90 Ausschnitt aus: Heinz Schwitzke: Das Fernsehen ist da - was nun? Ansätze zu einer dramaturgischen Besinnung. In: epd Kirche und Rundfunk 1952 Nr. 26. S.2.

Fernsehen ankommt, ist, daß das Getränk in dieser Schale ein Heiltrank wird, der die guten Seiten, die noch in jedes Menschen Herz nur auf den Weckruf warten, stärkt."[91]

„Das Fenster in die Welt geöffnet". Regelmäßiger Fernsehdienst beginnt - Internationale Anerkennung der Leistung des NWDR (1952)

„Im Strahlungsbereich unserer Sender wohnen über 10 Millionen Menschen. Wir denken, daß die gerätebauende Industrie für diese große Möglichkeit gut vorbereitet ist und durch die Herstellung guter und preiswerter Empfänger möglichst viele von ihnen in die Lage versetzt, uns zuzuschauen, dabei zu sein mit Auge und Ohr, wenn wir Ihnen das große Geschehen der Welt, die kleinen Dinge des Alltags, die Feste der Kunst und das heitere Lächeln der guten Laune in Ihre Wohnungen bringen. Wir wünschen uns, daß Sie uns freundlich ansehen, und die vielen Menschen und Dinge, mit denen wir Sie nun bekanntmachen können, gern in Ihren Lebenskreis aufnehmen.

Wir versprechen Ihnen, uns zu bemühen, das neue geheimnisvolle Fenster in Ihrer Wohnung, das Fenster in die Welt, Ihren Fernsehempfänger, mit dem zu erfüllen, was Sie interessiert, Sie erfreut und Ihr Leben schöner macht.

Man hat das Fernsehen eine neue Form menschlicher Verständigung genannt. In der Tat: Es kann dazu führen, daß die Menschen einander besser verstehen. Man hat auch die Befürchtung geäußert, das Fernsehen könne dem Menschen schaden, da es im Zuge der Technisierung der Schöpfung sein Leben weiter mechanisiert. Es kommt auf uns an, ob dieses technische Mittel schadet oder nützt. Ich meine, wir könnten mit ihm die Ausdrucksmöglichkeiten des Menschen vermehren und wir sollten es dazu benutzen, das große Wunder des Lebens im Reichtum seiner Formen und Inhalte anzuschauen und zu erkennen.

Das Fernsehen schlägt Brücken von Mensch zu Mensch, von Völkern zu Völkern. So ist es wohl wirklich das richtige Geschenk gerade zu Weihnachten, denn es erfüllt seine Möglichkeiten erst dann ganz, wenn es die Menschen zueinander führt und damit beiträgt zur Erfüllung der ewigen Hoffnung der Menschheit: Frieden auf Erden! In dieser Hoffnung beginnen wir nun mit unserem Programm."[92]

---

91 Ausschnitt aus: Verschlossene Tore aufgestoßen. Ansprachen zur Inbetriebnahme der Fernsehbrücke am 1.Januar. In: Die Ansage 1952 Nr. 105. S.6.
92 Ausschnitt aus: „Das Fenster in die Welt geöffnet". Regelmäßiger Fernsehdienst beginnt - Internationale Anerkennung der Leistung des NWDR. In: Die Ansage 1952 Nr. 103/104. S.1; S.7.

Diskussion der Programmgestaltung

Erich Kuby: Das pausenlose Programm (1950)

„Die Methode der Reproduktion zur Speisung des Programms wird jene erste Methode, bei der der Einzelne an den Ort eines (künstlichen) Ereignisses verbracht wird, so daß es dort zu Massenversammlungen kommt, niemals genau verdrängen können, weil wie gesagt, das Individuum süchtig nach dem Massenerlebnis ist. Aber das eigentliche Sinnbild unserer Zeit ist nicht der mit hunderttausend brüllenden, gestikulierenden, sich fühlenden Menschen angefüllte Zementtrichter, sondern es ist das Individuum in einer fensterlosen Kammer, vor sich hinstierend auf ein reproduziertes Scheinbild der Welt. Es ist wichtig zu wissen, daß die Reproduzenten bereits dazu übergegangen sind, spezifische Scheinbilder zu liefern. Man schafft verschiedene 'Programme' in Übereinstimmung mit der verschiedenen Aufnahmefähigkeit und dem verschiedenen Geschmack der Konsumenten. Es bedarf nur einer entschlossenen Regierung, um den Spieß umzukehren und Empfangsgeräte zu schaffen, die auf ein bestimmtes Programm geeicht sind."[93]

Werner Pleister: Deutschland wird Fernsehland (1953)

„Der NWDR sucht den Fernsehzuschauer in seinem Familienkreise und unter seinen Freunden auf. Die Zuschauer vor dem Bildschirm sollen nicht hypnotisiert oder von sich weggeführt werden. Es gehört zum Stil dieser neuen technischen Kunst oder Kunst-Technik, daß sie sich zwar an jeden zu wenden vermag, aber niemals an alle. Daß die Vervollkommnung der optischen Mittel den Menschen verpflichtet, die neue Art des Sehens zu einer neuen Art von Kunst auszunutzen, ist keine Frage: wenn das nicht gelingt, wird das Fernsehen in lederner Sturheit und todsicherer Konvention ersticken. Der Fernsehschirm hat Schwierigkeiten, Massen zu zeigen - aber das Fluidum, das eine einzelne Persönlichkeit auszustrahlen vermag, überträgt er mit faszinierender Eindringlichkeit. Was am Fernsehen Kunst zu werden vermag, was sich also bis zu einem geformten und genau geprobten Augenblicksspiel erheben kann, an dem Dichter, Kamera-Maler, Regisseure und Techniker gemeinschaftlich erarbeiten - eine modernste Form der Bauhütte vorwegnehmend -, steht zweifellos unter dem Gesetz, daß jeder einzelne er selber sein muß, wenn das Ganze gelingen soll. Die Gefahr des Fernsehens liegt darin, daß es Schablonen statt Leitbilder liefern könnte; es kann also nicht von Schablone-Menschen gemacht werden. Der Bildschirm ist höchst empfindlich gegen Halbwahrheiten und unaufrichtiges Spiel; und schon jetzt zeigt es sich, daß er einen entschlossenen Realismus verlangt. Es kann sein, daß das Fernsehen ein Mittel gegen die Schematisierung des Sehens wird. Jede Sorte Kitsch wirkt auf

---

93 Ausschnitte aus: Erich Kuby: Das pausenlose Programm. In: Frankfurter Hefte 5 1950 H. 1. S.57.

dem Bildschirm kläglich, jedes unkonzentrierte Spiel entlarvt den Spieler, jedes falsche Licht verwandelt sogleich den Schauplatz in eine Gespensterlandschaft. Es ist durchaus möglich, daß wir noch einige Zeit brauchen, um dieser neuen Kunstgattung unseren Tribut an Fehlern abzustatten; aber sicher wird diese große Möglichkeit, nicht nur in die Ferne, sondern auch in die Tiefe zu schauen, auch den Wagemut des Menschen solange reizen und herausfordern, bis er durch die Erfindung einer neuen Kunst antwortet, in der er angesichts der Unmöglichkeit, allen Massen der Erde zu gefallen, sich endlich entschließt, vor den Augen der Menschheit nichts zu sein als er selbst: ein Mensch. Sollte das Fernsehen vielleicht berufen sein, an dieser Neuentdeckung des Menschen mitzuarbeiten? Das wäre die Basis, auf der sich vor der elektrischen Kamera kühne Formen neuer Kunst des gegenwärtigen Daseins entfalten könnten."[94]

Kurt Wagenführ: Die Zeit drängt - Man muß sie nützen (1953)

„Der Zuschauer hat 'das Programm gekauft', er will auf der Bildfläche seines Empfängers etwas sehen, das ihn interessiert, erregt, ihm Abwechslung bringt, Spannung und Entspannung zugleich, das durch Ordnung und Aufbau die Übersicht erleichtert und in sich ein geschlossenes Ganzes mit Steigerung auf einen Höhepunkt hin darstellt. Auch das kennt er vom Kino- und Rundfunkprogramm her, also zieht er auch in dieser Hinsicht Vergleiche zu dem ihm neuen Fernsehdienst. Der Zuschauer spürt sehr wohl, ob Einzeldarbietungen aneinandergereiht sind, ob 'Kästchen' eines Schemas gefüllt wurden, oder ob sich ein Abendprogramm nach einer bestimmten Idee gliedert. Eine ungeordnete Folge selbst perfekter Einzelsendungen befriedigt ihn nicht voll, wenn er nicht Beziehungen und durchdachte Folge dabei spürt."[95]

Heinz Schwitzke: Drei Grundthesen zum Fernsehen (1953)

„Das Fernsehen ist in einem Punkte ganz wesentlich vom Rundfunk verschieden. Es kann nämlich wirklich in seinem Programm auf die Darstellung und Selbstdarstellung des Menschen niemals verzichten, während der Rundfunk das weithin kann. Er füllt die überwiegende Zeit seines 20stündigen Tagesablaufs mit Musik aus, und zwar vorwiegend mit Unterhaltungsmusik, die ja zum Teil weit davon entfernt ist, künstlerischer Ausdruck des Menschen zu sein, und die statt dessen zu einem Opiat, zu einer Art permanentem Nervenberuhigungs- oder -anregungsmittel degradiert wurde.

Im Fernsehen gibt es kein „fill up" und kein permanentes Programm, bei dem Wortsendungen durch den Kitt dazwischengeschobener Musiksendungen zu einem

94 Ausschnitt aus: Werner Pleister: Deutschland wird Fernsehland. In: B.H. Bettelhack; O. Lund-Johansen (Hrsg.): Rundfunk- Fernseh-Jahrbuch 1953. Kopenhagen, Berlin Basel 1953.
95 Ausschnitte aus: Kurt Wagenführ: Die Zeit drängt - Man muß sie nützen! In: Fernsehen 1. Jg./1953. H. 2. S.69.

Radio-Dauergeräusch verbunden werden. Auch das gedankenlose Laufenlassen des Apparates wird bei ihm zumindest erheblich erschwert. So muß eigentlich jede Sendung sowohl vom Programm als auch vom Hörer aus gleich wichtig genommen werden. Und das scheint mir auch ein sehr großer Fortschritt zu sein.

Denn von daher ist dann auch eine gewisse Hoffnung gegeben, daß wir diesmal wirklich bei einem zeitlich auf zwei bis zweieinhalb Stunden begrenzten Fernseh-Tages-Programm bleiben werden, so daß ein Mißbrauch jedenfalls nicht so leicht möglich ist wie beim Rundfunk."[96]

Gerhard Eckert: Programmgestaltung des Fernsehens. (1953)

„In dieser zeitlichen Begrenzung läßt sich im Gegensatz zum Rundfunk der Zwang für das Fernsehen ablesen, in zwei Stunden die Welt in nuce zu geben. Man muß zwei Stunden als Ganzes formen. In ihnen müssen vielerlei Interessen zusammengefaßt sein. Man kann kaum unterscheiden zwischen den „guten" und den „schlechten" Sendezeiten des Rundfunks, wo man auch mit der Art der Sendungen entsprechend wechseln kann. Es sieht nicht so aus, als ob sehr bald etwa eine Art Nachtprogramm des Fernsehens kommen könnte. Vor allem aber: es hat nicht die überbrückende Zeitfüllung der Musik. (...)

Es sind also andere Probleme als beim Rundfunk. Da das Programm ohne Auswahl ausgenommen wird, muß es wirklich ein Ganzes sein. Das heißt, ein Programm mit einem echten Anfang, einer Entwicklung und einem Abschluß. Das Rundfunkprogramm verläuft weithin linear, selbst in der Hauptsendezeit des Abends. Ein Fernsehprogramm ist konzentrisch, in sich selbst geschlossen. Beim Rundfunk ist der Ablauf praktisch unüberschaubar. Beim Fernsehen läßt er sich übersehen. Die einfache Dreiteilung - Wochenschau, Kulturfilm, Spielfilm - des Kinos läßt sich nicht übernehmen. Denn das Fernsehen hat ganz andere Möglichkeiten und Formen. Die Tagesschau, das ziemlich passende Äquivalent zu Wochenschau, kann nach den bisherigen Vorbildern ebenso am Anfang wie am Schluß stehen. In jedem Fall bildet es ein Seitenglied der Kette, kein Mittelstück. Die Analogie zu Kino liegt nahe, es als Überbrückung von der Realität an den Anfang zu stellen."[97]

Gerhard Eckert: Die Kunst des Fernsehens (1953)

„Das Fernsehen als Gesamtheit ist ein dramaturgisches Problem - von der Übertragung angefangen über das Interview, die Unterhaltungssendung, die Fernsehfolge und die Reportage bis zum Fernsehspiel und zur gesamten Programmgestaltung überhaupt. Die Theorie muß hier ebenso von der Praxis ableiten wie ihr

---

96 Ausschnitt aus: Heinz Schwitzke: Drei Grundthesen zum Fernsehen. In: Rundfunk und Fernsehen Jg. 1 1953. o.S.
97 Ausschnitt aus: Gerhard Eckert: Programmgestaltung des Fernsehens. In: Rufer und Hörer. Jg. 7 1953 H. 6. S.356f.

vorangehen. Und sie muß sich mit sehr vielfältigen Erscheinungsformen auseinandersetzen, deren Gesetze sie zu erkennen hat. (...) Diese Fernsehdramaturgie läßt sich weder durch Kenntnis des Rundfunk, noch des Films oder des Theaters ersetzen. Fernsehen ist - dies Binsenwahrheit soll am Anfang nicht fehlen - etwas anderes als sie, 'mehr als eine Addition der Techniken des Rundfunk und Films, es hat selbständige Wesensgesetze'. (Dovifat)"[98]

„Wie immer auch die Entwicklung des deutschen Fernsehens verläuft - sicher ist, daß es in zwei Jahren noch Achtstundenprogramm senden wird. Wie aber auch die deutsche Fernsehentwicklung läuft - ob es seine Sendezeit beschränkt oder ausweitet -, das Abendprogramm zwischen 20 und 22 Uhr wird immer der Höhepunkt bleiben und es stellt den Programmgestalter die Hauptaufgabe."[99]

„Das Rundfunkprogramm verläuft im wesentlichen linear, während das Fernsehprogramm in Deutschland und praktisch auch in den anderen europäischen Ländern *konzentrisch* ist, in sich selbst geschlossen. Dieser Tatsache muß der Programmgestalter Rechnung tragen. (...) 'Es ist beim Fernsehen ein Problem, einen großen einheitlichen Programmbogen, über mehrere Sendungen hinweg zu bilden'. Wenn das Programm ein Ganzes ist, mit einem Anfang, einer inneren Entwicklung und einem sichtbaren Schlußakzent, dann wird man zwangsläufig darin Höhepunkte und Fermaten akzeptieren. 'Jedes gute Fernsehprogramm ist soviel wie ein Drama, das heißt also Handlung'."[100]

„Wenn also Einzelheiten der Programmgestaltung sich wandeln werden, so gibt es bereits heute einige feste *Regeln*, die unbedingt eingehalten werden müssen:

1. Jedes Tagesprogramm muß einen wirkungsvollen Auftakt haben, der den Fernseher wie mit einem Lasso einfängt und ihn nicht sofort bereuen läßt, daß er sich an den Empfänger gesetzt hat. Dieser Auftakt kann in den meisten Fällen die Tagesschau sein, sofern sie aktuell und fesselnd ist.

2. Jedes Tagesprogramm muß einen unzweideutigen Höhepunkt haben und darf nicht in ein Nebeneinander von im einzelnen ganz reizvollen, aber auch nicht überragenden Sendungen zerflattern. Dieser Höhepunkt des Tagesprogramms muß als erstes gefunden und festgelegt werden. Um ihn herum kristallisiert sich das Programm.

3. Die Zeiten des Fernsehprogramms müssen eingehalten werden. Sie müssen zu Beginn eines Programmblocks genannt werden. Wenn man den Fernseher daran gewöhnen will, nach Programm und mit Auswahl zu hören, muß er sich darauf verlassen können, daß zumindesten eine Sendung nicht eher beginnt, als sie im Programm steht. Verspätungen sind erlaubt, Verfrühungen nicht!

4. Aber das darf nicht dazu führen, daß Sendungen, die aus irgendwelchen Gründen kürzer werden, als sie geplant waren, nun gewaltsam ausgedehnt

---

98   Ausschnitte aus: Gerhard Eckert: Die Kunst des Fernsehens. Emsdetten 1953 S.3.
99   Ebenda S.90.
100 Ebenda S.92.

werden. Nichts verstimmt den Fernseher mehr, als wenn er merkt, daß 'seine' Zeit mißbraucht wird.

5. 'Schwere' Sendungen müssen nach Möglichkeit 'verpackt' werden, sofern man sie tatsächlich dem gesamten Publikum bieten will. Diese 'Verpackung' geschieht, indem vorher und nachher ausgesprochen leichte und publikumswirksame Sendungen geboten werden. Sie schaffen eine günstige Stimmung für die 'schwere' Sendung und schützen vor dem Abschalten.

6. Sendungen, die sich bewußt nur an eine Minderheit des Publikums, an bestimmte Interessenten (Sport, Fachvorträge usw.) richten, sollten im allgemeinen am Ende des Programms stehen, um so den daran nicht interessierten Fernsehern die Möglichkeit zum Ausschalten zu geben.

7. Ebenso gehören Wiederholungen von Sendungen, die bereits einmal gebracht wurden, immer an den Schluß des Programms, um nicht gewaltsam die Fernseher zu verstimmen, die die erste Sendung bereits gesehen haben und sie nicht zum zweiten Mal - in der Erwartung der folgenden Sendung - über sich ergehen lassen wollen. Wer auch die Wiederholung ansehen will, hat dazu trotzdem die Gelegenheit.

8. Sendereihen sind ein ideales Mittel, das Interesse des Publikums wachzuhalten und eine Kontinuität in das Programm zu bringen. Solche Sendungen müssen stets an feste Tage und nach Möglichkeit auch an feste Zeiten gebunden sein. Es kommt darauf an, den Hang des Fernsehpublikums zu Gewohnheiten sinnvoll auszunützen.

9. Überhaupt ist es wichtig, eine Anzahl fester Gepflogenheiten einzuführen, die sich Abend für Abend und Woche für Woche gleichen - die Art des Beginns und des Endes des Programms etwa. Es darf dann aber nicht plötzlich aus Bequemlichkeitsgründen (oder weil das Programm von anderswo kommt) die regelmäßige Praxis einmal verlassen werden. Der Fernseher rechnet damit!

10. Das Programm muß eine innere Proportion haben. Das heißt, im Programm übernommene Stoffe müssen den Möglichkeiten und Grenzen sinnvoll angemessen sein und nicht zur Überbewertung oder Unterschätzung eines Ereignisses führen. Das Programm muß ein wohlproportionierter Querschnitt der Welt sein. (Man kann nicht die Abschlußrunden eines regionalen Tennisturniers übertragen und die eine Woche später stattfindenden internationalen deutschen Meisterschaften auslassen, nicht regionale Schwimm-Meisterschaften zeigen, während gleichzeitig das deutsche Springderby ausgetragen wird.) Diese Notwendigkeit zur Proportion besteht auch für die Gewichtigkeit der einzelnen Sendungsinhalte zueinander.

11. Sendungen von Filmen, insbesondere solcher, die nicht von vornherein für das Fernsehprogramm aufgenommen worden sind, sind immer ein

Notbehelf. Keinesfalls dürfen sie den Mittel- und Höhepunkt eines Abendprogramms bilden. (Im Juli 1953 war das noch an zehn, im August 1953 an 15 Abenden, an denen je ein großer Spielfilm gesendet wurde, der Fall!)

12. Die Sendezeit ist kostbar. Sie darf nicht dadurch mißbraucht werden, daß Zeichnungen und Bilder, die keine unmittelbare Beziehung zum *Fortgang* der Sendung haben, länger gezeigt werden, als zu ihrer Betrachtung notwendig ist. Ebenso dürfen Zeichnungen, die auf dem Bildschirm entstehen, nur in Verbindung mit einem bestimmten Sendestoff gebracht werden, nicht als isolierte Brücke zwischen zwei Sendungen.

13. Der Fernseher ist ebenso interessiert an den neuesten Nachrichten wie der Rundfunkhörer. Da die Tagesschau des Fernsehens die Rundfunknachrichten nicht ersetzt und diese bei Programmabschluß gewöhnlich schon beendet sind, muß dem Fernseher nach Abschluß des Fernsehprogramms die Möglichkeit gegeben werden, die neuesten Nachrichten noch zu hören."[101]

Kurt Wagenführ: Fernsehprogramm im Brennpunkt der Kritik. Es werden Umstellungen im Gesamtprogramm stattfinden (1953)

„(...) Der Mann am Empfänger merkt sehr bald, ob ein Programm gestaltet ist oder ob einzelne „Nummern" aneinandergereiht sind. Er spürt, ob eine „Linie" vorhanden ist, ob er durch eine Abend „geleitet" wird, oder ob zwei Stunden mit Stoff nur „gefüllt" worden sind. Er fühlt es, ob der Abend einen Höhepunkt hat, ob eine Bunte Stunde in ihrem Ablauf durchgearbeitet worden ist, oder ob die einzelnen Darsteller sich nur ablösen. Er wird vom Tempo einer Sendung mitgerissen, er kann sich andererseits mit dem schönsten Stoff nicht befreunden, wenn er zähflüssig hingedehnt wird. Der Zuschauer erwartet in der Anfangszeit, daß das Programm nicht mit Wiederholungen belastet wird. Er sieht sich zwar einen Jahresfilmrückblick ganz gern zweimal an, aber er mag den gleichen Bunten Abend nicht innerhalb weniger Tage noch einmal serviert bekommen. Der Empfangsapparat ist neu, der Zuschauer erwartet also auch „Neues" und wird vielleicht erst später auch Wiederholungen entgegennehmen."[102]

Henry B. Cassirer: Die Struktur des Fernsehens (1954)

„Die Zahl der Sendestunden täglich oder wöchentlich ist noch sehr umstritten und wird weiter ausprobiert. Länder mit begrenzten finanziellen technischen und personellen Mitteln begrenzen anfänglich ihre Sendungen auf wenige Stunden wö-

---

101 Ebenda S.93f.
102 Ausschnitt aus: Kurt Wagenführ: Fernsehprogramm im Brennpunkt der Kritik. Es werden Umstellungen im Gesamtprogramm stattfinden. In: Fernseh-Informationen Jg. 4. 1953 H. 2. S.2.

chentlich. Das hat erstens den Vorteil, daß die finanziellen Ausgaben nicht so hoch sind und zum anderen, daß die Programmplanung der Kapazität und der Ausrüstung der Studios angepaßt werden kann. Außerdem haben die Produzenten die Chance, sich allmählich in das neue Medium hineinzufühlen. Andererseits ist es fraglich, ob das Publikum bereit ist, Empfänger zu kaufen, wenn diese nur 2 bis 15 Stunden wöchentlich gebraucht werden können. Fernsehapparate sind teuer, und der Besitzer verlangt von dieser Investierung viel Unterhaltung und Information. (...) Die Wirtschaftlichkeit eines Fernsehbetriebes in einem konkurrierenden System verlangt eine Ausdehnung der Sendestunden bis zur Grenzen der Rentabilität."[103]

„Bei der Entwicklung eines Programmschemas muß man sich fragen: welches sind die besonderen Charakteristika dieses neuen Mediums, welche Sendungen sind besonders 'telegen' und welche können nur durch das Fernsehen dem Publikum nahegebracht werden? (...) Das Fernsehen zeichnet sich durch die Unmittelbarkeit aus, mit der Zuschauer der Sendung in Bild und Ton folgen können. (...) Die psychologische Bedeutung dieser Gleichzeitigkeit wird von jedem regelmäßigen Zuschauern sehr hoch bewertet. Aus dieser Gleichzeitigkeit und den Bedingungen des Heimempfangs entwickelte sich eine besondere Intimität zwischem dem Sender und seiner Hörerschaft."[104]

„Das Programm ist im voraus bedingt durch die Tatsache, daß es auf einem kleinen Schirm mit begrenzten Ausmaßen empfangen wird. Das zwingt den Regisseur, das Handlungsfeld und die Anzahl der mit wirkenden Personen zu beschränken. Auch hier wieder entwickelt das Fernsehen seinen eigenen Bild- und Erzählungsstil.

„(...) Um ein in den USA geprägtes Schlagwort zu gebrauchen: das Fernsehen ist das Fenster zur Welt. Beim Blick durch dieses Fenster will der Zuschauer teilhaben an Ereignissen, die außerhalb seines Heimes stattfinden. Das Programm ist also genau so wenig begrenzt wie die Welt selbst."[105]

Hans Gottschalk: Fernsehspiel und Fernsehfilm (1954)

„Es ist kein Geheimnis, daß die Live-Ideologie gegenwärtig noch die vollen Sympathien der Experten und Fachpresse besitzt. (...) Läßt sich aber auf diesen Argumenten auch eine Kunsttheorie des Fernsehens aufbauen, ein künstlerisches Prinzip, gründet auch „Die Kunst des Fernsehens" auf dieser These? Und lassen sich aus der Tatsache, daß etwas zur gleichen Zeit produziert ward als es auf dem Bildschirm erscheint, künstlerische Folgen ziehen? Wohl kaum. Hier erweisen sich die heute gängigen Thesen über das Wesen des Fernsehens letztlich als unbrauchbar.

---

103 Ausschnitt aus: Henry B. Cassirer: Die Struktur des Fernsehens. In: Rundfunk und Fernsehen 3-4/1954. S.244.
104 Ebenda, S.246.
105 Ebenda, S.247.

Denn ein künstlerisches Prinzip läßt sich nicht von solchen psychologischen Zufälligkeiten herleiten, auch nicht von der Größe des Bildschirms.

(...) Das Material des Fernsehens ist aber die flächenhafte Projektion von Gegenständen und Personen auf dem Fernsehschirm, es ist - wie beim Film - das von der Wirklichkeit abgelöste Bild. Sein Wesen ist auch wie das des Films die Sukzession der Bilder, ihre Bewegung. Deshalb kann das Prinzip der „Kunst des Fernsehens" kein anderes sein als das des Films."[106]

Gerhard Eckert: Die Kunst des Fernsehens (1953)

„Das Merkmal der Gleichzeitigkeit von Entstehung und Erlebnis aber ist mehr als eine artistische Spielerei von Menschen, die um jeden Preis die Autonomie des Fernsehens rechtfertigen wollen. Es ist vielmehr eine psychologische Erkenntnis, daß die Kongruenz von Ereignis und Betrachtung, von Sendung und Empfang bestimmte seelische Grundeinstellungen bewirkt. Der Fernseher ist echter Augenzeuge - nicht in dem Sinne, daß er einen vom Filmgestalter vorher sorgsam zurechtgemachten Film irgendwann einmal betrachtet, sondern indem er in Bild und Ton in dem Augenblick dabei ist, wo sich etwas vollzieht."[107]

Gerhard Maletzke: Irrtümer in der Fernsehproduktion (1956)

„Und so erscheint die Frage berechtigt: Wenn wir von sehr markanten Ereignissen mit 'heißer' Aktualität, bei denen jeder auf die Gleichzeitigkeit von Ereignis und Sendung eingestellt ist, einmal absehen, ist sich der Fernseher überhaupt des Live-Charakters der Fernsehspiele und Unterhaltungsübertragungen bewußt? Bei Sendungen also, bei denen der aktuelle Bezug so weit in den Hintergrund tritt, daß es nahezu gleichgültig ist, wann sie stattfinden? Wie weit reicht hier das Gleichzeitigkeits- und Aktualitäts-Bewußtsein? Weiß der Zuschauer überhaupt etwas davon, daß das, was er sieht, in demselben Augenblick im Studio oder in der Musikhalle abrollt? Und selbst wenn er es weiß: Bedeutet es ihm etwas? Wird dadurch sein Erleben bereichert? Nur wenn diese Fragen bejaht werden könnten, wäre es berechtigt, weiterhin im bisherigen Umfang am Live-Prinzip festzuhalten. Denn nur dann würde es lohnen, die Begrenzungen auf sich zu nehmen, die nun einmal zwangsläufig mit Live-Sendungen verbunden sind."[108]

---

106 Ausschnitt aus: Hans Gottschalk: Fernsehspiel und Fernsehfilm. In: Rundfunk und Fernsehen 1/1954. S.65.
107 Ausschnitt aus: Gerhard Eckert: Die Kunst des Fernsehens. Emsdetten 1953. S.7.
108 Ausschnitt aus: Gerhard Maletzke: Irrtümer in der Fernsehproduktion. In: Rundfunk und Fernsehen 1/1956.

„Aus dieser raumüberbrückenden Fähigkeit der technischen Medien resultiert eine weitere Eigenschaft, die 'Tendenz auf Nähe', das heißt die Tendenz, dem Betrachter auch die entferntesten Gegenstände und Ereignisse 'nahezubringen' und sie dadurch zu 'ent-fernen'. Diese Tendenz tritt beim Fernsehen besonders ausgeprägt in Erscheinung, so sehr, daß wir es hier schon als das ausgezeichnete Mittel bezeichnen können, die generelle Tendenz des Daseins auf Nähe auszudrücken. Ursache hierfür sind die besonderen Bedingungen des Fernsehvorgangs.

Der Zuschauer sitzt vor seinem Apparat, der ihm, wie ein Werbespruch der Fernsehindustrie so lapidar, sagt, 'die Welt ins Haus bringt'. Die Umgebung, in der er seine Eindrücke aufnimmt, ist also nicht eine große Kinohalle, sondern seine Wohnung, bzw. sein Wohnzimmer.

Die Fläche, von der er die auftretende Wirklichkeit 'abliest', ist keine Kinoleinwand, sondern ein kleiner Bildschirm. Der Vorgang, der sich hier abspielt, ist, wenn man so sagen darf, ein höchst intimer, eine Begegnung zwischen dem gezeigten Ereignis und dem Betrachter. Wir können hier also, ähnlich wie beim Rundfunk, sagen, daß das Fernsehen sich nicht, wie etwa der Film, an eine Masse wendet, sondern an den Einzelnen. Je mehr die dargestellten Ereignisse, Gegenstände und Personen dieser Eigentümlichkeit des Fernsehvorgangs Rechnung tragen, um so intensiver das Erlebnis, um so größer die Wirkung. Der Fernsehzuschauer hat also die Möglichkeit, den Dingen, auf eine ganz besondere Weise nahe zu sein, auf eine Weise, die bis zur Entdeckung des Fernsehens nicht möglich war und die eigentlich erst so richtig die Einmaligkeit des technischen Phänomens zum Ausdruck bringt."[109]

Zu Fragen der Programmorganisation

Kurt Wagenführ: Ein Schritt ins Ungewisse. Zu Beginn des täglichen Fernsehprogramms (1952)

„Bisher hat nur der NWDR Mittel für dieses Programm bereitgestellt. Hier und im Bereich einer sinnvollen Organisation ist manches versäumt worden. Die Fernsehkommission, der - wie grotesk! - der bis heute allein in der aktiven Arbeit stehende Fernsehintendant Dr. Pleister nicht angehört, hat bisher eine echte Koordinierung der „gemeinsamen" Fernseh-Vorarbeiten noch nicht erreicht. Süddeutschland ist so in der Fernseh-Entwicklung rund ein Jahr in Rückstand gekommen. Bisher hat auch nur der NWDR eine klare Konzeption im personellen Bereich und auf dem Gebiet des Programms erkennen lassen. Ob seine Vorbereitungen ausreichen, wird

---

109 Ausschnitt aus: Hans Gottschalk: Grundsätzliche Überlegungen zum Fernsehspiel. In: Rundfunk und Fernsehen Jg.4/1956 H. 2. S.127.

die Zukunft zeigen. Es wird nun bald eine Bilanz am Fernsehschirm gezogen werden können."[110]

Werner Pleister: Deutschland wird Fernsehland (1953)

„Die Zusammenarbeit zwischen den verschiedenen Rundfunkanstalten, die Fernsehen betreiben, beabsichtigt ein deutsches Gemeinschaftsprogramm. Die Fernsehkommission der Arbeitsgemeinschaft der Rundfunkanstalten erarbeitet die Möglichkeiten für die Einführung des Fernsehens in der Bundesrepublik, wobei man davon ausgeht, daß es nur ein deutsches Fernsehen geben kann, und nicht ein hessisches, bayerisches, schwäbisches, hamburgisches oder nordrhein-westfälisches. Bei den großen Aufwendungen, die das Fernsehen erfordert wären kleine Einzelbetriebe zum Scheitern verurteilt. Man muß beim Fernsehen mit einer großen räumlichen Konzeption auch eine große inhaltliche Konzeption verbinden. Wir sind der Meinung, daß Fernsehen von Haus zu Haus oder von Städtchen zu Städtchen ein Spielzeug ist. Fernsehen ist eine Sache der weiten Welt, und es fast schon nicht richtig, von einem deutschen Fernsehen zu sprechen, wir müssen auf ein europäisches Fernsehen hinstreben. Glücklicherweise bestehen zu den benachbarten Ländern gute sachliche und persönliche Verbindungen. Die Frage des europäischen Fernsehens erscheint uns nur noch als eine zeitliche Frage, aber nicht mehr von grundsätzlicher Art."[111]

Kurt Wagenführ: Ist das Fernsehprogramm besser geworden? Kritische Betrachtung der Leistung in den ersten fünf Monaten (1953)

„... aber es fehlen die Programmreserven. An dieser Ungleichmäßigkeit, die Einzelsendungen und die Zusammenstellung von Abendprogrammen betrifft, und an dem Verhalten bei Pannen und Ausfällen merkt man am sichersten, daß die Programmgestalter auch jetzt noch auf keine Reserven zurückgreifen können. Diese Reserven fehlen noch, sie sind in der vergangenen Zeit nicht geschaffen worden. Ein Fernsehdienst muß aber aus dem Vollen schöpfen können, um allen Situationen gewachsen zu sein. (Die Programmgestalter werden zweifellos ihre Kollegen vom Rundfunk beneiden, die immer - oft sogar zu schnell - eine Bandaufnahme zur Hand haben...). Doch diese Fragen kann man nicht behandeln, ohne Unterschiede bei den einzelnen Fernsehstudios zu beleuchten."[112]

---

110 Ausschnitt aus: Kurt Wagenführ: Ein Schritt ins Ungewisse. Zu Beginn des täglichen Fernsehprogramms. In: epd Kirche und Rundfunk 1952 Nr. 24. S.2f.
111 Ausschnitt aus: Werner Pleister: Deutschland wird Fernsehland. In: B.H. Bettelhack; O. Lund-Johansen (Hrsg.): Rundfunk- Fernseh-Jahrbuch 1953. Kopenhagen, Berlin Basel 1953.
112 Ausschnitt aus: Kurt Wagenführ: Ist das Fernsehprogramm besser geworden? Kritische Betrachtung der Leistung in den ersten fünf Monaten. In: Fernseh-Informationen Jg.4 1953 H.10/11. S.2f.

„Bei allen Wandlungen oder Ausweitungen, die das Fernsehprogramm natürlich in den nächsten Jahren in Verfolgung seines Ausbaus und seiner Fortentwicklung erfahren wird, war es der NWDR, der die Grundlagen geschaffen hat. Aus seiner Werkstatt gingen die ersten Gliederungen der Abendprogramme hervor, er probierte zahlreiche Darbietungsformen aus, er schuf eine ganze Anzahl von Reihensendungen, die heute fester Programmbestandteil geworden sind. Er legte damit gewisse Maßstäbe, an denen keine Rundfunkanstalt vorbeigehen kann. Entwickeln die anderen Rundfunkanstalten neue Formen und übertreffen sie das bereits Vorhandene, dann wird das jeder Zuschauer begrüßen. Vielleicht entsteht daraus ein gesunder Wettbewerb des ganzen Fernsehens. Vielleicht - und auch diesen Gedanken wollen wir einmal andeuten - werden auch andere Folgeerscheinungen auftreten können. Wir meinen damit, daß es durchaus möglich ist, daß neue und bessere Kräfte und Mitwirkende im Programm erscheinen, die zur Ablösung derjenigen führen können, die jahrelang im ähnlichen Bereich gearbeitet haben. Das harte Gesetz: „Das Gute muß dem Besseren weichen" wird auch im Fernsehprogramm Geltung gewinnen; wir hoffen aber, daß es Möglichkeiten gibt, Ungerechtigkeit zu vermeiden und bewährte Kräfte mit neuen, ihnen entsprechenden Aufgaben zu betrauen. Andererseits wird es sich aber auch nicht umgehen lassen, an dieser und jener Stelle radikale Änderungen vorzunehmen, die vielleicht bisher - vermieden wurden.

Wir haben feststellen können, daß alle Rundfunkanstalten alle Sendungsarten bestreiten wollen. Das scheint eine grundsätzliche Absprache zu sein, die nicht geschmälert wird, wenn bestimmte Einzelformen diesem oder jenem Sender vornehmlich zugebilligt werden oder wenn diese oder jene Anstalt ihr Gewicht ein wenig auf bestimmte Programme verlagert. Gut - wenn das so ist, dann soll aber auch innerhalb der Programmbeiträge von den einzelnen Anstalten ein Gleichgewicht herrschen. Es wird nicht angehen, daß sich eine Anstalt nur auf das Fernsehspiel konzentriert, weil sie die entsprechenden Räume zur Verfügung hat; sie darf das Aktuelle auch nicht vernachlässigen. Wer sich nicht begrenzen will, muß sich gefallen lassen, unter mehr als einem Gesichtspunkt gewertet zu werden: nicht nur in dem, was er tut, sondern ebenso in dem, was er unterläßt. (...)

Der 31. Oktober, an dem zum erstenmal das offizielle Zeichen „Deutsches Fernsehen" auf den Bildflächen der Empfänger auftauchte, ist nicht der Abschluß einer Entwicklung, sondern der Beginn. Wir werten ihn als eine Etappe, die mühsam genug erreicht wurde, um schließlich eine Grundlage zu schaffen. Noch kann nicht vorausgesehen werden, welche Form „Das Deutsche Fernsehen" einmal finden wird. An mehr als einer Stelle finden Besprechungen und Verhandlungen statt, die sich mit diesem Fragenkomplex befassen. Es liegen auch mehrere Anzeichen dafür vor, daß wichtige Punkte nicht angerührt werden, weil man sich davor scheut, sie zu diskutieren. Wir finden das falsch und sehen einen größeren

Nutzen darin, wenn solche Fragen angepackt werden mit dem Ziel, die bestmögliche Lösung zu finden."[113]

Das Regionalprogramm zwischen Werbung und Information

Westdeutscher Rundfunk und Norddeutscher Rundfunk beginnen am 1. Dezember mit Fernseh-Regionalprogrammen. „Hier und Heute" kommt von Köln, „Die Nordschau" von Hamburg (1957)

„(...) Der Westen in Bildern, Berichten und Begegnungen" - so lautet der Untertitel des Regionalprogramms; er paßt zu dem Motto, das Höfer ausgegeben hat: Es passiert viel, die Menschen sind neugierig, also muß am Abend gesendet werden, was der Tag diktiert. Daß Bonn, die provisorische Bundeshauptstadt, im WDR-Bereich liegt, bedeutet, daß das „große" politische Geschehen in das Regionalprogramm (das die „kleinere" Welt empfangen will) einbezogen wird, und das ist sicher eine Bereicherung. (Hoffentlich kommt die Tagesschau dabei nicht zu kurz - vielleicht kann sie aber gerade von der Regionalarbeit profitieren, zumal wenn wir erst die Blitzschaltung haben). Wenn ferner als Programmpunkt aufgestellt wird, daß „alles auf menschlichen Kontakten aufgebaut sein soll", wenn zu vox humana die vis humana des Landes treten soll, dann wird man hellhörig und erwarten, daß es sich um eine dem Fernsehen angemessene, recht persönliche Sendung handeln kann.

Das Regionalprogramm untersteht direkt dem Intendanten

Viel mehr „Programm"-Punkte gibt allerdings auch nicht zu vermelden. Man hat die Vorstellung, daß es sich um Elemente handeln wird, die in der Sendung „Zwischen Rhein und Weser" entwickelt worden sind, daß die Improvisation vielleicht über allem steht - warum nicht? Wenn sie durchdacht ist und wenn die Möglichkeiten ausgeschöpft werden - weshalb nicht? Das Aktuelle läßt sich oft nicht anders fangen als durch das schnelle und gewagte Handeln und Reagieren, mit allem Risiko, das in dieser Methode liegt. Auch im Organisatorischen zeichnen sich keine festen Umrisse ab. Das Regionalprogramm untersteht direkt dem Intendanten, die politische Linie dem Chefredakteur. Raum und Gerät gibt das NWRV-Fernsehen, das im Hause ist, und Mitarbeiter sind mit dem Hörrundfunk eng verbunden. Warten wir also ab."[114]

---

113 Ausschnitt aus: Kurt Wagenführ: Das Deutsche Fernsehen. In: Fernsehen Jg. 2. 1954 H. 11. S.580f.
114 Ausschnitt aus: Westdeutscher Rundfunk und Norddeutscher Rundfunk beginnen am 1. Dezember mit Fernseh-Regionalprogrammen. „Hier und Heute" kommt von Köln, „Die Nordschau" von Hamburg. In: Fernseh-Informationen Jg. 8 1957 Heft 33. S.709.

Norbert Handwerk: Elf Monate deutsches Werbefernsehen. Praktische Erfahrungen, die in dieser Zeit gemacht wurden (1957)

„(...) Das Werbefernsehen wird weder das Plakat im Straßenbild, noch die Anzeige, auch nicht den Werbefunk oder den Kino-Werbefilm, ebenso gewiß nicht die Schaufenster-Werbung ersetzen. Das Werbefernsehen kann hier keine Additionswirkung erzielen, weil jeder andere Werbeträger seine besondere individuelle Funktion hat. Das Werbefernsehen steht eigenständig da. Es sind im Besonderen zwei Dinge, die das Werbefernsehen vorzüglich kann. Es vollbringt seine Wirkung intim im Raum der Wohnung selbst. Der ängstlich an der Türe abgewimmelte Vertreter tritt mit ihm in das beste Zimmer der Hauses und spricht unmittelbar zum Familienkreis. Er wird „eingebettet" in liebenswürdig heitere, unbeschwerte und gute Sendungen und vermag dort das Wesentliche hervorzubringen, wo die Kaufentschlüsse in der Beratung später gefaßt werden können.

(...) Das zweite Moment ist der Anfangsreiz des Werbefernsehens. Dieser Reiz wird nicht allzu lange bleiben. Es scheint daher klug, sich dieses Mediums gerade jetzt zu bedienen. Wir haben es auch beim Beginn der Film- und Funkwerbung erlebt, wie man in der ganzen Stadt von dem, was die neuen Werbemedien brachten, sprach. Und heute ist es beim Phänomen Fernsehen nicht anders. Die Firmen, die über Vertreterkolonnen verfügen, werden davon gehört haben. Es spricht sich vom Laden aus herum, welche Werbesendungen man gestern gesehen hat. Es geht das so vor sich: Frau Schulze, die im Laden schon 20 mal davon geredet hat, daß sie ein Fersehgerät besitzt, kann nicht auch noch zum 21. Mal sagen: „Wir haben einen Fernsehapparat". Da bleibt für sie der Ausweg, zu sagen: „Da habe ich aber gestern eine so schöne Persil-Werbung im Fernsehen gesehen!" Jetzt hat sie es angebracht, daß sie zu den sozial arrivierten Schichten gehört und ein Fernsehgerät im Hause hat. Sie erzählt den Inhalt des Werbefernseh-Spots, den sie am Vorabend gesehen hat, und wird so zur Trägerin einer unschätzbaren Mundpropaganda."[115]

Werbefernsehen breitet sich über Süd- und Südwestdeutschland aus. Ab 2. Januar: Gemeinsames Werbefernsehprogramm von München, Frankfurt und Baden-Baden (1957)

„Der Gedanke des Werbefernsehens, einst ein „Heißes Eisen"-Thema nicht nur der Rundfunkanstalten, breitet sich aus. Der Bayerische Rundfunk ist hier mit seinem Programm „Zwischen halb und acht" vor Jahresfrist avantgardistisch vorausgegangen. Er hat sich damit die Sympathie der großen Mehrheit der Fernsehzuschauer in seinem Ausstrahlungsbereich erobert. Nun breitet sich dieser Gedanke weiter aus.

Wie wir durch Sonderbericht bereits am 18. September mitteilten, werden ab 2. Januar 1958 auch der Hessische Rundfunk und der Südwestfunk das Werbefern-

---

115 Ausschnitt aus: Norbert Handwerk: Elf Monate deutsches Werbefernsehen. Praktische Erfahrungen, die in dieser Zeit gemacht wurden. In: Fernseh-Informationen Jg. 8. 1957 Heft 29. S.137f.

sehen einführen. Gemeinsam mit dem Bayerischen Rundfunk, der bekanntlich seit 11 Monaten die Sendung „Zwischen halb und acht" in seiner Region ausstrahlt und dieses Programm auch an den Sender Freies Berlin weitergibt, wird ein Werbefernsehprogramm des Hessischen Rundfunks und des Südwestfunks, das den Titel „Zwischen halb und acht" tragen wird, gesendet werden. Die Sendungen sollen auf die Zeit zwischen den regionalen Abendschau-Programmen und dem Beginn des Abendprogramms des Deutschen Fernsehens, also auch die halbe Stunde zwischen 19.30 und 20.00 Uhr, beschränkt bleiben."[116]

Das beabsichtigte Regionalprogramm beim Sender Freies Berlin. Von unserem Berliner Mitarbeiter (1958)

„Wer kommt als Leiter eines SFB-Regionalprogramms in Frage? Personell scheint die Frage des Berliner Regionalprogramms noch völlig offen zu sein. Jedenfalls kommt wohl der ursprünglich dafür vorgesehene Herbert Viktor infolge anderweitiger Inanspruchnahme nicht mehr in Frage. Wie unser Mitarbeiter erfuhr, denkt man nun in erster Linie an Günther Piecho und Günther Linke als verantwortliche Gestalter eines Regionalprogramms. Eine Entscheidung in der Besetzung ist aber noch nicht gefallen. Sie dürfte auch nicht ganz einfach sein, da der SFB durch den personellen Großeinkauf anderer Sender - besonders des NDR - in dieser Richtung immer mehr beengt wird.

Nicht ohne Argwohn verfolgt man in Berlin die über den eigentlichen NDR-Bereich hinausgreifenden Ausbreitungstendenzen der Hamburger „Nordschau" mit dem beweglichen Thilo Koch eine „Außenstelle" in Berlin einführte, und daß der vom SFB nach Hamburg beurlaubte Mitarbeiter Hans Scholz im Hamburger Auftrag gewisse Berliner Themen für die „Nordschau" wahrnehmen soll. In Berlin ist man - auch wenn die gegenwärtig Verantwortlichen solche Tendenzen übersehen sollten - nicht unempfindlich gegenüber allen wirklichen oder vermeintlichen etwaigen „Eingemeindungsversuchen". Erwünscht wäre nun eine baldige Klarheit darüber, wann und mit welchen Mitteln ein Berliner Regionalprogramm gestartet werden kann. Sowohl in sachlicher wie auch in personeller Hinsicht braucht ein solches Sonderprogramm, wenn es nicht gleich am Anfang enttäuschen soll, eine nicht zu kurz bemessene Zeit der Vorbereitung. Nach Abschluß der laufenden Etat-Beratungen wird man ja wohl von der zuständigen Seite über die diesbezüglichen Absichten Näheres hören."[117]

---

116 Ausschnitt aus: Werbefernsehen breitet sich über Süd- und Südwestdeutschland aus. Ab 2. Januar: Gemeinsames Werbefernsehprogramm von München, Frankfurt und Baden-Baden. In: Fernseh-Informationen Jg. 8 1957 Nr 27. S.123.
117 Ausschnitt aus: Das beabsichtigte Regionalprogramm beim Sender Freies Berlin. In: Fernseh-Informationen Jg. 9. 1958 H. 3. S.62.

Programmkritik

Kurt Wagenführ: Der „Qualitätsabfall" im Sommerprogramm des Deutschen Fernsehens. Über 3 Millionen Zuschauer sind ein Respekt einflößendes Publikum (1957)

„Erinnern wir uns: Es ist noch gar nicht so lange her, da machte der Fernsehversuchsdienst im Herbst noch einmal eine Atempause von einigen Wochen, um wohlgestärkt (und nicht ganz so wohlgerüstet) in den Winter zu gehen. Die Zuschauer saßen daheim vor der dunklen Bildscheibe und konnten darüber nachdenken, ob diese Zwangspause besser sei als das Versuchsprogramm und daher erholsam. Sie konnten auch Betrachtungen darüber anstellen, ob es der Sinn des Empfängerkaufes war, ihn nicht anzustellen. Sie konnten sich sogar Gedanken darüber machen, ob in einer Versuchszeit nicht besonders viel gearbeitet werden müßte, um eben diese Zeit zu Versuchen auszunutzen. Es gab viel zu denken damals.

(...) Dann kam die Zeit der leicht vernebelten Urlaube. Das ist nun nicht metereologisch gemeint, sondern eher organisatorisch. Die sogenannten „kleinen" Anstalten - vielleicht waren es in der Kategorie auch die mittleren, wer soll das wissen? - machten Kollektiv-Urlaub. Sie konnten es sich aus finanziellen Gründen nicht leisten, mit doppelter Besetzung zu arbeiten; daher mußten sie sich kollektiv erholen - im Gegensatz zum Zuschauer, sozusagen. Das gab Programmverklemmungen, die sehr wohl gemerkt wurden; ihre Erklärung wurde von Seiten des Fernsehens meistens pantomimisch abgegeben: durch Achselzucken. Bisweilen aber auch mit dem Hinweis, daß auch in anderen Ländern (wir können gerne helfen: Frankreich, Belgien, Schweiz, Schweden, nach Belieben und nach geographischer Nachbarschaft auszusuchen) ein ähnliches Brauchtum herrsche, soweit man hier von „Brauch" reden kann... Es gibt zwar Sitte und Unsitte, aber nicht Brauch und Unbrauch.

Die „Sommersaison" des Programms muß jetzt vorbei sein

Um es deutlich zu sagen: den betreffenden Rundfunkanstalten wurde deutlich gesagt, daß es für diese Kollektiv-Ferien ein Jahr später keine Kollektiventschuldigung mehr geben dürfe. Auf diese Weise ist in diesem Jahr die ganze Geschichte noch undurchsichtiger organisiert worden. Aber seltsamerweise zeichnet sie sich im Programm, wie durch Röntgenstrahlen deutlich gemacht, immer noch ab. Man spürt das nicht nur an der Verschiebung des Prozentsatzes Film: Live im Programm (zugunsten des Films, zu ungunsten des Programms), sondern auch an der Komposition der Programme. Es wird gut sein, wenn solche Feststellungen nicht wieder getroffen zu werden brauchen. Denn die Zeit der „Sommer-Saison" des Programms muß jetzt vorbei sein. Wenn am Abend rund 3 Millionen Zuschauern an den Empfängern anzunehmen sind, dann ist das ein Respekt einflößendes Publikum."[118]

Gerhard Beyer: Zuviel Angst vor dem Ärgernis. Deutsches Fernsehen: politisch lau und meinungslos (1957)

„Was das Fernsehen in den Sparten Information, Unterhaltung, Belehrung und Spiel bietet, steht quantitativ zu keinem Verhältnis zu den Sendungen, die eine Stellungnahme zur politischen und gesellschaftlichen Realität der Gegenwart enthalten und zu einer solchen Stellungnahme zwingen. Die Sparte „Politische Meinungsbildung und Aufklärung" kommt viel zu kurz. Bei allen sonstigen Unterschieden - Niveau, Verantwortungsbewußtsein, Gewissenhaftigkeit - ist das Deutsche Fernsehen, was das politische Engagement angeht, nicht weit von gewissen Boulevard-Blättern entfernt.

Die Stuttgarter Initiative

Im vorigen Jahr brachte der Süddeutsche Rundfunk einen Filmbericht über die Bundeswehr von Heinz Huber. Der Autor hatte erklärt, er wolle ein Gegenstück zum Werbefilm für die Bundeswehr schaffen. Warum nicht? Die Vorderseite der Medaille wird offiziell zur Genüge propagiert. Warum nicht auch einmal die Rückseite im Fernsehen zeigen? Ein Sturm der Entrüstung setzte ein: „Hetze", „Lügenfilm" und „Verächtlichmachung" hieß es. Es fehlte nur noch die Vokabel „Verrat", und die ganze nationale Musik jüngst vergangener Tage wäre wieder erklungen.

Wie weit sind wir doch davon entfernt, unsere Lebensfragen frei und offen zu diskutieren! Stuttgart tat das Selbstverständliche: die Gegenseite kam zu Wort, Intendant Dr. Eberhard setzte sich mit Strauß zusammen. Damit wäre der Fall erledigt, und der Bürger konnte seine Konsequenzen ziehen. Aber die Folgen sind deprimierend. Die Bundeswehr scheint nunmehr für das Fernsehen tabu zu sein. Man geht den Weg des geringsten Widerstandes. Heinz Huber kurbelt jetzt Filme über Düsenverkehrsmaschinen und Staudämme. Damit wird ja kein Anstoß erregt!

Stuttgart entwickelte noch bei anderer Gelegenheit Initiative und tat damit eigentlich nur, was ein gut zu arbeitendes unabhängiges publizistisches Instrument tun muß: der Sender versuchte, Chruschtschow für ein Interview zu gewinnen. Wie könnte sich der Bundesbürger ein besseres Bild von dem Boss des Weltkommunismus machen, als wenn er ihm auf dem Bildschirm begegnen könnte? Aber schon dieser Versuch wurde verdammt. Die Fernsehteilnehmer werden wie Un-

---

118 Ausschnitt aus: Kurt Wagenführ: Der „Qualitätsabfall" im Sommerprogramm des Deutschen Fernsehens. Über 3 Millionen Zuschauer sind ein Respekt einflößendes Publikum.... In: Fernseh-Informationen Jg. 8 1957 H. 27. S.576.

mündige behandelt, denen vorgeschrieben wird, was zu sehen und zu hören ihnen bekömmlich ist. Ohne Zensur und Reglement, auf kaltem Wege, soll verhindert werden, daß ein Abbild der ganzen Wirklichkeit, aller Meinungen und Strömungen zu uns gelangt und ermöglicht, uns ein eigenes Bild von der heutigen Welt zu machen. Leider, leider geht das Fernsehen gegen diese Bestrebungen nicht an."[119]

New Look für das Fernsehprogramm. Der Zuschauer soll wissen, was er erwarten kann (1957)

„(...) Zu den Voraussetzungen einer günstigen Entwicklung des Programms gehört die gute Zusammenarbeit zwischen den Stationen. Die technischen und organisatorischen Mittel, die Produktions- und künstlerischen Formen werden nun doch so beherrscht, daß wir verhältnismäßig fehlerfrei auf diesem Klavier spielen können. Das Ergebnis ist ein Programm, das internationalen Rang besitzt: nicht nur in Bezug auf das, was wir richtig, sondern auch auf das, was wir falsch machen. Das ideale Programm gibt es nicht, außer etwa in Gestalt des durchaus verständlichen Wunschtraums der Radiowirtschaft. Unsere technische Bildqualität hat heute einen Rang, der von keinem andern Land übertroffen wird. Auf den künstlerischen Ausdruck des Bildes wird in Deutschland größerer Wert gelegt als in manchem anderen Fernsehland. Die besondere Pflege des Szenenbildes brachte dem Deutschen Fernsehen anläßlich der internationalen Tagung der Szenenbildner und einer damit verbundenen Ausstellung in London einen schönen Erfolg ein. Bei der Verleihung des Prix Italia in Taormina befanden sich die beiden von uns vorgelegten Dokumentarsendungen unter denjenigen, die in die engere Wahl für den Preis kamen. Höhepunkte des deutschen Fernsehens in Oper und Fernsehspiel sind durch die Eurovision allgemein bekannt geworden. Kurz: wir genießen im Ausland ein Ansehen, um das wir uns im Inland immer noch vergeblich bemühen. (...)

Das neue Programmschema

Um Mängel, die zweifellos in der Programmstruktur vorhanden sind, in Zukunft zu beseitigen, wurde ein neues Programmschema entwickelt, das ab 1. April 1958 praktiziert werden soll. Für einen Zeitraum von 14 Tagen sieht der Programmablauf folgendermaßen aus:

Sonntag	Unterhaltung, wenn möglich leichtes Spiel
Montag	Information
Dienstag	Reine Unterhaltung
Mittwoch	Information

---

119 Ausschnitt aus: Gerhard Beyer: Zuviel Angst vor dem Ärgernis. Deutsches Fernsehen: politisch lau und meinungslos. In: Fernsehen Jg. 5 1957 H. 12. S.604f.

Donnerstag	Anspruchsvolles Spiel
Freitag	Information
Samstag	Unterhaltung im Spielcharakter (Lustspiel, Operette)
Sonntag	Reine Unterhaltung
Montag	Information
Dienstag	Spiel
Mittwoch	Unterhaltung
Donnerstag	Spiel
Freitag	Information
Samstag	Reine Unterhaltung

Dieses Schema soll jedoch nicht den Charakter eines ganzen Abends festlegen. Es besagt lediglich, daß etwa an einem mit „Information" bezeichneten Abend die Hauptsendung informativen Charakter tragen soll. Noch am selben Abend wird das Grundthema kontrastiert - etwa durch einen kleinen Film oder eine andere Sendung. Der Sinn der Einteilung ist, daß der Zuschauer wissen soll: jedenfalls bekomme ich eine Sendung dieser Art an diesem bestimmten Abend - und daß es sich danach einrichten kann. Zudem werden mit der neuen Einteilung Serien vermieden. Es kann nicht mehr vorkommen, daß zwei bis drei Fernsehspiele direkt aufeinander folgen oder mehrere Tage nur mit Features ausgefüllt sind. Dabei ist das Instrument differenzierter als hier geschildert; die Einteilung gibt nur eine grobe Übersicht. Jeder der Sendungstypen besteht aus einer Vielfalt von Sendungsformen, die Gelegenheit zu reicher Variation geben."[120]

Diskussion des 2. Fernsehprogramms

Franz Stadelmayer: Die Bestrebungen zur Neuordnung des Rundfunks. Der Rundfunk muß unabhängig bleiben (1958)

„Das zweite Fernsehprogramm. Eine der schwierigsten Fragen ist das sogenannte zweite Fernsehprogramm geworden. Ich möchte nicht den Gründen nachgehen, die gerade diese Sache zu einem so wichtigen Politikum gemacht haben. Die Rundfunkanstalten sind wohl am besten in der Lage, hier die Debatte auf sachliche Gesichtspunkte zurückzuführen. Was man in erster Linie will und was die Zuschauer mit Recht verlangen, ist die Einführung eines Auswahlprogramms, so daß zwischen den beiden dann zur Verfügung stehenden Programmen eine Kontrastwirkung entsteht. Der Zuschauer will in der Lage sein, zu wählen zwischen Unterhaltung und einem ernsten Fernsehspiel. Dieses Ziel sollte verwirklicht werden. Die

---

120 Ausschnitt aus: New Look für das Fernsehprogramm. Der Zuschauer soll wissen, was er erwarten kann. In: Fernsehen Jg. 5 1957 H. 12. S.601ff.

Rundfunkanstalten sind der Überzeugung, daß sie auch das zweite Programm selbst meistern können.

In den meisten Ländergesetzen ist verankert, daß die Länderregierungen Anspruch auch Einräumung von Sendezeiten haben. In manchen Gesetzen ist dieses Recht auch für die Bundesregierung vorbehalten. Es ist nicht einzusehen, warum hier nicht eine Regelung gefunden werden soll, die Bundesregierung und Länderregierungen gleichstellt. Eine derartige Regelung könnte zwischen der Bundesregierung und den Rundfunkanstalten getroffen werden. Die Anstalten haben ihre Bereitschaft hierzu längst erklärt. In meiner Eigenschaft als Vorsitzender der Arbeitsgemeinschaft der deutschen Rundfunkanstalten habe ich mir die Aufgabe gestellt, diesen Komplex noch in diesem Jahr einer befriedigenden Lösung zuzuführen."[121]

Hans Bausch: Für Freiheit und Unabhängigkeit des Funks (1958)

„Die Rundfunkorganisation spiegelt noch heute viel eher einen Staatenbund als einen Bundesstaat. Deshalb muß die Arbeitsgemeinschaft aus eigenem Entschluß noch eine ganze Reihe von Konsequenzen ziehen, wenn das föderalistische System belebt und gewahrt werden soll. Ich meine auch, daß der Bundesregierung gleiche Rechte wie den Länderregierungen eingeräumt werden sollten, das Mikrophon zu benutzen. Aus der Existenz der Bundesrepublik möchte ich folgern, daß der zentralen Regierung nicht verweigert werden kann, was den Länderregierungen bei der Mitwirkung im Programm gesetzlich zugestanden worden ist. (...)

Schwieriger stellt sich das Problem des Fernsehens. Das gegenwärtig zu sehende 1. Programm wird von den bestehenden Rundfunkanstalten gemeinsam gestaltet. Ihre Arbeitsgemeinschaft möchte auch das 2. Programm vorbereiten. Die Position der regionalen Anstalten ist klarer als die der Parteien, welche eine neue zentrale Anstalt für das ganze Bundesgebiet, durchaus nicht weniger unabhängig als die jetzigen Anstalten, wünschen. Es wird aber noch schwerer Arbeit der Fachleute bedürfen, um die technischen und finanziellen Voraussetzungen zu klären, ganz abgesehen von den ungelösten Fragen der Produktion und Koordinierung der Programme. Das Gespräch hat eben erst begonnen. Kein Fachmann kann so töricht sein, eine politische Forderung zu erheben, solange die Voraussetzungen ungeklärt sind. Ich habe es jedenfalls nicht getan, sondern lediglich Fragen in die Diskussion geworfen. Soviel ist sicher: Die bestehenden Rundfunkanstalten sind in der Lage, ein Kontrastprogramm zu produzieren. Es ist aber noch völlig ungeklärt, ob und auf welche Weise es gut, vertretbar und richtig ist, eine neue Bundesanstalt mit dieser Aufgabe zu betrauen. Diese Alternative muß sachlich ausdiskutiert werden, ehe die Würfel im Bundestag fallen."[122]

---

121 Ausschnitt aus: Franz Stadelmayer: Die Bestrebungen zur Neuordnung des Rundfunks. Der Rundfunk muß unabhängig bleiben. In: Fernseh-Informationen Jg. 9 1958 H. 28. S.583.
122 Ausschnitt aus: Hans Bausch: Für Freiheit und Unabhängigkeit des Funks. In: Fernseh-Informationen Jg. 9 1958 H. 27. S.557f.

Die Bundesregierung und die Schaffung eines zweiten Fernsehsystems. Interessante Erörterungen im Bundeskabinett. Auf dem Wege zu einer Bundes-Rundfunk- und Fernsehanstalt (1958)

„Bundespostminister Stücklen wurde die Genehmigung erteilt, die Sendeanlagen für den Aufbau eines zweiten Fernsehnetzes zu erstellen. Bundesinnenminister Dr. Schröder wurde beauftragt, einen Gesetzentwurf auszuarbeiten, der die rechtliche Grundlage für die Errichtung einer Bundesanstalt für den Rundfunk und das Fernsehen bieten soll. (...)

Die Aufsichtsgremien der geplanten „Bundes-Rundfunk- und Fernsehanstalt" sollen ähnlich wie die entsprechenden Gremien bei den bestehenden Rundfunkanstalten zusammengesetzt sein, allerdings mit einem wesentlichen Unterschied, nämlich, daß die Mitglieder vom Bundespräsidenten ernannt werden sollen. Beide zuständigen Minister sind aufgefordert worden, die Vorbereitungen für die Bundesanstalt so zu treffen, daß 1960 der Sendebetrieb aufgenommen werden kann.

Die aktuellen Nachrichten-Sendungen und alle politischen Sendungen einschließlich Kommentare, sollen von der Bundesanstalt selbst verantwortet werden. Das kulturelle Programm der beiden in die „Bundesanstalt" einzubeziehenden Rundfunksender soll von „anderen deutschen Rundfunksendern" übernommen werden.

Beim Fernsehen sollen die „unpolitischen Programme" auf dem „freien Markt" beschafft werden. Ob dieser Teil eines zentralen Fernsehprogramms dem Werbefernsehen überlassen werden soll, ist noch nicht entschieden. Offen ist auch die Frage einer Gebührenverteilung zwischen den bestehenden Rundfunkanstalten und der geplanten Bundesanstalt."[123]

Kurt Wagenführ: Die Bedeutung der „Programm-Reserve" für das Fernsehen. Weltweite Aufgaben für das Referat Feature (1959)

„Der Zuschauer hat sicher schon mehr als einmal Wiederholungen (Aufzeichnung von Sendungen im Augenblick des Ablaufs vom Bildschirm) gesehen, die ihm nicht wiederholenswert zu sein schienen. Nun waren aber diese Programme aufgezeichnet und es ist ein altes Gesetz, daß die Kosten abgearbeitet werden müssen, - und sei es aus Etat-Gründen. Ob sie aus Programm-Gründen vertretbar sind, möge der Koordinator entscheiden. Diese Art von Aufzeichnungen ist längere Zeit als „Programmreserve" betrachtet worden, obwohl sie oft nur die Bezeichnung Lückenbüßer verdient hätten.

Aber trotz mahnender Beschlüsse in der Fernsehprogrammkonferenz und trotz oft wiederholter Versprechungen liegt eine diskutable Programm-Reserve auch heute noch nicht vor. Wenn Dr. Münster energisch auf das Anfüllen seines Topfes

---

123 Ausschnitt aus: Die Bundesregierung und die Schaffung eines zweiten Fernsehsystems. Interessante Erörterungen im Bundeskabinett. Auf dem Wege zu einer Bundes-Rundfunk- und Fernsehanstalt. In: Fernseh-Informationen Jg. 9. 1958 H. 22. S.484.

drängt, kann er vielleicht in zwei Monaten über 25 Stunden verfügen, wobei allerdings der Wert und die Verschiedenartigkeit der Reserve nicht auf allen Gebieten groß zu sein braucht. Münster sieht natürlich bei seinem Reservestock die Gefahr der Überalterung des Materials, und er verspricht, daß sich der Stock ständig erneuern soll. Er will also das angelegte Reservegut möglichst bald verbrauchen und es offenbar in einem nicht zu langsamen Tempo erneuern lassen. (...)

Es soll aber nicht verschwiegen werden, daß die sogenannte Programmreserve auch den Zweck hat, einen „Stock" für ein eventuelles Zweites Programm der Rundfunkanstalten anzulegen, zumal wenn man sich die knappen Hinweise von Dr. Münster ins Gedächtnis ruft, daß ein solches Programm natürlich mit Wiederholungen bzw. zeitlichen Versetzungen arbeiten müsse."[124]

Clemens Münster: Voraussetzungen und Absichten eines Fernsehprogramms (1959)

„Zu den Voraussetzungen des Fernsehprogramms gehört, daß seine Bestandteile von den verschiedenen Rundfunkanstalten produziert und zu einem wohlabgewogenen Ganzen zusammengefügt werden müssen. Auf diese Weise besteht ein gesunder Wettbewerb der Anstalten untereinander, auf diese Weise kann sich eine Vielzahl von Mitarbeitern erproben. Der Herr Bundesinnenminister meint, erst seine Konzeption eines zweiten, von den Rundfunkanstalten unabhängigen Programms würde Konkurrenz ermöglichen und, so sagte er wörtlich und mit werbendem Charme, „Konkurrenz belebe das Geschäft". Es mag sein, daß das Schrödersche Konzept das Geschäft belebt, nämlich das seine und das anderer cleverer Leute. Der Wettbewerb der Rundfunkanstalten untereinander belebt zwar nicht das Geschäft, aber das Programm. (...)

Wegen seiner Breite und Vielgestaltigkeit muß das Programm geplant werden im Hinblick auf die Größe, die Ergiebigkeit und die Struktur des Gebietes, aus dem es sich ernährt und für das es arbeitet. Wenn wir für einen Augenblick davon absehen, daß uns technische Mittel genug zur Verfügung stehen, um Bilder aus aller Welt einzufangen, ist das wichtigste Einzugsgebiet für das Programm der Raum der deutschen Sprache. Dieser Raum ist reich an Gütern aller Art. Aber er ist viel kleiner als der Raum der englischen Sprache. Man hat immer wieder auf das leuchtende Beispiel der beiden konkurrierenden Programme der BBC und der ITA in England hingewiesen. Dieser Konkurrenzkampf ist nicht, wie immer wieder behauptet wird, zum Besten beider Programme und also auch den englischen Zuschauern ausgegangen, sondern lediglich zum Besten der Aktionäre der Kontraktgesellschaften der ITA. Abgesehen davon aber vermögen sich diese beiden Programme nur dadurch zu halten, daß sich vor allem das eine von ihnen auf die Überfülle und auf die Abfälle der nordamerikanischen Fernsehproduktion stützt.

---

124 Ausschnitt aus: Kurt Wagenführ: Die Bedeutung der „Programm-Reserve" für das Fernsehen. Weltweite Aufgaben für das Referat Feature. In: Fernseh-Informationen Jg. 10. 1959 H. 6. S.132.

Der kleinere Garten der deutschen Kultur bedarf einer behutsamen Pflege und darf nicht dem Raubbau zweier konkurrierender Unternehmen ausgesetzt werden. Ein Weiteres kommt hinzu: Jener Raum der deutschen Sprache ist in einer ganz anderen Weise gegliedert, als es etwa die Vereinigten Staaten, England oder Frankreich sind. Der Vielfältigkeit der deutschen Stämme und Landschaften, ihrer Geschichte und ihrer Gegenwart müssen die Rundfunk- und Fernsehprogramme umso mehr Rechnung tragen, als die Bundesrepublik ohne eine echte Hauptstadt ist, wie es etwa Paris und London sind. So bietet denn auch die föderative Struktur des Deutschen Fernsehens die beste Voraussetzung dafür, alle Quellen für das Programm zu erschließen und den Zuschauern außer der Welt auch die Heimat zu zeigen, und das nicht nur in den Regionalprogrammen, sondern auch im Gemeinschaftsprogramm."[125]

Franz Stadelmayer: Die Gestaltung des deutschen Fernsehprogramms. Zweites, möglicherweise auch drittes Fernsehprogramm (1959)

„Die Gestaltung des Gemeinschaftsprogramms. Das deutsche Fernsehprogramm entspreche, so betonte Dr. Münster, dem internationalen Standard. Im Fernsehspiel sei es den Auslandssendungen sogar überlegen. In den aktuellen Berichten gut, wenn auch in den Spitzenberichten noch verbesserungsbedürftig; in den Unterhaltungssendungen es weniger befriedigend. Hier bestehe die gleiche Problematik wie im Ausland. Zwei repräsentative Meinungsumfragen hätten gezeigt, daß die Zuschauer mit dem Programm des Deutschen Fernsehens im Wesentlichen zufrieden seien. 50% der Zuschauer stimmten 95% aller Sendungen uneingeschränkt zu; 65 - 85% stimmten 56% des Programms ohne Einschränkung zu. Das könne aber für die Programmgestalter keinen Anlaß zur Selbstzufriedenheit bilden.

Bei aktuellen Sendungen solle soviel „live" gesendet werden wie möglich. Falls zeitlich versetzte Programme ausgestrahlt werden, würden sie als solche gekennzeichnet, denn die Zeit des tatsächlichen Ablaufs sei ein wichtiger Inhalt der gesamten Information. Ohne Vorproduktion komme das Fernsehprogramm im Interesse der Zuschauer im Hinblick auf die Qualität der künstlerischen Sendungen und der Ansprüche, die an die Darsteller gestellt würden, nicht mehr aus. Im Hinblick auf das künstlerische Fernsehspiel sei die Vorproduktion als ein Element der Fernsehdramaturgie anzusprechen. Die Aufzeichnungstechnik werde eine wesentliche Verbesserung erfahren. In einem halben Jahr dürften die Rundfunkanstalten so weit sein, daß sie über ein weiter entwickeltes Filmaufnahme- und

---

125 Ausschnitt aus: Clemens Münster: Voraussetzungen und Absichten eines Fernsehprogramms. In: Fernseh-Informationen Jg. 10 1959 H. 35-36. S.766f.

magnetisches Verfahren verfügen, das betriebssicher ist und das Laien in der Güte von der Live-Sendung nicht werden unterscheiden können."[126]

---

126 Ausschnitt aus: Franz Stadelmayer: Die Gestaltung des deutschen Fernsehprogramms. Zweites, möglicherweise auch drittes Fernsehprogramm. In: Fernseh-Informationen Jg. 10 1959 H. 33. S.725.

III. Programmkonzeptionen der Sechziger Jahre
Konzeption und Diskussion eines zweiten Fernsehprogramms

Gerhard Eckert: Kontrastprogramm im Fernsehen - Ein Schlagwort (1960)

"Kontrastprogramm - das heißt doch nicht mehr und nicht weniger, als daß der Fernsehzuschauer, um dessen Wohl alle Wortführer des Kontrastprogramms vorzüglich besorgt sind, mit dem Zweiten Fernsehprogramm, wer immer es auf den Bildschirm zaubert, eine wirkliche Auswahl erhalten soll. Es sollen Sendungen zur gleichen Zeit geboten werden, die verschiedenen Geschmacksrichtungen gerecht werden, um das Zweite Programm zu einer echten Bereicherung zu machen. Das klingt einleuchtend. Und diese Sinnfälligkeit ist es, die dem Wort 'Kontrastprogramm' so leicht den Charakter eines Schlagwort verleiht. (...)

Was ist denn eigentlich der 'Kontrast' für Sport? Auch die Gruppe der am Sport nicht interessierten Fernsehzuschauer weist so viele Geschmäcker auf wie nur möglich. Fernsehdirektor A hält Sport für Unterhaltung und gibt daher als Kontrast eine ernste, belehrende Sendung. Die Empörung der nicht sportfreudigen, aber doch unterhaltungsfrohen Zuschauer ist groß. Fernsehdirektor B hält als Gegensatz für Sport eine musikalische Schnulzensendung für geeignet. Er ahnt nicht, daß er sich damit Sport- *und* Schnulzengegner zum Feind macht. Kurz gesagt: Jede Sendungsart hat nicht nur einen Kontrast, sondern ein gutes halbes Dutzend. Man müßte vier, fünf, sechs Fernsehprogramme senden, um es zu einem echten Kontrastprogramm zu bringen. (...)

Was nützt das beste Kontrastprogramm, wenn die Anfangstermine der kontrastierenden Programme nicht haargenau gleich sind? Sobald sich Sendungen zeitlich überschneiden, verliert die Kontrastmöglichkeit ihre Bedeutung. Man muß bei *einem* Programm bleiben, wenn man nicht ein Torso im Zweiten Programm in Kauf nehmen will. (...)

Also müßte das ideale Kontrastprogramm so aussehen, daß die Anfangszeiten *aller* Sendungen in beiden Programmen gleich sind. Normtermine also. Wobei sogar das Überziehen von Sendungen sorgsam ausbalanciert werden müßte - notfalls mit dem Preis von Sendepausen. Natürlich ist das eine absurde Vorstellung. Und es würde eine beispiellose Verarmung der Programmöglichkeiten vorstellen, wollte man beide Programme in das Prokrustesbett gleicher Sendungslängen zwängen. Das geht einfach nicht. Und genau besehen, fällt bereits damit die Idealvorstellung vom Kontrastprogramm. (...)

Dabei haben wir einen Gesichtspunkt noch nicht erwähnt. Die Kontrastierung zweier Programme bedeutet, daß Programm II sozusagen das Negativ von Programm I sein müßte. Mit anderen Worten: Wer Programm I macht, bestimmt damit zugleich Programm II. Oder aber: Beide Programme werden von den gleichen Leuten geplant und aufeinander abgestimmt. Das setzt die gleiche Organisationsform voraus, weshalb die Fernsehleute der Rundfunkanstalten soviel Wert auf das Kontrastprogramm legen. (...)

Wie würde es demgegenüber aussehen, wenn zwei voneinander unabhängige Fernsehsysteme ohne den Zwang zum Kontrastprogramm ihre Programme gestalten? Zuerst einmal: Jedes Programm weiß ohnehin vom anderen, daß und wann es seine festen Termine hat, in denen bestimmte Programmarten geboten werden. Programm II würde sich selbst der Hälfte seiner möglichen Zuschauer berauben, wenn es zur gleichen Zeit wie Programm I gleichartige Sendungen brächte - etwa ein ernstes Fernsehspiel. Man wird also bei II automatisch überlegen müssen, welche Sendung den Zuschauern, die das ernste Fernsehspiel nicht mögen, am ehesten gerecht wird. (...)

Man lasse den Programmgestaltern von Programm I und II und in hoffentlich absehbarer Zukunft auch III getrost freie Hand, nach ihrem Wissen und Gewissen das Beste für den Zuschauer zu machen. Und man binde ihnen nicht die Hände, indem man ein Kontrastprogramm von ihnen verlangt. Dieser Begriff ist nichts als ein Schlagwort, das auch bei noch so häufiger Verwendung nicht an Überzeugungskraft gewinnt."[127]

Die Programmkonzeption des Unterhaltungschef der "Freies Fernsehen GmbH"
Helmut Schreiber-Kalanag (1960)

"Schreiber möchte die Unterhaltungssendungen des Zweiten Programms nach jenen Regeln des Show-Business aufziehen, die ihm als Entertainer und Bühnen-Magier während der letzten vierzehn Jahre in den vier Erdteilen und fünfundzwanzig Ländern volle Häuser und volle Kassen brachten. (...)

Das bisherige Fernsehprogramm ist ihm zu 'teutsch', zu hausbacken und orthodox. Kalanag: 'Das Programm wurde nach dem Kalender gemacht. Vor Weihnachten ist nur vom Lichterglanz, vor Ostern nur von Ostereiern die Rede.' Und: 'Weshalb muß der deutsche Fernseher für seine fünf Mark im Monat auch noch erzogen werden?'

Kalanag ('Ich verstehe von Beethoven so viel wie von Wilhelm Busch') möchte in seinen Unterhaltungssendungen weg von der deutschen Gründlichkeit: Eine Ansagerin, die auf dem Bildschirm versehentlich niest, müsse eine Gehaltsaufbesserung, nicht die Entlassungspapiere bekommen. Nach dem Vorbild amerikanischer und brasilianischer Stationen, das im Abendland bisher nur von den hemdsärmligen Programm-Machern des Senders 'Europa I' kopiert wird, möchte Kalanag Bildschirm-Pannen konstruieren. 'Die Leute erwarten von mir Überraschungen, beispielsweise, daß ich etwas ganz anderes ansage, als dann wirklich kommt.'

---

127 Ausschnitte aus: Der Spiegel 13/1960 und Gerhard Eckert: Kontrastprogramm im Fernsehen - Ein Schlagwort. In: Fernseh-Rundschau 1960.

Jede Unterhaltungssendung soll so kurz wie möglich sein; als Höchstdauer eines Programmteils - und zwar allenfalls für Kriminalreißer - sieht Schreiber-Kalanag 40 Minuten vor. Er möchte auch den obligaten Vorspann, in dem sogar Regie-Assistenten und Scriptgirls, Cutter und Kameramänner aufgeführt werden, vollends streichen. Erst nach der Sendung sollen lediglich die wichtigsten Mitwirkenden genannt werden.

Nach solchen Rezepten weckt Kalanag in München-Unterföhring Unterhaltungsstoff ('Sozialkritisches überlassen wir den Zeitungen') für Wochen in Fernseh-Konserven ein. Kalanag (...) tritt selbst in einer wöchentlichen Kalanag-Schau auf ('Kalanag 1960'; 'Wir reisen mit Kalanag'; 'Kalanag-Cocktail'; 'Kalanag und der indische Seiltrick'; 'Kalanag mal von rückwärts' und 'Konfusion um Kalanag'); sie von dem Perry-Como-Regisseur Mel Ferber inszeniert.

In der Sendereihe 'Grenzen des Wissens' diskutieren die britischen Hellseher David Berglas und Al Koran sowie ihr US-Kollege Chanaster mit Publikum und Professoren über die Möglichkeiten des Vorherwissens.

Als 'vierfachen Frankenfeld' hat Kalanag den englischen (deutschsprechenden) Quizkönig John P. Wynn engagiert. In der Sendung 'In der Klemme' soll das Publikum 'aus dem Leben gegriffene Situationen' enträtseln. Musterbeispiel: 'Eine Dame tritt ins Zimmer. Auf ihrem Hut ist ein Würstchen aufgespießt." Der Quizmaster fragt den Kandidaten: "Warum hat die Dame ein Würstchen auf dem Kopf?"

Unter Vertrag genommen hat Kalanag ferner nach eigener Darstellung

- den 'bedeutendsten' Jazz-Interpreten,
- einen der 'besten' deutschen Feature-Macher à la Peter von Zahn ('aber nach der heiter-bissigen Seite')
- 'hervorragende Texter' für abendfüllende Shows (Fernsehspiele sollen nur einmal wöchentlich gesendet werden),
- einen 'Kalendermann', der die Horoskop-Gläubigkeit ad absurdum führt, und
- einen Experten, der Untermietersorgen glossiert.

Als Sieben-Minuten-Füllsel zwischen zwei Sendungen soll 'Ihr Hausfreund' mit praktischen Ratschlägen immer dann in eine Studio-Wohnung platzen, wenn Wasserrohr oder Garderobenständer brechen."[128]

---

128 Ausschnitte aus: Zweites Programm. Schwarze Schlange. In: Der Spiegel 40/1960. S.92ff.

"Auftraggeber der Spielserie 'Meine Frau Susanne' - die erste Folge heißt 'Das Ehe-ABC' - ist die Gesellschaft 'Freies Fernsehen', die vom Frühjahr an, Konrad Adenauers 'Deutschland-Fernsehen GmbH' für das Zweite Programm mit vorfabrizierten Sendungen zu beliefern gedenkt. Das Ehespiel ist freilich nur bescheidener Teil eines umfangreichen Programms, das die Berliner Fernsehproduktionsfirma 'TV-Union' auf Order des Freien Fernsehens gewissermaßen im Fließbandverfahren produziert und einlagert. (...)

Seit Produktionsbeginn haben die Regisseure der TV-Union unter Produktionschef Raspotnik bereits Programme für 65 Sendestunden in Konserven gefüllt. So wurden bisher entweder auf Film oder auf Magnetband aufgezeichnet:

- Eine Quiz-Folge mit dem englischen Quizmaster John P. Wynn. Das Publikum für diese bereits abgeschlossene, 'Tick-Tack'-ähnliche Unterhaltung ('etwa hundert Leute') wurde durch Zeitungs-Inserate gefunden.
- Eine Schlager-Testsendung 'Schlägt's ein?', die der amerikanischen Einrichtung 'Juke Box Jury' abgeguckt wurde. Musiknummern, die im Frühjahr dieses Jahres herauskommen sollen, wurden von einem Backfisch-Publikum und einer Jury beurteilt. Jury-Mitglieder: die Komponisten Jary, Schröder, Meisel sowie der Schlüsselloch-Reporter Will ('Petronius') Tremper.
- Ein Hausfrauen-Magazin, in dem über Kosmetik, Backwerk und Juristische Alltagsfragen geplaudert wird.

Während diese Programme eine genau abgemessene Sendezeit von jeweils 27 Minuten haben, dauern sämtliche bisher aufgezeichneten Fernsehspiele jeweils 81 Minuten. Denn da das Freie Fernsehen zehn Prozent seiner Sendezeit mit Werbung füllen will, müssen zum Beispiel in einem Anderthalb-Stunden-Programm neun Minuten für die Reklame-Sprüche ausgespart bleiben. FF-Sprecher Schreiber: 'Das soll dann in der Regel am Anfang und am Ende und bei natürlichen Unterbrechungen, etwa in Pausen, vor sich gehen.'

Ihre 81-Minuten-Programme füllte die TV-Union bislang ausschließlich mit Alt-Berliner Schwänken, Possen, Singspielen und Volksstücken, deren Rühr- und Feix-Effekte bereits während jahrzehntelanger Bühnen-Dienstzeit erprobt worden sind."[129]

---

129 Ausschnitte aus: Zweites Programm. Eingemachtes. In: Der Spiegel 6/1961. S.68.

Weiteres Warten auf Karlsruhe. Der Stop für ein zweites Fernsehprogramm. Die Schwierigkeiten der "Deutschland-Fernsehen GmbH" und der "Freies Fernsehen GmbH" (1961)

"Das Bundesverfassungsgericht hat mit der am 17. Dezember 1960 erlassenen Einstweiligen Anordnung, die dem Bund und den Länder-Rundfunkanstalten untersagt, bis zu der für den 28. Februar 1961 angekündigten Grundsatzentscheidung ein zweites Fernsehprogramm auszustrahlen, einen "salomonischen Spruch" gefällt. Das Bundesverfassungsgericht hat die Bemühungen von hüben und drüben, bis zum 1. Januar 1961 vollzogene Tatsachen zu schaffen, gestoppt und sich die Ruhe gesichert, um sich mit aller gebotenen Sorgfalt der Urteilsfindung aus der schwerwiegenden und komplizierten Materie widmen zu können.

Der Karlsruher Urteilsspruch vom 28. Februar wird sich zweifellos nicht damit begnügen, festzustellen, wer durch sein Vorgehen die Verfassung verletzt hat. Das Bundesverfassungsgericht wird in seiner voraussichtlich umfassenden Begründung auch die rechtlichen Grundlagen des Rundfunk- und Fernsehwesens der Bundesrepublik, die durch der Parteien Hass und Gunst aus Macht- und Interessenansprüchen in der Öffentlichkeit heillos verzerrt worden sind, klarzustellen. Müßig, im gegenwärtigen Zeitpunkt Prognosen zu stellen, wie der endgültige Spruch von Karlsruhe ausfallen dürfte. Zu wünschen ist, daß er einem zweiten Fernsehprogramm die Wege ebnet, bei dem die Interessen des Bundes und der Länder einen Ausgleich finden, vor allem aber auch das Recht der ohnehin schon begrenzten freien Meinungsäußerung gewahrt bleibt.

Wie immer auch der Spruch von Karlsruhe, der eine unübersehbare Fülle von Kärrner-Arbeit auf dem fernsehpolitischen Gebiet bewirken wird, ausfällt, ein zweites Fernsehprogramm dürfte kaum vor dem Sommer 1961 beginnen können. Das wäre ein ungünstiger Starttermin. Wenn bei der Bundesregierung die Absicht bestanden haben sollte, ein zweites Fernsehsystem für eine großzügige Wahlpropaganda einzusetzen, dann wäre das eine heute offensichtliche Fehlspekulation, denn bis dieses zweite Fernsehprogramm auf halbwegs interessante Teilnehmerzahlen kommen könnte, ist die große Wahlschlacht längst vorüber."[130]

Es gibt kein Staats-Fernsehen in der Bundesrepublik! Der Urteilsspruch von Karlsruhe. Wann kommt nun das zweite Fernsehprogramm? (1961)

"Die Entscheidung lautet, daß dem Bund die Organisation und Veranstaltung von Rundfunk- und Fernsehsendungen nicht zusteht, sondern daß dies die rechtmäßige Aufgabe der Länder ist. Der Bund hat nur die ausschließliche Gesetzgebung über das Post und Fernmeldewesen. Die vom schlecht beratenen Bundeskanzler Dr. Adenauer vorgenommene Affektgründung der Deutschland-Fernsehen GmbH in

---

130 Ausschnitt aus: Weiteres Warten auf Karlsruhe. Der Stop für ein zweites Fernsehprogramm. Die Schwierigkeiten der "Deutschland-Fernsehen GmbH" und der "Freies Fernsehen GmbH". In: Fernseh-Informationen Jg. 12 1961 H. 1. S.2.

Köln, die nach den Absichten des Bundeskanzlers und seines Innenministers bereits am 1. Januar 1961 mit der Ausstrahlung eines Bundes-Fernsehens über das von der Bundespost errichtete UHF-Sendenetz beginnen sollte, wird als verfassungswidrig erklärt.

(...) Die Möglichkeit, bereits in Kürze ein zweites Fernsehprogramm für das ganze Bundesgebiet auszustrahlen, ist weiter hinausgeschoben worden. Das Bundesverfassungsgericht, das entschieden hat, daß auch dieses Programm Länder-Sache ist, hat alle weiteren Entscheidungen in die Hände der Länder gelegt. Eine in Kürze zusammentretende Ministerpräsidentenkonferenz der Länder wird sich mit den Konsequenzen des Karlsruher Urteils und auch mit der Frage eines gemeinsam zu gestaltenden Programms befassen. Ob es hierbei zu einem einheitlichen Beschluß kommen wird, ist infolge der bisher sichtbar gewordenen Divergenzen bei einzelnen Länderregierungen noch ungewiß."[131]

Diskussion der Programmorganisation

Kurt Wagenführ: Auftakt zum Zweiten Fernsehprogramm. Der Start am 1. Mai in Frankfurt. "Wir dürfen den Zuschauer nicht enttäuschen..." (1961)

"Der Intendant des Hessischen Rundfunks, Eberhard Beckmann, hat es sehr eilig mit den Einführungen des Zweiten Fernsehprogramms. Als sein Kollege Dr. Hilpert vom NDR im Herbst vergangenen Jahres seinen ersten Vorstoß machte und mitteilte, daß der NDR ab 1.1.1961 ein Zweites Fernsehprogramm ausstrahlen würde, schloß sich Beckmann sofort an. Selbst unter den Umständen wollte er mitziehen, daß die aufgezeichneten Programme mit Auto oder Flugzeug von Hamburg nach Frankfurt gebracht werden müßten, um dort zeitlich versetzt ausgestrahlt zu werden. Bei diesem Eifer haben zweifellos rundfunkpolitische und landespolitische Erwägungen eine Rolle gespielt. Man wird das auch daraus schließen können, daß der Hessische Rundfunk als erste und einzige Rundfunkanstalt in der Bundesrepublik das Zweite Fernsehen bereits am 1. Mai (die anderen Anstalten wollen bekanntlich am 1. Juni oder später folgen) beginnen will; und daß eine Pressekonferenz unmittelbar vor Ostern (am 30.3.) abgehalten wurde, was etwas ungewöhnlich ist.

(...) Im Rundfunkhaus am Dornbusch sind die Vorbereitungen so weit, daß ein Programm für drei Wochen vorliegt. Es ist vom gleichen Personal gestaltet worden, das auch das erste Programm bestreitet; es ist auch nicht geplant eine zweite Mannschaft aufzubauen und einen zweiten Programmdirektor (wie etwa in München) zu engagieren. Es werden sicher besondere Teams für das Zweite Programm arbeiten, aber sie stehen gewissermaßen nur in einer internen Konkurrenz im

---

131 Ausschnitte aus: Es gibt kein Staats-Fernsehen in der Bundesrepublik! Der Urteilsspruch von Karlsruhe. Wann kommt nun das zweite Fernsehprogramm? In: Fernseh-Informationen Jg. 12 1961 H. 6. S.4.

Rundfunkhaus zu den anderen Fernsehmännern. Eine gewisse Schwierigkeit entsteht dadurch, daß die neuen Studios noch nicht fertig sind."[132]

Kurt Wagenführ: Das Kontrastprogramm aus Berliner Sicht. Das Zweite Programm kann in der Zone nicht empfangen werden (1961)

"Wie sich ein Kontrastprogramm entwickelt: (...) Das Kontrastprogramm beginnt erst nach 20 Uhr 20. Eigentlich könnte man die Tagesschau auch vor 20 Uhr legen, aber diese Zeit ist bis zum 31.12.61 noch durch feste Verträge mit dem Werbefernsehen besetzt, wodurch eine solche Verschiebung zunächst blockiert wird. Zum anderen steht ein technischer Grund dieser Regelung entgegen: eine Rundfunkanstalt kann vorläufig nicht zwei Programme "einspeisen". Aber ab 1.1.62 kann man wahrscheinlich die Tagesschau schon zwischen 19 Uhr 30 und 19 Uhr 45 beginnen lassen. Dann kann ab 20 Uhr ein echtes Zweites Programm ausgestrahlt werden.

Hier ist die Praxis, wie sich ein Kontrastprogramm entwickelt: Die Vorschläge für beide Programme werden den Subkoordinatoren eingereicht, diese geben sie an die Programmkonferenzen weiter, und zwar zunächst an die Konferenz für das 1. Programm (die der hauptamtliche Koordinator Dr. Karl Mohr leitet), dann an die Konferenz für das 2. Programm (die der nebenamtliche "Kontrastator" Dr. Hans Joachim Lange leitet). Da die Sendungen des Ersten Programms bekannt sind, kann man die des Zweiten Programms in Kontrast bringen - bis auf einen Umstand: die einzelnen Sendungen im Ersten und im Zweiten Programm sind von unterschiedlicher Länge! Also müssen Überschneidungen eintreten, bis wir auf in der Länge "genormte" Programme kommen (was auch Intendant Beckmann schon einmal andeutete). Programme von "Einheiten" zu 15, 30, 45 oder 60 Minuten, die sich jeweils einwandfrei nebeneinander stellen lassen. Solange das nicht der Fall ist, kann der Zuschauer, der keine Überschneidungen liebt, eine andere Entscheidung fällen: Er kann entweder das ganze Erste oder das ganze Zweite Programm anschauen. (Das ist allerdings kein Kontrastprogramm im echten Sinne.)

Programmdirektor Fischer (SFB) gab (...) die Konturen des Zweiten Programms bekannt, die in Köln erarbeitet wurden und in der kommenden Sitzung in Bremen ausgefeilt werden:

"Der Sonntag bringt eine Sendung "Panorama", gute Unterhaltung (eine kleine Show) und ausserdem den Sport vom Tage (ab 21 Uhr 30). Am Montag wird ein Spielfilm gesendet, wöchentlich abwechselnd mit einer Reihe "Die Zone hat das Wort", in der sich Flüchtlinge aus der Zone über die Bundesrepublik und die Zone aussprechen sollen. Der Dienstag ist unterhaltenden und aktuellen Sendungen vorbehalten, der Mittwoch einem Kulturmagazin, der Unterhaltung, dem Kurz-Fernsehspiel und Experimentalsendungen, die man als ein 'Nachtprogramm' ansprechen

---

132 Ausschnitte aus: Kurt Wagenführ: Auftakt zum Zweiten Fernsehprogramm. Der Start am 1. Mai in Frankfurt. "Wir dürfen den Zuschauer nicht enttäuschen...". In: Fernseh-Informationen Jg. 12. 1961 H. 10. S.3.

könnte. Am Donnerstag finden die Zuschauer Unterhaltung (in breitester Form) im Programm, auch einen Krimi zu später Stunde. (Der SFB steuert u.a. einen Bummel durch europäische Fernsehstudios mit Unterhaltungssendungen bei (...)) Der Freitag bringt das grosse Fernsehspiel und die Theaterübertragung; der Sonnabend anspruchsvolle Sendungen wie 'Film-Club', Studiobühne oder interessante Eurovisionssendungen. Es wird noch darauf hingewiesen, dass am Montag und Freitag vor 21 Uhr ein gutes Dokumentar-Feature im Zweiten Programm Platz findet."[133]

Kontrastprogramm zunächst erst ab 20.20 Uhr. Dr. Hans Joachim Lange - Koordinator dieses Programms (1961)

"Der Vorsitzende der ARD, Intendant Dr. Hans Bausch (Stuttgart) gab nach der Sitzung der ständigen Fernsehprogrammkonferenz der Rundfunkanstalten in Köln am 21. April folgende Verlautbarung bekannt:
   "Die Intendanten der Rundfunkanstalten haben auf ihrer Sitzung in Köln Dr. Hans Joachim Lange für ein Jahr zum Koordinator des gemeinsamen Kontrastprogramms der Arbeitsgemeinschaft der Rundfunkanstalten gewählt. Er wird diese Funktion neben seinem Amt als Fernsehdirektor des Westdeutschen Rundfunks ausüben. Diese Programmkonferenz für das Kontrastprogramm wird künftig in gemeinsamen Sitzungen mit der Programmkonferenz für das jetzige Gemeinschaftsprogramm die beiden Fernsehprogramme aufeinander abstimmen.
   In einer ersten Sitzung wurde beschlossen, vom 1. Juni 1961 an die beiden Programme des Deutschen Fernsehens um 20.20 Uhr nach der Tagesschau zu trennen, um den Zuschauern eine Wahlmöglichkeit zwischen Darbietungen verschiedenen Charakters zu geben.
   Ein früherer Beginn des Abendprogramms ist aus technischen Gründen vor dem 1. Januar 1962 nicht möglich."
   Hierzu erklärte der Fernseh-Beauftragte des Intendanten des Bayerischen Rundfunks, Dr. Helmut Oeller, unter Bezugnahme auf den Münchner Beschluß der Hauptversammlung der ARD: "Der Bayerische Rundfunk behält sich vor, sich jederzeit aus dem gemeinsamen Programm auszuschalten und für seinen Bereich ein eigenes Programm zu senden."[134]

Hans Bausch: Die Eröffnung des Zweiten Fernsehprogramms in der Bundesrepublik. Es ist den Rundfunkanstalten nicht leicht geworden... (1961)

"Unser Zweites Programm ist ein Kontrastprogramm, nicht so, daß jede ernste Sendung im Ersten Programm ihr heiteres Gegenstück im Zweiten Programm

---

133 Ausschnitt aus: Kurt Wagenführ: Das Kontrastprogramm aus Berliner Sicht. Das Zweite Programm kann in der Zone nicht empfangen werden. In: Fernseh-Informationen Jg. 12 1961 H. 12. S.255.
134 Ausschnitt aus: Kontrastprogramm zunächst erst ab 20.20 Uhr. Dr. Hans Joachim Lange - Koordinator dieses Programms. In: Fernseh-Informationen Jg. 12 1961 H. 12. S.254.

finden müßte, nicht so, daß alle Sendungen eine genormte Länge haben, so daß die eine im Ersten Programm endet, wenn die andere im Zweiten Programm beginnt, aber doch so, daß jeder Abend sein Gesicht hat, dieses Gesicht im Ersten Programm, jenes Gesicht im Zweiten Programm. Es liegt an den Zuschauern, die das Zweite Programm empfangen können, zwischen beiden Programmen auszuwählen. Diese geringe Mühe wird sich lohnen. Nur der Zuschauer kann das Wunder vollbringen, mit dem Programm zufrieden zu sein, indem er auswählt zwischen allem, was Rundfunk und Fernsehen allabendlich anbieten. (...)

Was die deutschen Rundfunkanstalten Stunde um Stunde und Tag um Tag als Angebot zur Auswahl bieten, hält einen kritischen internationalen Vergleich aus. Ich glaube, das muß einmal in einer solchen Stunde gesagt werden. Wer von den Zuschauern in der Welt herumgesehen und herumgehört hat, wird mir nicht widersprechen. Der deutsche Rundfunk - und zwar Hörfunk und Fernsehen - braucht sein Licht nicht unter den Scheffel zu stellen. Das Niveau ihrer Programme verdanken die Rundfunkanstalten in der Bundesrepublik Deutschland nicht zuletzt der Organisationsform, in der sie arbeiten können."[135]

Kurt Wagenführ: Zwei- bis dreistündige Vormittagssendungen des Fernsehens. Ab 4. September (1961)

"Auf einer Pressekonferenz in Berlin teilte nach der Sitzung der Arbeitsgemeinschaft der Rundfunkanstalten der Vorsitzende, Intendant Dr. Hans Bausch, mit, daß nach Beendigung der Rundfunkausstellung - also ab 4. September - das Deutsche Fernsehen ein Vormittagsprogramm ausstrahlen werde. Es wird ab 10 Uhr täglich für die Dauer von 2 bis 3 Stunden über alle Sender verbreitet, die längs der Zonengrenze stehen. Das heißt also den im Osten ihres Sendebereichs stationierten Strahlungsanlagen der Rundfunkanstalten NDR, Hessischer Rundfunk und Bayerischer Rundfunk. Federführend für dieses Programm ist der SFB, der es plant und durchführt.

Das zwei- bis dreistündige Vormittagsprogramm wird 50 Minuten politische und aktuelle Informationen enthalten, die sich aus der Tagesschau, Nachrichten und Regionalprogrammen (des SFB und anderer deutscher Sender) zusammensetzen. Soweit nicht weitere aktuelle Sendungen notwendig sind, wird der Rest der Zeit mit Wiederholungen aus den Abendprogrammen gefüllt werden, und zwar sowohl aus dem Ersten wie auch aus dem Zweiten Programm.

Es ist vorgesehen, daß diese Vormittagssendungen von einem späteren Zeitpunkt ab über alle deutschen Fernsehsender verbreitet werden. Dazu sind neben organisatorischen Fragen auch urheberrechtliche Gesichtspunkte zu prüfen, denn die bisherigen Programmverpflichtungen enthalten keine Hinweise auf Wiederholungen in den Vormittagsstunden. Auch die finanziellen Grundlagen müssen über-

---

135 Ausschnitt aus: Hans Bausch: Die Eröffnung des Zweiten Fernsehprogramms in der Bundesrepublik. Es ist den Rundfunkanstalten nicht leicht geworden... In: Fernseh-Informationen Jg. 12. 1961 H. 16. S.349.

prüft werden, und es muß über den Beginn und über den Umfang usw. eine Einstimmigkeit erzielt werden. (...) Manche Intendanten sind über diese Ausweitung des Programms nicht frei von Bedenken, weil damit ein größeres Angebot an die Zuschauer erfolgt und immer mehr freie Zeit des Fernsehteilnehmers durch Sendungen besetzt wird."[136]

Hans Bausch: ARD schlägt Dreistufen-Regelung für den Übergang vor. ARD bereit, das II. Fernsehprogramm bis Jahresende 1962 weiter zu führen (1961)

"Die ARD hat sich nach der Beratung der Intendanten am 1. Dezember in Frankfurt in einem Schreiben an den Vorsitzenden der Ministerpräsidentenkonferenz bereit erklärt, den bis zum 30. Juni 1962 befristeten Auftrag zur Produktion eines provisorischen II. Fernsehprogramms bis zum Jahresende 1962 weiterzuführen, sofern ihr etwa jene Mittel erstattet werden, welche der Mainzer Anstalt für das II. Halbjahr 1962 zur Verfügung gestanden hätten. Sollten die Regierungschefs also der neuen Länder-Fernsehanstalt eine längere Vorbereitungszeit zur Programmproduktion gönnen, so ließe sich dieser Wunsch erfüllen, ohne daß die Zuschauer auf ein II. Programm zeitweise verzichten müßten.

Die Verlängerung des Provisoriums wird bei den Rundfunkanstalten zweifellos zu einer gewissen Verfestigung der Verpflichtungen führen, die sie für die Produktion des II. Programms auf sich genommen haben. Diese Investitionen werden keine Fehl-Investitionen sein, wenn die neue Mainzer Anstalt für das Jahr 1963 Programmteile oder einzelne Produktionen von den Rundfunkanstalten übernimmt. Auf diese Weise wäre ein sachgerechter Aufbau der Programmproduktion der neuen Mainzer Anstalt möglich, ohne daß die vorhandene Produktionskapazität der Rundfunkanstalten in ihrer Spitze ungenutzt bliebe. Zugleich fänden die Rundfunkanstalten den Anschluß an die regionalen Dritten Fernsehprogramme, die von 1964 an möglich sein sollten."[137]

Abkommen zwischen ARD und ZDF (1963)

"Über die Koordinierung des Gemeinschaftsprogramms des Deutschen Fernsehens und des Programms der Anstalt Zweites Deutsches Fernsehen (ZDF) ist am 27. März folgende vorläufige Vereinbarung getroffen worden:

1. Das als Anlage beigefügte Programmschema ist für die Vertragspartner verbindliche Richtschnur für die Programmgestaltung. Eine Abweichung von diesem Programmschema ist nur aus wichtigem Grund zulässig.

---

136 Ausschnitt aus: Kurt Wagenführ: Zwei- bis dreistündige Vormittagssendungen des Fernsehens. Ab 4. September. In: Fernseh-Informationen Jg. 12 1961 H. 24. S.321.
137 Ausschnitt aus: Hans Bausch: ARD schlägt Dreistufen-Regelung für den Übergang vor. ARD bereit, das II. Fernsehprogramm bis Jahresende 1962 weiter zu führen. In: Fernseh-Informationen Jg. 12 1961 H. 35/36. S.784.

2. Die Vertragspartner werden die Einzelsendungen auf Programmeinheiten von jeweils 15 Minuten aufbauen.

3. Das ZDF hat zwei Sendungen pro Woche zeitlich so gelegt, daß ein gemeinsamer Beginn des Haupt-Abendprogramms mit dem Deutschen Fernsehen um 20.15 Uhr gewährleistet ist. Das ZDF wird bemüht sein, im weiteren Umfang seine Sendungen dem Beginn von Sendungen des Deutschen Fernsehens anzupassen.

4. Über die Gestaltung der Feiertagsprogramme werden sich die Vertragspartner im einzelnen gegenseitig verständigen.

5. Jeder Vertragspartner bestimmt einen Eurovisionsbeauftragten. Diese verständigen sich über die Übernahme von Eurovisionsangeboten der Europäischen Rundfunk-Union (UER) in das Programm des Deutschen Fernsehens und des ZDF oder in eines von beiden, sofern sowohl die Ständige Programmkonferenz der Landesrundfunkanstalten als auch die Anstalt ZDF die Übernahme wünschen.

6. Jeder Vertragspartner bestimmt einen Sportbeauftragten. Diese verständigen sich über die Übernahme von Sportveranstaltungen in das Programm des Deutschen Fernsehens und des ZDF oder in eines von beiden, sofern sowohl die Ständige Programmkonferenz der Landesrundfunkanstalten als auch die Anstalt ZDF die Übertragung wünschen.

7. Soweit außer den in Ziffer 5 und 6 genannten Fällen im Interesse der Zuschauer eine Abstimmung notwendig oder zweckmäßig erscheint, soll diese zwischen Koordinator des Deutschen Fernsehens bzw. dessen Beauftragten und dem Programmdirektor des ZDF bzw. dessen Beauftragten vorgenommen werden.

8. Die Vertragspartner bilden einen Koordinierungsausschuß. Jeder Vertragspartner ist berechtigt, in diesen Ausschuß bis zu fünf Mitglieder zu entsenden. Die Landesrundfunkanstalten haben in diesem Ausschuß zusammen eine Stimme und die Anstalt ZDF eine Stimme. In der Zeit vom 1. April bis zum 14. August 1963 führt ein Intendant der Landesrundfunkanstalten den Vorsitz. In der Zeit vom 15. August bis zum 31. Dezember 1963 führt ein Intendant der Anstalt ZDF den Vorsitz.

Der Koordinierungsausschuß tritt zusammen, wenn der Stimmführer eines Vertragspartners dies beantragt. Dem Koordinierungsausschuß können folgende Angelegenheiten vorgelegt werden:

a) Grundsätzliche Koordinierungsfragen,

b) Angelegenheiten, in denen nach Ziffer 5 und 6 dieser Vereinbarung eine Einigung nicht erzielt worden ist,

c) Vorschläge zur Verbesserung der Koordinierung und zur weiteren Ausgestaltung dieser Vereinbarung.

Der Koordinierungsausschuß kann sich eine Geschäftsordnung geben.

9. Diese Vereinbarung gilt bis zum 31. Dezember 1963. Die Vertragspartner werden sich bis Ende November 1963 über eine Verlängerung oder Neufassung dieses Abkommens für die Zeit ab 1. Januar 1964 verständigen."[138]

Es beginnt die Jagd nach dem Zuschauer. Aber wird das beliebtere auch das bessere Fernsehprogramm sein? (1963)

"Demnächst wird es eine recht unerquickliche neue Gattung von Nachrichten geben: den Vergleich der Zuschauerzahlen. Soundsoviel sahen im Durchschnitt der letzten Woche dem ARD-Programm zu, soundsoviel dem ZDF-Programm aus Mainz. Die einen werden triumphieren, untermischt mit einer Prise Boshaftigkeit, die anderen werden beschwichtigen oder gar dementieren. Und wenn erst einmal die Unruhe und Unsicherheit der Anfangsmonate des Zweiten Programms vorbei sein werden und ein Trend der Zuschauer zu erkennen ist, wird aus dem Spiel der Zahlen bitterer, erbitterter Ernst: das zentrale Idol der beiden Rivalen wird die "Sehbeteiligung", wird der Prozentsatz sein, das Sinken oder Steigen der Kurve. Die Quantität wäre dann der Maßstab aller Dinge.

Und es ist zu fürchten: das Idol der Quantität wird ein Terror-Regime in den Anstalten errichten. Es wird unausbleiblich so sein, daß nach jeder Planung nach dem Grade der "Popularität" des Vorhabens geschielt wird, nach der vermutlichen Sendebeteiligung, und die Minderheiten - also vor allem die wissenschaftlich, literarisch und künstlerisch Interessierten - werden rigoroser abgedrängt werden als es angemessen wäre. Den deutschen Rekord der Sehbeteiligung hält jedoch - neben der Übertragung vom Mainzer Karneval - die letzte Folge der schauerlichen Krimi-Serie "Das Halstuch" mit 93 Prozent...

Es geht also nicht darum, welches Programm das "bessere" ist oder das wichtigere, sondern darum, welches attraktiver und der Masse am geschicktesten entgegenkommt. Beim Hörfunk hält hier der Schnulzensender Radio Luxemburg die Spitze, aber die Rundfunkanstalten sehen in Luxemburg keinen satisfaktionsfähigen Gegner und kümmern sich nur heimlich um einen Ausgleich, also um die Rückgewinnung der Liebhaber flotter oder sentimentaler Weisen. Anders wird es zwischen den beiden Fernsehsystemen zugehen: die Jagd nach dem Zuschauer wird, so ist zu fürchten, zum Leitmotiv werden."[139]

---

138 Ausschnitt aus: Abkommen zwischen ARD und ZDF. In: Fernseh-Rundschau 1963 H. 5/6. S.147f.
139 Ausschnitt aus: Es beginnt die Jagd nach dem Zuschauer. Aber wird das beliebtere auch das bessere Fernsehprogramm sein? In: epd Kirche und Fernsehen 1963 Nr.13. S.1.

Diskussion der Wirkungsmöglichkeiten des Fernsehens

Karl Holzamer: Die Bilderflut des Fernsehens (1961)

"In einem gewissen Unterschied zu dem nicht minder aktuellen und faktischen Versuch, mit Raumschiffen Mond und Sterne zu bereisen, ist das Fernsehen zweifellos als eine berechtigte menschliche Möglichkeit zu betrachten, sich die "Erde untertan zu machen", wie es in dem vielzitierten Schöpfungsbefehl an den Menschen in der Genesis heißt. Jedes Wort dieses Urteils über das Fernsehen ist hierbei von Gewicht: Eine zu Recht gegebene Möglichkeit (die jedoch nicht ohne weiteres verwirklicht ist), für den Menschen die von ihm bewohnte Erde besser verfügbar zu machen und damit seine herausgehobene Stellung unter den Geschöpfen dieser Erde zu unterstreichen und zu befestigen. Das ist keine pathetische Liebeserklärung an ein beliebiges Unterhaltungsmedium, sondern die positive Beurteilung einer Anfrage, die man nicht bloßen Unterhaltungsmanagern überlassen sollte. (...)

Wenn man mit Kultur alles meint, was der menschliche Geist hervorbringt, dann ist selbstverständlich das Fernsehen ein Ausdruck hoher menschlicher Kultur. Rundfunk und Fernsehen sind aber nicht nur technische Verbreitungsmittel vorhandener Kulturgüter der Literatur, Musik, Information und des kurzweiligen Siels der Unterhaltung, sondern bedingen und formen eben durch die Eigenart ihrer Technik die von ihnen ausgestrahlten Kulturgüter, wie wir die "Sendungen" - wertneutral - bezeichnen wollen. Geht man auf das Wesen dieser Kulturerscheinung bei Rundfunk und Fernsehen genauer ein, so wird in beiden Bereichen mit Hilfe einer technischen Umsetzung in eine akustische oder akustisch-optische Bewegung eine Vergegenwärtigung (Repräsentation von Wirklichkeit) erreicht; beim Fernsehen: eine Vorspiegelung (ganz wörtlich) von Welt auf dem Fernsehschirm, wobei gerade das Optische daran in Verbindung mit der Bewegung so überzeugend wirkt, weil die Bewegung Zeichen des Lebendigen und damit Zeichen höchster Wirklichkeit ist oder als solches erscheint.

Was wir in dieser Form mit unseren eigenen Augen gesehen, was wir bewegt mit Augenlust betrachtet haben, das ist uns ganz wirklich gegenwärtig; die Television wird zu einer erlebnisstarken Welterfahrung oder gar Weltbewältigung, die mit dem Wort "fern-sehen" höchst ungenau ausgedrückt ist. Denn wir schauen nicht in die Ferne; die ferne und technisch gewandelte Wirklichkeit kommt - sinnhaft einschmeichelnd - zu uns. Der realistische Philosoph merkt hier ein Weiteres an: Es gibt keine eigentlich geistigen Gehalte, die nicht über die Sinne an uns herangebracht würden. Das ist menschlich. Dieser Sinnenlust - hier nicht moralisch verstanden - wird nun im Fernsehen ein unerhört reiches und bewegtes Angebot gemacht, das so viele Züge ästhetischer und rein sinnenhafter Befriedigung bieten kann, daß wir selbst bei einem dürftigen Inhalt gefesselt werden können und wir vor Lächerlichkeiten unter Umständen sitzenbleiben, wenn wir nicht mit starker Willenskraft uns entziehen und Besserem zuwenden. Der Zusammenhang zwischen sinnenhafter Empfindung und innerem Erlebnisgefühl ist eng und stark, so daß das so angebotene Weltmaterial haften bleibt.

In der Befriedigung des Augensinnes, in der oft nur oberflächlich "streichelnden" Weise, in der Film und Fernsehen sich in unserer Gegenwart einführen, haben beide vor allen anderen Formen der Verbreitung und Vermittlung von Unterhaltung, Information, Bildung und Erbauung einen großen Vorteil in der Kraft der "Suggestion", der "Verzauberung", der "Illusionierung". Im Unterschied zum Film tritt aber bei der Television ein anderer Faktor auf, den ich den der Intimität nennen möchte. Obwohl unter Umständen Millionen die gleiche Sendung sehen und hören, kommt eine solche Darbietung gleichsam gesondert in den Familien oder zu den einzelnen Fernsehteilnehmern, ganz persönlich und individuell und psychologisch in ihrer Präge- und Überzeugungskraft besonders wirksam. Hier zeigt sich erneut die enge Verknüpfung dieser möglichen kulturellen Entfaltung durch ein technisches Mittel mit dem Erziehungsfaktor des Fernsehens.

Die personale und soziale Intimsphäre kann eine umfassende und sehr spürbare Prägung erfahren, die entweder zu einem Aufbau oder zu einem Verlust an Menschlichkeit führen kann. Das Fernsehen vergegenwärtigt nicht nur die Welt im Heim, es kann auch die Verzauberung oder Verfälschung dieser harten Wirklichkeit erreichen. Den Gipfel kann aber sogar die Bilderzeugung - nach Art der Herstellung elektronischer Musik, nur eben im Lichtbann - erklimmen, wenn nicht Gesehenes sichtbar gemacht wird. (...)

Inhaltlich und zum Teil auch formal lassen sich die Prägungen etwa folgendermaßen kennzeichnen: Das Fernsehen prägt Gewohnheiten, bestimmt den Lebensrhythmus und eine gewisse Lebenshaltung. Es suggeriert einen persönlich-individuellen Stil und einen sozialen Typ des Menschen. Das Fernsehen erfüllt die Freizeit und damit den äußeren und zum Teil auch den inneren Spielraum des modernen Menschen. Es vermittelt im weitesten Sinne des Wortes eine Welt-Ansicht und damit auch Grundlagen einer Welt-Anschauung. Das Fernsehen kann eine weitere Nivellierung und Angleichung der Menschen herbeiführen, weil es seine Programme mit den unterschiedlichsten Gehalten auf dem stets gleichen Schirm und in der gleichen intimen Häuslichkeit anbietet. (...)

Vorschläge für die Praxis

1. In der Organisation der Programmbildung muß nicht nur eine Spiegelung des Ganzen - der Gesellschaft in all ihren wesentlichen Kräften und der Wirklichkeit, die durch dieses Mittel an alle zu übertragen ist - erreicht werden; es muß auch ein Ausgleich zwischen dem persönlichen Recht auf Auswahl und individuellem Informationsbedürfnis einerseits und der Wahrung des Gesamtwohls, der unveräußerlichen Güter der Menschlichkeit andererseits grundsätzlich ermöglicht werden. Das heißt praktisch, daß der Träger und Überwacher des Programms sich aus den wesentlichen Gruppen der Gesellschaft, einschließlich des Staates, zusammensetzt und weder

identisch ist mit dem Gesetzgeber (das wäre ein reines Staatsfernsehen), noch mit dem oder den Produzenten, das wäre der Verzicht auf jede Kontrolle durch die Kräfte von Gesellschaft und Staat.

Im ursprünglichen Sinne sollten diese Organe sich politisch verstehen: das Fernsehen ist ein öffentlich wirksames Mittel, das darum unter diesem Gesichtspunkt sehr genau und bestimmt beurteilt werden muß. (...)

2. Wichtiger noch und kaum erörtert ist die Rolle des Fernsehproduzenten: in der eigentlichen Programmverantwortung ist der Nur-Künstler (der von Politik nichts versteht) genauso wenig am Platz wie der Nur-Politiker ("das Fernsehen verstehe ich nicht, dafür hab ich ja meine Leute"). Die maßgebliche Programmbildung muß in der Hand von Menschen liegen, die mit einer Witterung für diese neuen technischen Möglichkeiten ausgestattet, gleichzeitig mit beiden Beinen in dieser Zeit, unter diesen Menschen, in dieser Not, in diesem gemeinsamen Schicksal stehen und ihr Werk nicht davon trennen. (...)

Hier käme aber dem Produzenten etwas zu Hilfe, was ebenfalls in der Begründung des Fernsehurteils angedeutet ist und auch in dem Ländervertrag über ein Zweites Programm als Möglichkeit enthalten ist. Warum sollten nicht viele Studios, Gesellschaften, Gruppen produktiv und im fairen Wettbewerb nebeneinander tätig sein, um dem einen und von der Leitung einer gemeinsamen Fernsehanstalt zu verantwortenden Programm ihre verschiedenen Beiträge zu liefern? Dann kann sich die Tätigkeit der Hauptverantwortlichen viel stärker darauf konzentrieren, anzuregen, Aufträge zu vergeben, die Produktionstätigkeit kritisch und fördernd zu verfolgen, auszuwählen und damit die verschiedensten Temperamente und Stile in einem Programm zu berücksichtigen. Natürlich kann keine Fernsehanstalt - und zumal auch die neu entstehende - auf eine ausgedehnte Eigenproduktion verzichten; aber schlechthin alles allein machen zu wollen, heißt - unter den oben bezeichneten Notwendigkeiten - einfach den Menschen überfordern."[140]

Clemens Münster: Das Fernsehprogramm (1962)

"Die erste und vornehmste Aufgabe des Fernsehprogramms ist es, Teilnahme zu vermitteln. Der Mensch hat ein Inneres, er besitzt eine Innenwelt, und dieses Innere ist auf das gesamte Sein bezogen, diese Innenwelt ernährt sich von der Außenwelt. Genauer ausgedrückt, der Mensch muß, um existieren zu können, an der Wirklichkeit teilnehmen, die ihn angeht, die ihn betrifft, Natur also und Übernatur, Menschen und ihre Werke, Gesellschaft, Geschichte und Ereignisse. Nun geht den

---

140 Ausschnitte aus: Karl Holzamer: Die Bilderflut des Fernsehens. In: Spots 2 (1961), Nr. 24-25. S.24f.

Menschen heute unvergleichlich mehr an als früher, nun betrifft ihn mehr, wird ihm mehr zum Schicksal denn je. Zugleich aber sieht er sich in eine Isolierung, in ein wahres Inseldasein geworfen, von den Dingen und den anderen Menschen durch einen tiefen Graben getrennt. Überbrückt wird dieser Graben durch mancherlei Hilfsmittel, Buch und Presse etwa, Telefon und Radio. Für eine Menge Menschen aber stellt das Fernsehen die große und breite Verbindung zur Wirklichkeit dar. Man mag das bedauern, weil die unmittelbare und selbständige, die persönliche Kenntnisnahme und Auseinandersetzung nicht zu ersetzen ist. Aber diesen Luxus können sich nur noch wenige Glückliche leisten. So vermittelt das Fernsehen die notwendige Teilnahme durch Information und Drama. Durch Mitteilung und Bericht wird das Wissen und der Horizont des Bewußtseins erweitert; zugleich wird der Beschauer dadurch geformt, ja gebildet. Die Teilnahme durch Information, durch Mitteilung, wird ergänzt und erhöht durch die Teilnahme am Schicksal der im Drama vorgestellten Personen. Hier wird die Teilnahme zum Mitleid mit dem Menschen und zur Furcht vor seinem Schicksal. Dadurch, daß es zu sehen und zu hören ist, durch Bild und Wort wird das Fernsehen zum unvergleichlichen Informationsmittel; zugleich aber kann erst durch das Fernsehen das Drama seine eigentümliche und vielfältige Funktion in der modernen Massengesellschaft ausüben. Ich fürchte den Mißbrauch des Wortes Bildung und die Leute, die das fragwürdige Medium mit dem Hinweis auf seine Bildungsmöglichkeiten gesellschaftsfähig machen wollen. Aber es ist kein Zweifel, die tatsächliche bildende Wirkung des Fernsehens übertrifft diejenige der übrigen Bildungsmittel, der Schule etwa oder des Buches und der Presse. Mit welchen Folgen, steht dahin.(...)"[141]

Karl Holzamer: Fernsehen - Unterhaltungs- und Nachrichtenmagazin? (1963)

"Das Fernsehen, ein Unterhaltungsfaktor ersten Ranges, der in Thema und Form einen sehr weiten Spannungsbogen besitzen muß und sich auf das Leben in den vielen vielen Haushalten, in denen er als etwas zu ihm Gehöriges und Selbstverständliches erwartet wird, bewußt einzustellen hat. Diese Vermittlung von lösender und zugleich anregender Entspannung muß mit dem Informationsfaktor zusammen gesehen werden. Diese Polarität in der Unterhaltung und zwischen Unterhaltung und Information ist das Spezifische dieses Mediums, dieses Vermittelns. Auf der einen Seite besteht das Fernsehen in der objektiven Möglichkeit des "Dabeiseins" an den großen Ereignissen der Zeitgeschichte, aber auch des geistigen Lebens. Es vermag eine Wirklichkeitsnähe zu vermitteln, wie es keinem anderen Medium möglich ist. Von hier aus wirkt das Fernsehen auch entkrampfend, da es nicht so sehr die Traumvorstellungen seines Publikums anheizt, obwohl es das in einer Art Verfremdung und Magie auch kann, sondern es zumindest bei den großen Ereignissen des Vorstellungsvermögens mit der Wirklichkeitsfaszination erfüllt.

---

141 Ausschnitt aus: Clemens Münster: Das Fernsehprogramm In: Fernseh-Informationen 13, Nr. 33, 1962, S.688f.

Das Fernsehen ist dann am größten, wenn es in seiner eigenen Bedeutung am bescheidensten in den Hintergrund tritt, wenn es seine volle Fähigkeit der geradezu subtilsten Transparenz für die Lebensereignisse entfalten kann. Das Fernsehen vermag mit besonderer Intensität bis tief in den Persönlichkeitskern des Dargestellten einzudringen. Es wirkt damit enthüllend und durchdringt manche Maske. Es bewegt sich damit im Bereich der persönlichen Wahrheit. Gewiß ist dieses Medium kein Lügendetektor, es hat auch nicht den Rang einer ethischen Demonstration, damit wäre es als technisches Medium überfordert. Obwohl man an die Menschen, die sich mit ihm beruflich befassen, bereits aus diesen Voraussetzungen des Mediums heraus solche Anforderungen stellen müßte.

Auf der anderen Seite ergibt sich der Zwiespalt, daß der größte Teil des Fernsehpublikums an dieses Medium herantritt fast nur mit dem Anspruch, unterhalten werden zu wollen. Diesem Anspruch muß das Fernsehen allzuhäufig schon deshalb gerecht werden, weil es zwischen den großen Ereignissen, die ein "Dabeisein" mit erlebnismäßigem Rang zur Folge haben, sich der Fernsehalltag für die Programmgestalter und für das Publikum ausbreitet, der sich häufig zu einem Programmfließband auswirken kann. Das Publikum in seiner häuslichen Athmosphäre wird hierbei an einer besonders empfindlichen und schwer kontrollierbaren Stelle getroffen.

Und wenn man hier sofort von Fernsehfaszination spricht, so sollte man bei näherem Zusehen auch von Fernsehschwächen in unseren Haushalten reden. Oft sieht man sich Dinge an, weil man sich nicht entschließen kann, den Apparat abzuschalten und weil man sich in seinen eigenen vier Wänden bei menschlichen Schwächen stärker gehen zu lassen pflegt. Hier ist der eigentliche Punkt der Schwierigkeit, der durch die Wahlmöglichkeit bereits ein wenig gestört wird. Wer hintereinander noch so schöne fernsehmäßige und filmische Darbietungen über sich ergehen läßt, kann erlebnismäßig keiner einzigen gerecht werden. Das Fernsehprogramm kann deshalb nicht am grünen Tisch durchgeplant werden, weil es immer plötzliche, den Programmrahmen sprengenden Einzelereignisse sind, die das Fernsehen wieder zu seiner eigentlichen Erlebnishöhe emporsteigern können, d.h. das Fernsehprogramm muß um punktuell herausragende und ausgewählte Höhepunkte, die nicht nur als besondere Attraktionen oder gar als Gags erscheinen dürfen, gruppiert werden. Nur so kann es dem Einerlei des unbewältigten Vielerlei entgehen.

Der stete Fluß muß Unterhaltung sein, in die alles andere eingebettet wird oder daraus emporragt. Man könnte sagen, Unterhaltung sei das Gegenteil von Mühe und Arbeit, und Unterhaltung sei das Gegenteil von Langeweile, d.h. Unterhaltung muß das Gegenteil von beiden sein, denn Langeweile ließe sich ja auch durch Mühe und Arbeit vertreiben. Es ist deshalb so schwer, eine Definition für Unterhaltung zu finden, weil es so viele Unterhaltungsformen gibt, wie menschliche Charaktere zu finden sind."[142]

---

142 Ausschnitt aus: Karl Holzamer: Fernsehen - Unterhaltungs- und Nachrichtenmagazin? In: Archiv-Dienst Funk Fernsehen Film, Jg.12, Nr. 50, Hamburg 1963, S.336f.

Karl Holzamer: Fernsehen - Schaugeschäft oder Bildungsinstitut (1964)

"Die Sprache des Fernsehens besteht vornehmlich in der bewegten Fotografie. Die Fotografie bringt ein Bildmaterial hervor, die sie aus der mechanischen Selbstdarstellung tatsächlich vorhandener Außendinge gewinnt. Die Sonderexistenz des abgebildeten Gegenstandes in seiner Einmaligkeit und Unvertauschbarkeit stellt den Bildwert der Fotografie dar. So kann das fotografische Bild geradezu zu einer Wirklichkeitsfaszination führen. Es dient damit einer unreflektierten Wirklichkeitsbewältigung des Menschen. So stellt es damit einen Gegensatz zur übrigen Technik dar, mit der umgekehrt der Mensch die Welt bewältigt. Das Wesen der Technik besteht in der Mobilität und in der hiermit verbundenen Raumüberwindung. Während Flugzeuge und Autos ihre raumüberwindende Funktion aktiv wahrnehmen, bildet das Fernsehen bei eigener Ruhelage die bewegten Räume und Körper ab. Es überwindet damit die räumliche Bedingtheit der gesellschaftlichen Existenz. Wenn es sich auch an Millionen wendet, wird eine solche Zahl nur als technisches Funktionselement deutlich. Keineswegs tritt sie in ihrer Massenhaftigkeit auf, da der Fernsehempfang sich subjektiv im Schoße der häuslichen Intimgesellschaft abspielt. So beseitigt es den erdrückenden Eindruck einer millionenfachen Anzahl von Menschen auf den einzelnen. Andererseits ist es nicht Sache des Fernsehens, dem einzelnen größere Massen 'vor'-zuführen. Seine Möglichkeit besteht vor allem darin, ein portraitgemäßes Bild der Einzelperson zu vermitteln. Gerade im Mittelpunkt dieses Mediums steht das menschliche Antlitz. Die bewegte Fotografie vermag all die Bewegung einzufangen, die sich im subtilen Spiel der Physiognomie auf ihm abspielen. So vermag es in seiner aktiven Innenbewegung und in seiner Beharrung vor der Außenbewegung ein lebendiger Ausdrucksspiegel für die menschliche Persönlichkeit zu sein. Die unheimliche Annäherungsfähigkeit des Fernsehens bis hautnah an den Personenkern des Dargestellten führte damit geradezu zu einer Weiterleitung seiner Persönlichkeitsausstrahlung bis auf den Zuschauer. Ganz offensichtlich vermag das Fernsehen das Bewußtsein von den die Gesellschaft durchpulsenden Persönlichkeitskräften zu stärken. Beim Erfassen der subtilen Lebensregungen des physiognomisch belebten Wortes hat das Fernsehen sein Ziel erreicht."[143]

Karl Veit Riedel: Strukturprobleme des Fernsehprogramms (1964)

"Das Programm müßte, wenn es sich dem allgemeinen Geschmack anpassen wollte, zwangsläufig alle kulturellen Höhepunkte nivellieren. Es würde dann keineswegs mehr, was es doch soll, der Gesellschaft dienen, denn die Häufung des Mehrheitsgeschmacks steht jenseits aller Werte, fördert das Ganze nicht, sondern bringt lediglich eine Befriedigung allgemeiner Lebensbedürfnisse. Zweifellos wohnt dem Fernsehen eine Neigung zum Nivellieren inne, weil es sich um seiner

143 Ausschnitt aus: Karl Holzamer: Fernsehen - Schaugeschäft oder Bildungsinstitut. In: Rundfunk und Fernsehen Jg.12./1964. H.4. S.268.

Wirkung willen am Geschmack der Menge orientiert (oft geschieht das unbewußt) und ihn durch seine Wirkung wieder bestärkt. Diese Kumulation kann nie ausgeschaltet, nur gemildert werden, und zwar durch institutionelles Reglement oder eine politisch bzw. fachliche Kontrolle.

(...) Die nähere Beschäftigung mit dem Programm selbst muß mit der Feststellung beginnen, daß das Programm keine Einheit ist und auch gar nicht sein kann. Es ist lediglich ein Angebot und allein durch die Institution, nicht durch das Medium und noch weniger durch den Konsum bedingt. Es würde auch niemand in dem Programm eines Filmverleihs, eines Verlages oder in dem Spielplan eines Theaters eine Einheit erblicken wollen. In allen Fällen handelt es sich nur um ein repräsentatives Angebot, von dem je nach Bedarf Gebrauch gemacht wird. Auch für das Fernsehen dürfte es doch, selbst wenn die Praxis anders ist, das Gegebene und Normale sein, daß sich der eine dies, der andere jenes ansieht und dann wieder abschaltet. (...) Das Fernsehprogramm bildet weder in einer Saison noch in einer Woche und nicht einmal an einem Tage eine Einheit und eine 'dramaturgische' schon gar nicht. Die Meinung 'Programmgestaltung im Fernsehen ist eine dramaturgische Kunst oder mindestens Kunsthandwerk, aber nie und nimmer ein organisatorischer oder administrativer Vorgang', ist schon im Ansatz unglücklich, zumindest für ein nicht auf Werbung basierendes Fernsehen. Sie ist herzuleiten nur aus dem Bestreben, möglichst viele Zuschauer vor dem Bildschirm zu halten. Dann kann aber kaum die Aufgabe der Programmgestaltung sein, da es notwendig Wirkung und Wert des Programms mindert. (...) Aufgabe einer Programmgestaltung sollte es hingegen sein, möglichst viele Zuschauer anzusprechen und möglichst viele differenzierte Wünsche zu befriedigen. Die ganzheitliche Auffassung des Fernsehprogramms beruft auf der sehr verbreiteten, aber durch nichts gerechtfertigten Einstellung, daß sein muß, was sein kann.

(...) Eine Beschäftigung mit dem Fernsehprogramm ist ohne die Verwendung einer Typologie nicht denkbar. Die Vielzahl der Darbietungen macht es ganz unmöglich, sie einzeln zu betrachten. Man kommmt ohne Zusammenfassungen und Verallgemeinerungen nicht aus und muß die Zugehörigkeit zu einem bestimmten Typ in den Vordergrund setzen. Das gilt auch für die Programmgestaltung. Die entscheidende Frage ist nur, welche Typologie man wählt. Sie muß auf alle Fälle so beschaffen sein, daß sie Rückschlüsse auf die Wirkung des einzelnen Typs und auf die Zu- bzw. Abneigung des Publikums gestattet. Jeder Typ muß also durch spezifische formale, thematische, inhaltliche und motivische Elemente charakterisiert und unterschieden sein. Selbstverständlich müssen Überschneidungen möglichst vermieden werden. Im allgemeinen herrscht bei der Einteilung von Fernsehsendungen wenig Klarheit und Einheitlichkeit, was oft die Vergleiche von demoskopischen Ermittlungen sehr erschwert. Die Schwierigkeit bei der Kategorisierung beruht beim Fernsehen besonders darauf, daß es als Medium für Bild und Ton in seinen Darbietungen die größte Vielfalt an Formen und Gattungen aufweist, sogar verschiedene Kunstarten vereint. Eine Einteilung der Sendungen kann erfolgen nach Gesichtspunkten der Produktion, der Wirkung (bzw. Funktion), des Inhalts und der Form.

(...) Zur Findung von Hauptgruppen empfehlen sich drei Elemente: Gedanklichkeit, Aufbau und Handlung. Danach ergeben sich drei Hauptgruppen:

1. gedankliche, vorwiegend sinnentsprechend aufgebaute Sendungen ohne Handlung,
2. nicht gedankliche, nicht sinnentsprechend aufgebaute Sendungen ohne Handlung,
3. gedankliche, sinnentsprechend aufgebaute Sendung mit Handlung.

Die Sendungen der ersten Gruppe sind informatorischen Charakters, sie verlangen einen gedanklichen Nachvollzug und intendieren eine sinnvolle Gliederung und Anordnung des Stoffes. Sie haben keine Handlung, fingieren also weder eine eigene Wirklichkeit, noch haben sie eine eigene Kausalstruktur. Alle ihre Inhalte unterstehen den Gesetzen unserer eigenen Wirklichkeit. Die Sendungen der zweiten Gruppe sind im wesentlichen unterhaltenden Charakters. Sie haben keinen sinnentsprechenden Aufbau, was sie nicht hindert, daß sie in ihrer Abfolge sorgfältig überlegt und komponiert sein können. Sie verlangen keinen begrifflichen Nachvollzug über eine längere Zeitspanne und haben auch keine eigene Wirklichkeit oder Kausalität. In diese Gruppe gehören auch alle musikalischen Darbietungen, weil sie keinen rationalen Gehalt haben. In diese Gruppe kann man auch Kabarett und Quiz-Sendungen einordnen, die eigentlich zwischen der ersten und der zweiten Gruppe stehen, in denen Elemente des begrifflichen Denkens und Wissens enthalten sind, aber doch das Moment der Unterhaltung dominiert. Die Sendungen der dritten Gruppe sind die eigentlichen Spiele. Sie sind charakterisiert durch drei Momente: Sie haben eine Handlung; sie vollziehen sich in einer anderen, fiktiven, nicht dem Kausalgesetz, unter dem wir leben, unterworfenen Wirklichkeit; sie haben einen der Handlung und dem ihr innewohnenden Sinn entsprechenden Aufbau und verlangen einen gedanklichen Nachvollzug. Sie lassen sich unterteilen in (1) vorwiegend der Unterhaltung dienende, stark typisiert fernsehspezifische Spiele, wozu speziell die Kurzspiele, Reihen und Serien zu rechnen sind, (2) ernste Schauspiele und klassische Lustspiele, wozu auch das anspruchsvolle Fernsehspiel gehört, (3) Volksstücke und Lustspiele, (4) musikalische Formen: Oper und Operette, (5) filmische Formen.

(...) Aus dieser Gruppierung ergibt sich ein Schema, das in mancher Hinsicht Schlüsse auf den Charakter der Darbietungen zuläßt. Schon die Obergruppen enthalten Hinweise auf Funktion und Verständnis. Für die Unterteilung in der Gruppe der Spiele gilt das gleiche. Außerdem gestatten die inhaltlichen Unterteilungen Rückschlüsse auf die Interessen innerhalb gleichartiger Sendungen. Natürlich sind die einzelnen Sendetypen noch sehr weit gespann, doch würde jede weitere Differenzierung die Vergleichbarkeit beeinträchtigen. Gerade in dieser Hinsicht soll sich aber das Schema bewähren."[144]

Karl Holzamer: Fernsehen - Mittel der Meinungsverbreitung oder Forum der Meinungsbildung (1966)

"Es fragt sich aber, ob eine lediglich beschreibende Analyse dessen, was vor aller Augen liegt, dem gerecht wird, was das Fernsehen an Möglichkeiten in sich birgt, man sollte, um nicht vom Faktischen irre geleitet zu werden, auch danach fragen, warum es das Fernsehen gibt; nicht nur nach technischen Bauplänen und tatsächlichen Programmabläufen, sondern nach soziologischen Strukturwandlungen und geistesgeschichtlichen Gesetzmäßigkeiten, die sich vielleicht gerade im Fernsehen ein Medium geschaffen haben, um den Erfordernissen der modernen Welt-Situation gerecht zu werden. Man braucht nicht Hegels konstruktive oder, wie es manchem scheint, konstruierte Idee des Weltgeistes zu vertreten, der alles Geschehen zu einem Sinnganzen zusammenschließt, und kann doch der geistigen Situation der Zeit entnehmen, daß die Menschheit in eine Epoche eingetreten ist, in der die Einheit der Menschheit, die Menschheitsidee, allmählich jedem einzelnen Menschen zum Bewußtsein kommt oder gebracht wird.

Einer der hervorstechendsten Grundzüge der Technik ist ja gerade die globale Verflechtung, die sie hervorruft, die jeden mit allen verbindet, und der sich auf die Dauer niemand entziehen kann. Was den einen angeht, geht bald alle an, weil Entfernungen nicht mehr nur überbrückt werden, sondern auch durch die außerordentliche Raffung des Zeitfaktors zusammenschrumpfen. Deutlicher als jedes bisherige Medium vermag das Fernsehen diese neue Weltsituation ansichtig zu machen, in der sich der bisher lokale Charakter menschlicher Bezüge ins Globale weitet und dadurch zugleich die Einheit des Menschen ins Bewußtsein rückt.

Der Nachbar ist nicht mehr nur der Nahwohnende, sondern der auf der gleichen Erde, ja im gleichen Weltraum lebende Mensch. So gesehen ist das "Fernsehen" ein trefflicher Ausdruck für das bisher Unmögliche, das, was sich dem Sehen entzogen hat. Die Ferne und das Ferne zu erfassen, in größtmöglicher Nähe an den Mitmenschen heranzubringen. Fernsehen ist somit Nahsehen! (...)

Mag sich der Einzelne dem Aufruf der Welt- und Menschheits-Einheit, der im Raum- und Zeit-raffenden Medium des Fernsehens Gestalt annimmt, entziehen, sei es, weil er ihr noch nicht gewachsen ist, sei es, weil er die Menschheit vorrangig in sich selber verkörpert sieht. Tatsächlich wird heute gerade durch das Fernsehen der Einzelne mit dem konfrontiert, was ihn gerade als Mensch unter Menschen angeht, mit der Einheit der Menschheitsidee, er wird mit Problemen vertraut gemacht, die solche seines Mitmenschen sind und er wird Erlebnissen ausgesetzt, die er nicht nur nach-, sondern miterlebt und angesichts derer er sich nicht mehr auf den

---

144 Ausschnitte aus: Karl Veit Riedel: Strukturprobleme des Fernsehprogramms. In: Rundfunk und Fernsehen Jg. 12. (1964) H.23. S.131ff.

Standpunkt zurückziehen kann: was ich nicht weiß, macht mich nicht heiß, die ihm vielmehr ein Engagement abverlangen.

Damit treten aber die in dieser Totalität bisher vergleichslosen Möglichkeiten des Fernsehens ans Licht, und es ist, als ob die Weltsituation, die trotz mannigfacher Rückschläge und gegenläufiger Tendenzen doch in Richtung eines neuen Universalismus unterwegs ist, sich im Fernsehen ein Instrument geschaffen hätte, um der Aufgabe wenigstens in formaler Hinsicht gerecht werden zu können. Die Bedingung ist gewissermaßen gegeben, der Geist allerdings muß dazu gegeben werden.(...)

Wird das Vertrauen in die Objektivität des Mediums verspielt, dann bringt sich das Fernsehen selbst um seine äußerste Möglichkeit, nicht nur Mittel der Meinungsverbreitung zu sein, sondern auch in der Meinungsbildung seinen eigentlichen Zweck zu sehen - oder vorsichtiger ausgedrückt: auf seine Weise am dialektischen Prozeß der allmählich zum Bewußtsein gelangenden Menschheits-Einheit verantwortlich mitzuarbeiten. Daß diese Aufgabe, um der Parteien und der Parteiungen willen unparteilich zu sein und auf jeden Effekt zu verzichten, nicht leicht zu verwirklichen ist, liegt auf der Hand. Wer einmal erkannt hat, daß das Objektiv der Fernsehkamera nicht nur demaskiert und devastiert, sondern auch Illusionen Vorschub leistet, daß es nicht, wie man mitunter vorgibt, unbestechlich ist, sondern in der Hand der Operateurs nicht nur festellen, sondern auch entstellen kann, wird vorsichtig mit der Behauptung, das Objektiv sei objektiv. Wer zudem erkannt hat, bis zu welchem Grade es möglich ist, durch irreführende oder untypische optische Beispiele auf Gemüt und Verstand Einfluß zu nehmen, der wird mit Recht allergisch gegen das Fersehen. Wer aber den Mißbrauch des Mediums diesem selbst zum Vorwurf macht, verfängt sich in einem Trugschluß.

Gewiß, es scheint zu den Charakteristika des Fernsehens zu gehören, daß es sowohl im Optischen als auch im Geistigen das Einfache bevorzugt. Das bedeutet aber, wenn die übergeordnete Aufgabe des Fernsehens wahrgenommen wird, dem Lokalen das Globale als nicht zu ignorierende Nachbarschaft zum Bewußtsein zu bringen. Das Wissen um das meist komplexe und komplizierte Wesen des vom Fernsehen Belichteten und Beleuchteten verpflichtet aber dazu, daß nicht zugunsten dieser oder jener Hinsicht manipuliert wird, weder Krallen geschärft noch Nägel geschnitten werden.(...)" [145]

Zur Koordination zwischen ARD und ZDF

ARD/ZDF eröffneten gemeinsames Fernsehprogramm für Zonenrandgebiet (1966)

"Intendant Werner Hess, Vorsitzender der ARD, und Intendant Karl Holzamer (ZDF) haben am 3. Januar 1966 mit kurzen Ansprachen das gemeinsame Fernseh-Vormittagsprogramm ARD/ZDF für die Bevölkerung in der Sowjetzone eröffnet.

---

145 Ausschnitte aus: Karl Holzamer: Fernsehen - Mittel der Meinungsverbreitung oder Forum der Meinungsbildung. In: Publizistik, Jg. 11, Nr. 3/4, Konstanz, 1966, S.248f.

Wie die beiden Intendanten betonen, sollen mit diesem Programm, das werktäglich zwischen 10 Uhr und 13 Uhr 30 und Sonntags von 10 Uhr bis 10 Uhr 50 ausgestrahlt wird, die Kontakte zu den Landsleuten in Mitteldeutschland noch enger als bisher gestaltet werden. Intendant Hess erklärte, daß das Fernsehen trotz Mauer, Stacheldrahtverhauen und Minenfeldern Brücken nach drüben schlage. Intendant Holzamer sagte, das Fernsehen trage dazu bei, daß sich die Menschen in unserem Vaterland ihrer gemeinsamen Lebenswurzeln bewußt bleiben.

Bisher konnten die Sendungen des Zweiten Deutschen Fernsehens aus technischen Gründen in der Sowjetzone nicht empfangen werden. Künftig wird man auch diese Programme über die Zonenrandsender der ARD sehen können. Das Vormittagsprogramm für die Bevölkerung in der Sowjetzone setzt sich aus Nachrichten, Kommentaren, Dokumentationen und Unterhaltungsbeiträgen zusammen. ARD und ZDF stellen zu gleichen Teilen ihre Beiträge zur Verfügung."[146]

Programm-Komposition im Zusammenspiel vieler Solisten. ZDF-Programmdirektor Joseph Viehöver über Maßstäbe und Fakten seiner Planung (1966)

"Das ZDF-Programm zu Weihnachten und Neujahr 1966/67 deutet die Grundrichtung unserer Programmarbeit an: Restlose Ausschöpfung aller Möglichkeiten einer zentralen Anstalt für eine nur von der Sache und den Interessen der Zuschauer bestimmte Programmarbeit. Das bedeutet, das Programm nicht vom 'Kästchendenken' zu konzipieren, sondern Tag für Tag und Woche für Woche als eine Komposition anzusehen, die in sich und darum den Zuschauer anzieht.

(...) Es ist mir im ersten Jahr meiner Tätigkeit in Mainz gelungen, die Reaktionsspanne zwischen Angebot und Entscheidung über eine Idee oder ein Programmvorhaben erheblich zu verkürzen, so daß wir im Vergleich zur Konkurrenz des ersten Deutschen Fernsehens erhebliche Pluspunkte sammeln konnten. Besonders deutlich wurde das beim Einkauf von Spielfilmen und Serien, der unseren Vorsprung vor der ARD sichern und weiter ausbauen wird, auch wenn das erste Programm unter dem Eindruck unserer Erfolge den Spielfilm nun auch als echten Programmteil anerkennt."[147]

J. Sch.: Das neue Programmabkommen zwischen ARD und ZDF. Mainzer Fernsehrat billigt ein neues Programmschema (1966)

"Das neue Schema bringt vor allem am Dienstag und am Wochenende beträchtliche Veränderungen mit sich. Wie Programmdirektor Viehöfer erläuternd mitteilte, beginnt die ARD künftig den Dienstag-Abend auf ihren Wunsch mit einer Un-

---

146 Ausschnitt aus: ARD/ZDF eröffneten gemeinsames Fernsehprogramm für Zonenrandgebiet. In: Fernseh-Informationen Jg. 17. 1966 H. 1. S.7.
147 Ausschnitt aus: Programm-Komposition im Zusammenspiel vieler Solisten. ZDF-Programmdirektor Joseph Viehöver über Maßstäbe und Fakten seiner Planung. In: epd Kirche und Fernsehen Nr. 47 vom 3.12.1966. S.1f.

terhaltungssendung. Das ZDF verzichtet darauf, das Abendprogramm an diesem Wochentag mit einem Unterhaltungsbeitrag zu eröffnen und sendet statt dessen um 20.00 Uhr den Sportspiegel. Daran schließt sich eine Dokumentation und um 21.15 Uhr folgt die Serie, die damit, entsprechend dem Wunsch vieler Zuschauer, vorgezogen wurde.

Die ARD wird künftig das Abendprogramm montags, mittwochs und freitags mit den politischen Magazinsendungen und Features eröffnen. Die politischen Sendungen "Unter uns gesagt" und "Bürger fragen Prominente" werden im ARD-Programm vom Mittwoch auf den Montag verlegt. Das ZDF wird die Unterhaltungssendung am Mittwoch um 20.00 von 30 Minuten auf 45 Minuten erweitern. Die zunehmende Bedeutung, die man beim ZDF den Wochenend-Programmen beimißt, kommt in mehreren Neuerungen zum Ausdruck. Am Freitag folgt - immer ab 1. August 1966 - auf das Dokumentarspiel eine halbstündige Unterhaltungssendung. Das Unterhaltungsprogramm dieses Wochentages wird ab 22.40 Uhr um Musikbeiträge und um die angekündigte Serie mit internationalen Kurzfilmen erweitert. Ab 1968 sind hier außerdem gehobene Unterhaltungsprogramme (z.B. Kabarettsendungen) vorgesehen, die nach Angaben von Viehöfer anspruchsvoll sein sollen und sich bewußt an einen kleinen Publikumskreis wenden werden. Für den Samstag hat das ZDF sich die Möglichkeit vorbehalten, neben Fernsehspielen, Volksstücken und Spielfilmen gelegentlich auch große Unterhaltungssendungen, wie Programme mit Lou van Burg oder Peter Frankenfeld, auszustrahlen. Um 23.05 Uhr wird die Mainzer Anstalt ab August 1966 am Samstag ebenfalls Spielfilme oder auch Fernsehspiele wiederholen. Durch ständige Kontakte mit der ARD soll sichergestellt werden, daß sich die dann zum Teil gleichzeitig ausgestrahlten Spielfilme inhaltlich nicht überschneiden. Wie sich die Farbsendungen ab Herbst 1967 innerhalb des neuen Fernsehschemas verteilen werden, darüber bestehen noch keine Absprachen.

Intendant Holzamer erklärte zum Thema Koordination (...) das ZDF lege Wert darauf, stets gleichberechtigt behandelt zu werden. Sein Bestreben gehe dahin, bei der Übertragung von wichtigen Sportveranstaltungen und Bundestagsdebatten mit der ARD zu einem paritätischen Verfahren zu kommen. ZDF und ARD sollten bedeutende Ereignisse abwechselnd live übertragen bzw. am Abend zu später Stunde Ausschnitte in einer Aufzeichnung zeigen. Der Fernsehrat der Mainzer Anstalt wünschte außerdem dringend, daß sich das ZDF mit der ARD über eine wechselseitige Ankündigung beider Programme über die bloßen Anzeigetafeln hinaus verständige. Ausschlaggebend für diesen Wunsch sei die Überlegung, dem Zuschauer optimale Wahlmöglichkeiten deutlich zu machen."[148]

---

148 Ausschnitt aus: J. Sch.: Das neue Programmabkommen zwischen ARD und ZDF. Mainzer Fernsehrat billigt ein neues Programmschema. In: Fernseh-Informationen Jg. 17. 1966 H. 13. S.237.

Mainzer Überlegungen für Änderungen im Programmschema für 1968. Programmgestaltung am Wochenende soll verbessert werden (1967)

"Vertreter des Zweiten Deutschen Fernsehens (ZDF) und der ARD-Anstalten werden am 17. April zu Besprechungen über das Programmschema für 1968 zusammenkommen. Intendant Prof. Holzamer erklärte dazu vor Pressevertretern, dem ZDF gehe es darum, "sehenswerte und bedeutende Dinge zu einer möglichst günstigen Zeit in das Abendprogramm zu bekommen" und die Möglichkeit zum Programmwechsel zwischen dem 1. und 2. Programm zu verbessern. Gleichzeitig möchte die Mainzer Anstalt ihren Anteil reiner Unterhaltungssendungen im Hauptabendprogramm ab 1968 vergrößern. Im Prinzip soll ansonsten das bisherige Schema nach den Mainzer Vorstellungen bestehen bleiben, zumal die ARD dem Vernehmen nach keine Änderungen wünschen soll.

Die Mainzer Bestrebungen das Angebot an reiner Unterhaltung im Hauptabendprogramm ab kommendem Jahr zu verstärken, begründete Prof. Holzamer mit der Angabe, daß im fraglichen Zeitraum das ZDF bisher nur 180 Minuten reine Unterhaltung pro Woche sende, die ARD dagegen 225 Minuten. Von 1968 an wolle die Mainzer Anstalt auch auf 225 Minuten Unterhaltung je Woche im Hauptabendprogramm kommen. Holzamer wandte sich in diesem Zusammenhang gegen kritische Stimmen, die dem ZDF vorgeworfen haben, die Unterhaltung zu sehr herauszukehren. 1966 habe der Anteil an Unterhaltungssendungen im engeren Sinne beim ZDF nur 10% des Programms ausgemacht. Das Tagesgeschehen sei demgegenüber in 11,3% der Beiträge behandelt worden, Politik und Zeitgeschehen hätten 12% der Sendungen ausgemacht und der Kultur sei ein Programmanteil von 8,8% gewidmet worden."[149]

ARD wird ihr Programmschema auch 1968 beibehalten. Statt Programmabstimmung verschärfter Wettbewerb zwischen ARD und ZDF (1967)

"Das Programmschema der ARD werde auch 1968 im wesentlichen beibehalten, erklärte Hartmann. Zur Debatte habe gestanden, ob man den Charakter der Mainzer-Sendungen ändern und sie in "Telejournale" umändern solle. Die Zuschauerbeteiligung bei Panorama, Monitor und Report sei aber so überzeugend, daß diese Reihen beibehalten werden.

Verstimmt äußerte sich Hartmann über den "Mainzer-Trend, noch publikumswirksamer zu werden" (worunter eine Programmverflachung zu verstehen ist). Beispielsweise werde das ZDF seine Dokumentarsendungen am Mittwoch streichen und sie durch Krimi- oder Abenteurer-Folgen ersetzen. Das sei ärgerlich, zumal das ZDF auch am Dienstag gegen das "große Fernsehspiel" der ARD immer einen Krimi zu setzen pflege (wodurch natürlich gerade die Masse der kulturellen

---

149 Ausschnitt aus: Mainzer Überlegungen für Änderungen im Programmschema für 1968. Programmgestaltung am Wochenende soll verbessert werden. In: Fernseh-Informationen Jg. 18 1967 H. 11. S.223.

Kostverächter "abgelenkt" wird, aus der zwecks allmählicher Niveausteigerung neue Freunde für die gehobene Fernsehunterhaltung gewonnen werden müssen). Der ARD-Programmdirektor kündigte "Revanche" an: man werde auch zusätzliche Kriminal- und Abenteurer-Serien laufen lassen, und zwar montags und mittwochs."[150]

Alois Schardt: Konkurrenz oder Kontrast? Die Planung (1968)

"Angesichts dieser Lage ist die Frage nach den Möglichkeiten und Grenzen der Koordination neu zu überdenken, da ja der gesetzliche Auftrag zur Koordination nur das ARD-Gemeinschaftsprogramm ab 20.00 Uhr und das ZDF-Programm ab 19.30 Uhr betrifft. Das heißt, dem Zuschauer stehen in den meisten Fällen auch nichtkoordinierte Programme zur Verfügung. Im Prinzip gilt diese Feststellung schon seit einigen Jahren. Sie zwingt aber erst heute zur erneuten Überprüfung bislang gültiger Maximen, weil erstens spürbar seit dem Jahre 1975 in den Dritten Programmen nennenswerte Zuschauerzahlen gewünscht und erreicht werden und weil zweitens auf dieser Basis Landesrundfunkanstalten wie der Bayerische Rundfunk ihre Dritten Programme zu Vollprogrammen ausgebaut haben."[151]

Alexander von Cube: Auswirkungen des technologischen Fortschritts auf die Programmstruktur (1969)

"Wie kann demgegenüber die vielberufene "politisch-kulturpolitische Aufgabenstellung des Rundfunks" dennoch Gestalt bewahren? Ein gangbarer Weg zeichnet sich ab in der Entwicklung der Dritten Programme der ARD. Sie produzieren schwerpunktmäßig Bildungssendungen. Dieser Schwerpunkt kann weiter ausgebaut und differenziert werden. Genannt seien hier noch das Schulfernsehen, die Berufsfortbildung, die Tele-Universität. Doch auch diese Entwicklung ist nicht frei von Problemen. So wird es beispielsweise weder beim Schulfernsehen noch bei der Tele-Universität ohne weiteres möglich sein, die völlige Unabhängigkeit der Redaktionen gegenüber den Ansprüchen der Schul- oder Hochschulverwaltungen zu behaupten, schon gar nicht, wenn die Delegation von Bildungsaufgaben an das Fernsehen bis zur Examensvorbereitung geht.

Das liegt im Wesen solcher Sendungen, die nur noch bedingt ein "Programm" in vollem Wortsinne bilden. Sie sind allenfalls Teile eines Programms, Unterprogramme gewissermaßen. Exakter kann man sie als "Dienste" bezeichnen. Das schränkt schon im Begriff die Autonomie derer ein, die eine derartige Leistung

---

150 Ausschnitt aus: P.S.: ARD wird ihr Programmschema auch 1968 beibehalten. Statt Programmabstimmung verschärfter Wettbewerb zwischen ARD und ZDF. In: Fernseh-Informationen Jg. 18 1967 H. 14. S.279.
151 Ausschnitt aus: Alois Schardt: Konkurrenz oder Kontrast, in: Fritz Hufen; Wolfgang Lörcher (Hrsg.): Phänomen Fernsehen. Düsseldorf 1968. S.354.

erbringen. Die Sendungen sind interessenorientiert, zweckgebunden; wenn es sich auch um einen guten Zweck handelt.

Dennoch scheint neben dem chaotischen Konkurrenzkampf die arbeitsteilige Zersplitterung des Programms in verschiedene Fernsehdienste die nächstliegende Alternative für die Programm-Macher der Zukunft zu sein. Die Dienstleistung braucht dabei nicht auf den Bereich der Bildung beschränkt zu bleiben, andere Schwerpunktbildungen sind denkbar und auch praktikabel - etwa ein Sender, der kontinuierlich nur Nachrichten bringt oder nur Sport, oder der laufend aus der Arbeit des Bundestages berichtet.

Die Vorstellung mag fremd anmuten, sie hat aber auch das informationstheoretische Kalkül auf ihrer Seite. Während das Unterhaltungsangebot des Fernsehens in der Regel größer ist als das gleichartige Angebot anderer Veranstalter, können zum Beispiel Bildung und Politik, ja selbst der Sport, bislang im Fernsehen nur auszugsweise repräsentiert werden. Hier gibt es also einen Informationsberg, der mit Gewinn abgetragen werden kann."[152]

Zum Programmereignis der Sechziger Jahre: Die Mondlandung

Kurt Wagenführ: Die grosse Stunde des Dabei-seins. Das Fernsehen vermittelte es (1969)

"Aus dieser Sicht mag es überheblich klingen, wenn gesagt wird, daß das eigentlich Neue am Flug von "Apollo 11" die Kilometer 15 bis Null über dem Mond waren, die Herannäherung also, die Landung, das Betreten des Mondes und das Agieren auf dem Mond. Das hatte er noch nicht miterlebt, und so entstand im Zuschauer eine doppelte Neugierde: die ängstlich-beteiligte, ob Landung, Aufenthalt und Abflug der beiden Astronauten glücken würden, wie es ihm in zahlreichen Kommentaren und Hinweisen vorausgesagt worden war. (...)

Ein Bild von einer Kamera aufgenommen, die der Mondoberfläche näher war als der Astronaut Armstrong selbst, als der erste Mensch, der den Mond betreten sollte. Ein technisches Auge, das stellvertretend für Millionen und Abermillionen Menschen dieses Ereignis beobachtete, arbeitete bereits und erlaubte eine erste Sicht auf Fähre, Landschaft, Licht, Dunkelheit und die Bewegungen des tastenden Fußes. Das Auge registrierte: Die Fähre ist senkrecht stehend gelandet, der Boden des Mondes ist uneben und weiß/schwarz hart schattiert, ein Mensch bewegt sich auf diesen Boden zu, und wir sehen das erste Auftreten in dem Augenblick, in dem er es fühlt. Wir sehen mehr als er und wahrscheinlich sein Mitastronaut Aldrin und erst recht der Astronaut Collins, der kein Bild empfangen konnte, obwohl er den beiden Menschen auf dem Mond der Nächste war. Er konnte sie auch mit geschultem suchendem Auge nicht entdecken...

---

152 Ausschnitt aus: Alexander von Cube: Auswirkungen des technologischen Fortschritts auf die Programmstruktur. In: Funk-Korrespondenz 1969 Nr. 7. S.2.

Der Chronist stellte fest: Es ist so, wie es ihm immer wieder gesagt und in Fotos gezeigt worden war. Als der Astronaut die ersten Schritte unternahm, zögernd und unbeholfen zunächst, dann sicherer werdend - wir nahmen an einem Prozeß des Geschehens teil! - schließlich weit ausschreitend und hüpfend sogar, da wollte es scheinen, als wäre dieses alles eine Szene aus einem der utopischen Filme, die man schon mehr als einmal gesehen hatte.

Aber dann waren diese vergleichende Betrachtungen wie fortgewischt und der Augenblick nahm den Zuschauer in seine Gewalt.

Noch niemals haben (nach einer Variation eines Churchill-Wortes) so viele Menschen am Geschick so weniger Menschen bangend und hoffend teilgenommen. Noch niemals hat sich ein Akt der Erschließung (nicht Eroberung oder Besitzergreifung) vor so weltweiter Beobachtung vollzogen."[153]

Kurt Wagenführ: Die unvergeßliche Stunde des Jahrtausends. Das Fernsehen übermittelte sie (1969)

"Noch niemals zuvor ist ein so bedeutender und die Zukunft bestimmender Vorgang mehreren hundert Millionen Menschen gleichzeitig in Bild und Wort zum Miterleben, man kann fast sagen zum Mitvollziehen durch die moderne Technik angeboten worden. Was sich sonst in der Einsamkeit und Abgeschiedenheit vollzog, hat am 21. Juli vor der Weltöffentlichkeit stattgefunden. "Die Technik", so schien es, hatte erstmals alle ihre guten Kräfte und Möglichkeiten, ihre Menschen und Mittel zusammengefaßt, um ein Ziel zu erreichen: den Mond und die gleichzeitige umfassende aktuelle Information über diesen Vorgang.

Wer in dieser Nacht durch die Straßen ging, spürte das Gemeinsame, das die Gedanken der Menschen auf der Erde bestimmte. Aus den bis in den Morgen erleuchteten Fenstern der Häuser drang kein lauter Lärm, sondern nur das Geräusch und die Worte der gleichen Berichte. Die Menschen wollten keine Information über das welthistorische Ereignis versäumen, dessen Bedeutung allen vom ersten Augenblick bewußt war.

Einige Zahlen sollen das Gemeinsame auf der Sende- und Empfangsseite verdeutlichen: Es wird angenommen, daß das Gesamtunternehmen rund 55 Milliarden Dollar (dabei ist schon viel privates Kapital, z.B. bei der Satellitentechnik, eingeschlossen!) gekostet hat, etwa 450.000 Fachleute waren im Ganzen daran beteiligt. In den Kommunikationssystemen in der ganzen Welt werden rund 40.000 Menschen in der historischen Nacht beschäftigt gewesen sein; im Kontrollzentrum Houston waren 4.500 Angestellte der amerikanischen Regierung und 9.000 Angestellte der Privatwirtschaft - diese Zahlen betreffen eine technische Elite von bisher unbekanntem Umfang - zusammengezogen.

In 49 Ländern der Erde konnten 600 Millionen Menschen die Direktübertragungen verfolgen, das sind fast ein Sechstel der Erdbevölkerung. Allerdings schloß

---

153 Ausschnitt aus: Kurt Wagenführ: Die grosse Stunde des Dabei-seins. Das Fernsehen vermittelte es. In: Fernseh-Informationen Jg.20 1969 H. 20/21. S.468.

sich ein Fernsehland mit rund 700 Millionen Einwohnern von diesen Übertragungen aus: Rot-China, das nur kleinen Gruppen von politischen Funktionären Nachrichten zukommen ließ. (...)

Das Ereignis kann (...) zur Besinnung über ein Zusammenwirken der Menschen auf vielen anderen Gebieten unter gleich großer Konzentration der Kräfte und Mittel führen. Denn noch niemals sind sich die Menschen auf der Welt durch die gemeinsamen Fernsehübertragungen als Zuschauer bei einem Ereignis so nahe gewesen wie an dem historischen Datum des 20./21. Juli 1969."[154]

Diskussion der Programmdramaturgie

Dieter Stolte: Freiraum und Verpflichtung für Programmacher (1968)

"Zwei Vorbedingungen berühren die Freiheit des Programmachers im Kern:

1. Das Fernsehen in der Bundesrepublik ist wie eine Zeitung privatwirtschaftlich organisiert: es unterliegt öffentlich-rechtlichen Bestimmungen, die beim ZDF im Staatsvertrag und in den 'Richtlinien für die Sendungen des Zweiten Deutschen Fernsehens' (Programmrichtlinien) festgelegt sind. Das bedeutet: Die Programmacher bewegen sich stets innerhalb dieses öffentlich-rechtlichen Auftrages, der für sie zugleich Freiheit (in der Gestaltung) und Zwang (in der Bindung an den Auftrag und durch die Notwendigkeit seiner Erfüllung im Gesamtprogramm) bedeutet.

2. Das Fernsehprogramm ist Programm für das Publikum. Als zeitgemäßes Kommunikationsmittel spiegelt es die Gegenwart wider, und es erfüllt nur dann seine Aufgabe, wenn es die Wirklichkeit in verschiedenen Facetten zu erfassen versteht. Das bedeutet: Fernsehen als Kommunikationsmittel zwingt die Programmacher dazu, ständig offen zu sein für Vorgänge in einer sich verändernden Welt, die für das Publikum von Belang sind. Diese Gegenwart - immer aus neue auf ihren Inhalt und auf ihre Forderung hin zu überprüfen sowie auf ihre Zukunftschancen hin zu befragen - ist der den Programmachern vorgebene 'Raum ihrer Möglichkeiten', ihr Freiraum, ihr 'Spielraum', zugleich die Zwangssituation, der sich nicht entrinnen können, ja nicht entrinnen dürfen, der sie sich stellen müssen, 'zum Programm verurteilt'."[155]

"Ob und wie die Programmacher der Entwicklung des Zeitgeistes entsprechen, darin liegt ihre Freiheit innerhalb der Normen des Staatsvertrages. Indem solche Anpassungsprozesse im Fernsehen stattfinden, schaffen die Programmacher ein öffentliches Klima, eine größere, geistige Freizügigkeit. Das Fernsehen ist also 'Vorhut und Nachhut zugleich'. Nachhut, weil 'das

---

154 Ausschnitt aus: Kurt Wagenführ: Die unvergessliche Stunde des Jahrtausends. Das Fernsehen übermittelte sie. In: Fernseh-Informationen Jg. 20 1969 H. 20/21. S.470f.

155 Ausschnitt aus: Dieter Stolte: Freiraum und Verpflichtung für Programmacher. In: Fritz Hufen; Wolfgang Lörcher (Hrsg.): Phänomen Fernsehen. Düsseldorf 1968. S.40.

Fernsehen auch künftig bei Darstellungen von Gewalt und Sexualität entschieden engere Grenzen beachten muß als der Kinofilm'. (...) Vorhut, weil mit der Aufnahme und dem Weitertragen geistiger Entwicklungen durch das Massenkommunikationsmittel Fernsehen von heute auf morgen ein öffentliches Bewußtsein hergestellt werden kann."[156]

Hans Kimmel: Einer Programmidee zum Durchbruch verhelfen (1969)

"Beethoven, Raubüberfälle, Herrensocken, Goldener Schuß, Vietnamkrieg, Emma Peel, Kindesmißhandlung, das alles sind Themen des Fernsehens, manches davon an einem einzigen Abend. Wenn aus diesem Sammelsurium ein wirkliches "Programm" werden soll, bedarf es der ordnenden Hand. Deshalb erfand man das, was Programmschema genannt wird.

Doch nicht nur ein "Was-bringe-ich", ein mechanisches Füllen von Sendezeit mit unterschiedlich langen Beiträgen also, ist Aufgabe des Schemas, sondern mehr noch das "Wann-bringe-ich-was", die Orientierungshilfe für die Zuschauer, die Programm-Dramaturgie: Denn eine Fernsehsendung kann nicht nur gut oder schlecht in sich, sondern außerdem ungünstig plaziert sein. Ihre Wertigkeit und damit ihre Aufnahme beim Publikum hängen nicht nur von ihr selbst ab, sondern auch von ihrer Sendezeit und von ihrer Verknüpfung mit anderen Sendungen. Die Kunst des Marketing eines Fernsehprogramms erhält darüber hinaus noch seine besondere Note dadurch, daß es sich nicht nach den einfachen Gesetzen von Angebot und Nachfrage zu richten hat, sondern nach den Spielregeln des Öffentlich-Rechtlichen; es ist drei untereinander gleichgewichtigen Forderungen unterworfen: Information, Unterhaltung und Bildung. Aus der Struktur eines guten Programmschemas ist dieser Sachverhalt ablesbar."[157]

Clemens Münster: Das Fernseh-Programm: Voraussetzungen und Aufgaben (1969)

"In gewissem Sinne sind die Aufgaben von Hörfunk und Fernsehen gleich. Das gilt insbesondere dort, wo Fernsehempfang nicht möglich ist und im Hinblick auf die nicht zu unterschätzende Zahl derjenigen, die sich mit dem Hörfunk begnügen müssen. Sonst ließe sich eine Aufgabenteilung sehr einfach in der Weise vornehmen, daß der Hörfunk in erster Linie für Nachrichten, Kommentare und Reportagen, für die epische oder dramatische Erzählung und die Musik zu sorgen hätte. Auf anderen Gebieten wirkt das Fehlen des Bildes seit dem Augenblick als Mangel, in dem das Fernsehen auf den Plan trat. Weil das Fernsehen die sichtbare und hörbare Wirklichkeit, insbesondere den ganzen Menschen "abbildet" und das

---

156 Ebenda S.48.
157 Ausschnitt aus: Hans Kimmel: Einer Programmidee zum Durchbruch verhelfen. In: ZDF Journal 1969 Nr. 1. S.15.

stärkste Interesse nicht nur der Zuschauer selbst, sondern auch der an diesen Zuschauern und ihren Reaktionen Interessierten auf sich gesammelt hat, müssen jene Aufgaben neu durchdacht werden. Sie lassen sich auf eine einfache Formel bringen, die wiederum auch auf den Rundfunk anwendbar ist: Teilnahme und Unterhaltung.

(...) Das Wort "Programm" hat bei Hörfunk und Fernsehen zweierlei Bedeutung; es bezeichnet in der Organisation der Rundfunkanstalten neben "Technik" und "Verwaltung" denjenigen Bereich und das Personal, das unmittelbar Planung, Vorbereitung und Produktion der Sendungen besorgt. Es bezeichnet weiterhin den Zeitplan dieser Sendungen an einem Tag, in einer Woche und während einer Planungsperiode, die beim Fernsehen etwa sechs Monate umfaßt. Es stellt so gewissermaßen das Angebot an den Zuschauer dar. In diesem Sinn soll hier vom Programm die Rede sein. In ihm werden die einzelnen Sendungen der verschiedenen Gattungen, von denen oben die Rede war, nach gewissen Regeln zusammengestellt. Es gibt zwei Grenzfälle: Homogenität und Kontrast. Ein extremes Beispiel für den ersten ist ein Abend, der mit einem Bericht über Ausgrabungen beginnt, auf den ein griechisches Drama folgt und mit klassischer Musik schließt. Ein Beispiel für den zweiten Fall ist die Folge: politischer Bericht, Kriminalstück, Show, Diskussion. Den Programmen aufeinander folgender Tage gibt man eine möglichst unterschiedliche Note. Dabei trägt man zugleich einem bewährten Schlüssel für die Verteilung der verschieden Sparten auf die verfügbare Sendezeit Rechnung. (...)

Zwei Programme können miteinander kontrastieren, das heißt gleichzeitig gesendete Produktionen oder ganz Abende sind wesentlich verschiedener Art, so daß etwa neben einem Fernsehspiel eine Unterhaltung, neben einem Bericht Sport gesendet wird. Natürlich wird es auch so nicht möglich sein, allen Wünschen gerecht zu werden, da etwa derselbe Zuschauer ebenso an dem Bericht wie an dem Fußballspiel interessiert sein kann, so daß die Wahlfreiheit mit dem Zwiespalt der Wünsche bezahlt wird. Trotzdem scheint Kontrast, wie er in der Bundesrepublik vorgeschrieben ist, befriedigender zu sein als Parallelität, bei der über beide Sendeketten jeweils gleichartige Produktionen ausgestrahlt werden, also hier und dort Fernsehspiel, Sport, Reisebericht, Bunter Abend. Dieses System, das jahrelang in England praktiziert wurde, ist lediglich ein Mittel im Konkurrenzkampf, wenn materielle oder ideologische Interessen auf dem Spiel stehen. Die Frage nach dem Verhältnis von mehreren Programmen zueinander läßt sich aber noch auf einer anderen Ebene als der der Sendegattungen stellen. Man kann etwa, nach Vorbildern beim Hörfunk, ein drittes Programm auf andere, etwa höhere Ansprüche systematischer Bildung, und auf die Wünsche wechselnder Minderheiten abstellen. Das ist zum Beispiel das Programmprinzip des Studienprogramms des Bayerischen Rundfunks.(...)."[158]

---

158 Ausschnitte aus: Clemens Münster: Das Fernseh-Programm: Voraussetzungen und Aufgaben In: Emil Dovifat (Hrsg.): Handbuch der Publizistik, Bd. 2., Berlin 1969, S.476f.

Rainald Merkert: Das Fernsehen und sein demokratischer Auftrag. Zur Diskussion über Programminhalte und Programmstrukturen (1970)

"(...) Wie also kann das Publikum das richtige wollen? Indem "das Gute" in ihm, indem Einsicht und Allgemeinwille freigesetzt werden, und zwar auf "mäeutische" Weise, wie man das seit den Tagen des Socrates nennt. Leicht gesagt und schwer getan, gewiß, doch wer diese Forderung zur Fiktion erklärt, für den kann auch die Demokratie nur fiktiv sein. (...) Im politischen und im gesellschaftlichen können Einsicht und richtiges Wollen nur durch Diskussion und Argument entbunden werden. Es gehört zu den bedrohlichen Degenerationsformen unserer gegenwärtigen Demokratie, daß im Wahlkampf an die Stelle des Allgemeinwillens die Gunst des Wählers getreten ist, daß folglich Argument und Diskussion durch Imagepflege ersetzt werden, bis hin zum auf Hochglanz polierten Konterfei der Kandidaten auf den Wahlplakaten, so als ob der gutaussehende Kandidat bereits der bessere Politiker sei. Es wäre schlimm, wenn im gesellschaftlichen Leben ein Gleiches geschähe. Deshalb ist die Kontroverse um das Programm notwendig, sie muß noch viel intensiver werden, undemokratische Geheimniskrämerei ist ebenso unangebracht wie blindes Festhalten am Eingefahrenen, so als ob Inhalte und Strukturen der Programme auf unverständlichen Naturgesetzen beruhten. Nur eines darf nicht geschehen, daß nämlich Argumente durch Imagepflege ersetzt werden, daß damit dem Publikum von vornherein die Möglichkeit abgesprochen wird, das Richtige zu wollen, wie es folglich im falschen Wollen fixiert wird.

Die zweite Konsequenz betrifft Inhalt und Methode der Programme selbst. Sie müssen so beschaffen, zumindest so gewollt sein, daß Einsicht und Allgemeinwille des Publikums freigesetzt werden. (...) Das Publikum muß als ernstzunehmender Partner geachtet werden, dann kann man ihm auch, wenn man es richtig angeht, Anspruchsvolles bieten. Genügend Beweise dafür gibt es."[159]

---

159 Ausschnitte aus: Rainald Merkert: Das Fernsehen und sein demokratischer Auftrag. Zur Diskussion über Programminhalte und Programmstrukturen. In: Funk-Korrespondenz 1970 Nr.14. S.3.

IV. Programmkonzeptionen der Siebziger Jahre

Helmut Hammerschmidt: Richtlinienentwurf für die politische Programmarbeit (1970)

"1. Die Rundfunkprogramme haben in erster Linie Material zu liefern, welches dem Hörer und Zuschauer die Bildung der eigenen Meinung ermöglicht dieses Material besteht wiederum in erster Linie aus Fakten. Zu den Fakten zählen die relevanten Meinungen, die in der Öffentlichkeit zum jeweiligen Thema geäußert worden sind oder auf Erfordern geäußert werden. Sie einzuholen, gegebenenfalls journalistisch zu verdeutlichen ist Aufgabe der Redaktion.

2. Der Autor einer Sendung kann daneben seine eigene Meinung zum Thema äußern. Es ist aber ein Irrtum zu glauben, daß dies in jedem Fall nötig oder auch nur angebracht sei, abgesehen selbstverständlich von reinen Kommentarsendungen. Die treuhänderische Aufgabe des Rundfunks zwingt zur Zurückhaltung ihrer Mitarbeiter, und diese sind keineswegs schon aus ihrer Funktion legitimiert, zu jedem Sachverhalt ihre Meinungen zu verbreiten. Es sollte im Gegenteil der kleinere Teil von Sendungen sein, in denen das geschieht, und dieser sollte mit strengem Maßstab nach Sachverhalt und Situation ausgewählt werden, und es sollte die sachliche Legitimation des Autors außer Zweifel stehen, wenn er dazu ermächtigt wird. Schließlich sollte der Meinungsteil (gemeint: Mitarbeiter-Meinung) stilistisch kenntlich gemacht und soweit irgend möglich vom Informationsteil getrennt werden.

(...) Die dialektische Methode zwingt dazu, alle relevanten Fakten, Indizien, Meinungen und deren Begründungen in ein und derselben Sendung abzuhandeln."[160]

Diskussion von Problemen der Programmkoordination

W.D.: Das chronische Leiden der Koordination. Zur Diskussion über die zukünftige Programmstruktur (1971)

"Das ZDF hat die Diskussion um die Fernsehprogrammstruktur bewußt breit angelegt und über die Abstimmung von Programm-Tagesfarben hinaus geführt. Das ist deutlich erkennbar an dem Arbeitspapier "Fernsehen in der 70er Jahren. Analysen,

---

160 Ausschnitt aus: Helmut Hammerschmidt: Richtlinienentwurf für politische Programmarbeit. Nachdruck entnommen: Der Journalist Jg. 20 1970 Nr. 12 S.20f.

Prognosen, Ziele", das unter der Federführung von Dieter Stolte in der Hauptabteilung Programmplanung im Jahr 1971 entstanden ist. Grundüberlegung ist, daß es sich die Rundfunkanstalten nicht leisten könnten, von Veränderungen in der kommunikationspolitischen Landschaft überrascht zu werden. Sie müßten vielmehr aus der Erkenntnis künftiger technischer und wirtschaftlicher Möglichkeiten zu einem genügend frühen Termin Vorkehrungen treffen, die zu dem Zeitpunkt wirksam werden, da sich der Kommunikationsmarkt ändert.

Für die Strukturdebatte spielt die Interpretation der Tagesablaufdaten eine besondere Rolle: Da in allen Jahreszeiten rund 54 % der 45 Mio Zuschauer um 22.15 Uhr bereits schlafen, andererseits um 19.00 Uhr bereits 80 % der Zuschauer zuhause sind, gehe der bisherige Ablauf des Abendprogramms nicht mehr mit dem Tagesablauf der Zuschauer synchron. Gegen diese Feststellung spreche nicht unbedingt die Beobachtung, daß im Frühjahr 26,2 % der Zuschauer um 19.00 Uhr in Kombination mit anderen Tätigkeiten (davon sind 6,9 % Hausarbeit und Beschäftigung mit Kindern) fernsehen, denn auch beim derzeitigen Beginn des Abendprogramms um 19.45 Uhr beschäftigen sich noch 16,1 % der Zuschauer nicht ausschließlich mit dem Fernsehprogramm. Die Sehintensität zwischen 19.00 und 19.45 Uhr sei allenfalls als "reduzierte Aufmerksamkeit" zu bezeichnen."[161]

Herbert Janssen: Was ist Kontrast. Zu den Vorgesprächen über die zukünftige ARD/ZDF-Koordinierungsvereinbarung (1971)

"Was ist "koordinabel"? Am 5. Juli in München hat man sich über alltägliche Hakeleien - "Dreimal Neun" gegen Spielfilm "Tatort" auf dem Sonntag-Fernsehspieltermin, aber auch "Kommissar" und "XY" als Dokumentarspiel am Freitag usw. -, also gegenseitige Mißtrauen hinweg an die eigentliche Fragestellungen herangetastet: Was ist (wie das ZDF modisch formuliert) "koordinabel"? Was ist (wie die ARD sachlicher fragt) unter Kontrast zu verstehen?

(...) Inzwischen jedoch scheint sich bei der ARD die Überlegung durchzusetzen, daß politische Informationen und gesellschaftskritische Auseinandersetzungen in einem Programm nicht regelmäßig durch massenunterhaltende Sendungen im anderen Programm totgeschlagen werden dürfen, weil sonst auf die Dauer die politischen Sendungen zwangsläufig nur noch von Minderheitengruppen gewählt würden. Es wird auch schon eine Kompromißlösung überlegt: In den ersten vier Wochentagen, wo erfahrungsgemäß eine größere Bereitschaft zur Aufnahme politischer Informationen besteht, ein paar "Schutzzonen" für solche Programme einzurichten, dagegen den Schwerpunkt der Unterhaltung, des Fernsehfilms usw. auf das Wochenende zu legen, wobei evtl. im vierzehntägigem Wechsel einmal das ZDF, einmal die ARD massenattraktive Sendungen, das andere Mal etwas anspruchsvollere Beiträge bringen könnten. Auch diese Überlegungen fordern dazu heraus, daß ARD und ZDF nun gemeinsam darangehen, genauer zu definieren,

---

161 Ausschnitt aus: W.D.: Das chronische Leiden der Koordination. Zur Diskussion über die zukünftige Programmstruktur. In: Funk-Korrespondenz 1971 Nr.20. S.1f.

was unter "zwei inhaltlich verschiedenen Programmen" zu verstehen ist. Beide ziehen dabei inzwischen in Erwägung, unter Umständen auch einen populären Spielfilm gegen ein anspruchsvolles Fernsehspiel, eine große Unterhaltungssendung gegen eine experimentelle Unterhaltung, auch ein Kultur-Magazin gegen eine Dokumentation zu setzen."[162]

Michael Schmid-Ospach: Das neue Schema: mehr Kontrast, noch mehr Alternativen. Zum Modellvorschlag der Kleinen Kommission ARD/ZDF in Reinhartshausen (1971)

"Gestützt auf zahlreiche soziologische Daten, Arbeitszeit-Prognosen und einen (für eine Leistungs- und Produktiv-Gesellschaft wie die unsere) großen Optimismus auf zunehmende Freizeit hat das ZDF immer wieder dafür plädiert, 19 Uhr als Beginn des Hauptprogramms sei eine längst fällige, mindestens aber in diesem "Dezennium" (Stolte) fällig werdende Angelegenheit. Das Vertrauen auf die Richtigkeit dieser These bedingt den Kampfgeist, mit dem man in Mainz für diesen Einschnitt angetreten ist: hält man sich selbst für das einzige zukunftsträchtige Fernsehsystem, wie es in den Reden des neuen ZDF-Chefredakteurs arg deutlich zu lesen ist, so muß man diesen Schritt wagen. Zusätzlich bedeutet er, glaubt man an die Richtigkeit der These, bald mit privaten Programmen unterschiedlicher Herkunft konkurrieren zu müssen, daß jenes Programm, das die Lebensgewohnheiten der Zuschauer adäquat und ideal bedient, das am schwersten zu verdrängende sein wird. (...) Das zuerst vom ZDF vorgelegte Modell 1 (das pyramidisch in Massen-, Zielgruppen- und Minderheiten-Programme aufgebaut war) muß in diesem Zusammenhang nicht nur als ein geschickter Verhandlungsschachzug gegenüber einem leicht zu verunsichernden Partner gesehen werden, sondern auch als die Ideal-Konstruktion eines Fernsehsenders, der Publikums-Maximierung vorhat - was für ein öffentlich-rechtliche konstruiertes Medium natürlich nicht das oberste Ziel sein kann.

(...) Die traditionelle (quantitative) Aufteilung des Programm-Auftrags in Information, Bildung und Unterhaltung behält das neue Schema ebenso bei wie die "Schutzzone" genannten Programmplätze, wo wichtige Sendungen politischer Art nicht dem freien Spiel der Kräfte geopfert werden (eine Summierung der Unterhaltungs- und Krimi-Minuten des ZDF im neuen Schema ergibt sogar, daß auf fünf Minuten gegenüber Schema 1970 verzichtet wurde, 375:380 Min.). Es wird Aufgabe der Öffentlichkeit und der Aufsichtsgremien sein, eine genaue Einhaltung dieses Schemas zu überwachen, auf daß nicht wieder das "Mogeln" beginnt. Wenigstens in einem hat das ZDF wirklich verblüffende Ehrlichkeit bewiesen: Freitags um 20.15 Uhr ist Krimi-Termin - die Sendung des Herrn Zimmermann wird

---

162 Ausschnitt aus: Herbert Janssen: Was ist Kontrast. Zu den Vorgesprächen über die zukünftige ARD/ZDF-Koordinierungsvereinbarung. In: Funk-Korrespondenz 1971 Nr.28. S.2f.

wie selbstverständlich hier neben "Kommissar" und "Krimi-Serien" aufgeführt, auf das Mäntelchen meint man nun verzichten zu können."[163]

Helmut Oeller: Kontrast - Anmerkungen zu einem Schlüsselbegriff (1974)

"*Kontrast und Konkurrenz*. Das leitende Prinzip ist Kontrast, nicht Konkurrenz. Gegen die Konkurrenz als Grundprinzip spricht, daß mehrere öffentlich-rechtliche Anstalten nicht einer Darstellung oder Meinung zur Vorherrschaft verhelfen sollen. Mehrere öffentliche Anstalten müssen die Aufteilung der Information, Meinungen und Standpunkte vertreten, was nur durch das Prinzip des Kontrastes möglich erscheint.

Die Konkurrenz als leitendes Prinzip scheidet aus, solange die Finanzlage der öffentlich-rechtlichen Rundfunkanstalten weitgehend aus Gebühren gesichert wird. Wäre es anders oder würde es eines Tages anders sein, so würden der ökonomische Aspekt und die existenzielle Sicherung vermutlich den Vorrang vor den grundsätzlichen gesellschaftlichen und politischen Aspekten gewinnen.

Unser Schlüsselbegriff heißt Kon-trast, nicht Anti-trast. Es geht also nicht um Auseinanderstrebendes, prizipiell Entgegenwirkendes, es geht vielmehr um das eine wie um das andere. Kontrast bedeutet nicht, auf Gleichem zusammenzukommen, sondern Verschiedenes zusammenzufassen. Dies geschieht durch das Angebot von Alternativprogrammen, die ihrem Wesen nach verschieden sind. Ziel des Kontrastes ist es daher, das Interessante, Wichtige und Wesentliche im Prinzip der Alternative darzustellen. Kontrast ist schwierig, bedeutet Anstrengung, Bemühung. Die Bequemlichkeit geht eher auf das Gleich- und Einförmige. Kontrast bedeutet Herausforderung zur Ungenügsamkeit, zum Mitdenken, Mitwählen, Mitentscheiden, bedeutet Leben in der Alternative als eigendlich humane und demokratische Bedingung."[164]

Prognosen der Fernsehentwicklung

Andrea Brunnen: Die "Gründerjahre" des Fernsehens sind vorbei. Notwendige Anpassungsprobleme stehen jetzt im Vordergrund. (1970)

"Selbstkritik, Strukturkritik, kritische Analyse des augenblicklichen Standpunkts und künftiger Möglichkeiten der Medien Hörfunk und Fernsehen im Dienste der Gesellschaft wie des einzelnen Bürgers - das sind Vokabeln, die seit einiger Zeit und jetzt zunehmend in den Rundfunkanstalten diskutiert werden. Die öffentlich-rechtlichen Organisationen, seit Beginn gut ausgestattet und vielfach bürokratisch-

---

163 Ausschnitt aus: Michael Schmid Ospach: Das neue Schema: mehr Kontrast, noch mehr Alternativen. Zum Modellvorschlag der Kleinen Kommission ARD/ZDF in Reinhartshausen. In: epd Kirche und Fernsehen 1971 Nr.31. S.1f.
164 Ausschnitt aus: Helmut Oeller: Kontrast - Anmerkungen zu einem Schlüsselbegriff. In: Funk-Korrespondenz 1974 Nr. 24. vom 12.6.1974 S.3.

unbeweglich geworden, reagieren damit zum ersten Mal auf ein verändertes Arbeitsklima. Zwei Probleme stehen drohend vor einer gesicherten Zukunft. Einmal die Konkurrenz von privatwirtschaftlichen Gruppen auf dem Programmsektor, die Kassetten für Unterhaltung und Bildung auf dem Markt bringen werden oder gar - durch eine politische Entscheidung - selbst für Sender oder Kabel zur Verteilung ihrer Ware verfügen könnten. Zum anderen die Kostenschere. Die Mittel aus der Gebührenerhöhung sind in den "Apparaten" versickert, ohne daß sie immer bis in das Programm gelangt wären. Die Hörer- und Zuschauerzahl wächst nur noch langsam, so daß Kostensteigerungen nicht mehr durch Mehreinnahmen aufgefangen werden können."[165]

Dieter Stolte: Anmerkungen zu einer Programmkonzeption der Zukunft. (1970)

"(...) Wie könnte eine Programmkonzeption in der Zukunft aussehen? Davon ist zu unterscheiden, wie die Programmkonzeption in der Vergangenheit aussah. Definitorisch gesagt (für den status quo): Wir haben, das ZDF etwas stärker, die ARD vielleicht etwas weniger, eine durchgängige Programmkonzeption, die von der Vorstellung ausgeht, daß sich das Programm an die Familie wenden muß. Dies sicher nicht in dem Sinne, daß alles für alle sein muß, bestimmt jedoch in dem Sinne, es muß vieles für viele sein. Man ist von der Vorstellung ausgegangen, daß Fernsehsendungen durchgehend im Familienverband empfangen werden, und zwar nicht nur im räumlichen Sinne, sondern es lag dem auch die Vorstellung einer >heilen<, einer in sich integrierten Familie, deren einzelne Glieder nicht in Konflikten miteinander leben, zugrunde. Konflikte ergeben sich jedoch in der Regel aus den unterschiedlichen Interessen der Glieder einer Gesellschaft.

Eine solche Programmkonzeption entspricht nicht mehr der gesellschaftlichen Wirklichkeit, kann nicht mehr tragend sein für die Zukunft. Vielmehr geht es heute darum, eine Programmkonzeption zu entwickeln, die ernst mit dem Befund macht, daß wir eine Gesellschaft sind, die in Konflikten lebt; in permanenten Konflikten.(...)

Mit anderen Worten: es lohnt sich darüber nachzudenken, ob im Rahmen einer künftigen Programmkonzeption nicht ein stärker zielgruppenorientiertes Programm zugleich auch eine zuschauernähere Programmgestaltung bedeuten würde. Gerade darauf aber wird es ankommen, wenn Verfestigungen und Frustrationen im Verhältnis von Sender und Empfänger in Zukunft vermieden bzw. abgebaut werden sollen."[166]

---

165 Ausschnitt aus: Andrea Brunnen: Die "Gründerjahre" des Fernsehens sind vorbei. Notwendige Anpassungsprobleme stehen jetzt im Vordergrund. In: Fernseh-Informationen 1970 H.28. S.662.
166 Ausschnitte aus: Dieter Stolte: Anmerkungen zu einer Programmkonzeption der Zukunft In: ZDF-Jahrbuch 1970, Mainz 1971. S.66f.

Klaus von Bismarck: Die Haupttendenzen für die nächsten fünf Jahre (1972)

"Wenn das Unterhaltungsbedürfnis des Publikums durch das Kassenangebot mit befriedigt wird, werden die Fernsehanstalten aktuelle Informationssendungen verstärkt anbieten müssen. Es werden mehr "Live-Beiträge" in das Programm eingebaut werden. Die Vertiefung durch Hintergrundinformation wird für jede Aktualitätssendung möglich und nötig. (...)

Die Gesellschaft der Zukunft wird größere Bildungsansprüche an Hörfunk und Fernsehen stellen. Es werden also mehr bildende und ausbildende Programme entwickelt werden müssen, von der vorschulischen Erziehung bis zum Fernstudium im Medienverbund. Eine rechtliche Entscheidung ist nötig, in welchem Umfang die Rundfunkanstalten diese Aufgaben aus Gebührenmitteln wahrnehmen können: in jedem Fall haben sie eine Starthilfefunktion. Unter welchen Voraussetzungen können sie eine dauernde partnerschaftliche Rolle im Medienverbund spielen?

Im Publikum sind deutliche Bestrebungen spürbar, aktiv an der Programmgestaltung teilzunehmen. Diese Forderung haben die Studenten als erste gestellt, weitere Gruppen werden folgen: Eltern, Lehrer, Schüler, Berufsgruppen zum Austausch von Arbeitserfahrungen. Wie können diese Forderungen sinnvoll ins Programm eingebaut werden?

Die Information der Öffentlichkeit über den WDR ist hinsichtlich der wichtigen Ereignisse und Veränderungen in den Programmen bzw. den Produktionen sowie der Offenlegung der Finanzen noch nicht ausreichend."[167]

Dieter Stolte: Fernsehen am Wendepunkt (1972)

"Mit dem zeitverschobenen Beginn des Hauptprogramms - ARD 20.00 Uhr, ZDF 19.00 Uhr - bieten sich dem Zuschauer fraglos erweiterte Wahlmöglichkeiten. Generell hat er die Wahl, seinen Feierabend früher als bisher zu beginnen oder es bei dem bisherigen zeitlichen Ablauf zu belassen. Diese Alternative fordert den Zuschauer auf, bewußter als bisher - entsprechend seiner familiären Infrastruktur - die Programmentscheidung für den Abend zu treffen. Er muß sich anhand der Vorinformation entscheiden, welches Programmangebot er vorzieht. Dabei bieten sich ihm, da nicht ein Koordinationsprinzip zum Dogma erhoben wurde, was einer Bevormundung und Gängelung der Zuschauer gleichgekommen wäre, sondern verschiedene Regeln der Koordination im Schema Anwendung fanden, unterschiedliche Programmkonstellationen an: die Wahl zwischen Informationsprogramm (am Montag und Mittwoch, 20.15 Uhr), zwischen Unterhaltung und Information (am Mittwoch und Donnerstag, 21.00 Uhr) oder auch zwischen verschiedenen Unterhaltungsangeboten (am Freitag und Samstag, 20.15 Uhr). Der

167 Ausschnitt aus: Klaus von Bismarck: Die Haupttendenzen für die nächsten fünf Jahre In: Fernseh-Informationen, Jg.22, Nr.3, München 1972. S.51.

zeitlich verschobene Programmbeginn hat diese Wahlmöglichkeiten für den Zuschauer vergrößert.

Fraglos enthält auch dieses Schema noch Probleme, schafft es Konflikte beim Zuschauer nicht ab. Die grundsätzliche Frage nach dem Prinzip der Koordination stellt sich auch dann immer wieder: Ist es ausreichend, formale Kriterien zu verwenden, also Fernsehspiel, Politische Magazine, Unterhaltung usw., ohne nicht auch zugleich Aspekte der Zuschauereinstellungen und des Zuschauerverhaltens in die Überlegungen einzuführen? Auch wenn die Wünsche der Zuschauer, wie sie durch Befragungen ermittelt wurden oder sich in Briefen und Telefonanrufen artikulierten, nicht der alleinige Maßstab für die Konstruktion einer Programmstruktur sein können, so ist es ebensowenig berechtigt, sie zu ignorieren, zumal der Staatsvertrag des ZDF dazu festlegt, "daß die Verschiedenartigkeit für den Zuschauer bestehen und aus seiner Sicht beurteilt werden muß" (Ernst W. Fuhr, "ZDF-Staatsvertrag", S. 157, Mainz 1972). Wenn Mitbestimmung des Zuschauers nicht nur eine leere Begriffshülse bleiben soll, (...) so ist nicht einzusehen, warum der Zuschauer an Sendungen beteiligt werden soll, seine legitimen Bedürfnisse aber bei der Konstruktion des Schemas gegenüber rein formalen Gesichtspunkten unterbewertet werden. Die Funktion der Tagesablaufanalysen in der Strukturdiskussion der Jahre 1970 - 1972 entsprach dieser Forderung, andere Aspekte der Erforschung des Publikums, etwa die Ermittlung seiner spezifischen Programminteressen, müssen verstärkt in zukünftige Planungen als Entscheidungshilfen übernommen werden.

(...) Der zeitlich verschobene Programmbeginn hat die strukturellen Voraussetzungen für eine "ereignisbezogene", d.h. aktuellere, flexiblere Programmgestaltung geschaffen. Auf sie aber wird es sowohl im Blick auf die sich angekündigten Veränderungen im Gesamtfeld der elektronischen Kommunikation als auch der notwendigen Orientierungshilfen für den Zuschauer besonders ankommen.

Es kann kein Zweifel daran bestehen, daß das Risiko, das mit dem neuen Schema verbunden ist, auf Seiten des ZDF liegt. Hierin dokumentiert sich jedoch die "Markt-Unabhängigkeit einer öffentlich-rechtlichen Rundfunkanstalt": "Die in unserer Gesellschaft vordringlichste Aufgabe der Massenmedien und speziell des Fernsehens, Orientierungshilfen zu geben, hat Priorität vor allem anderen Überlegungen" (Karl Holzamer). So wird das neue Programmschema, folgt man den Intentionen seiner "Konstrukteure", auch nicht primär an Einschaltquoten zu messen sein, sondern daran, ob es dem Fernsehen gelingt, mit ihm besser als bisher seinen sozialen Verpflichtungen nachzukommen. Denn als ein auch aus verfassungsrechtlicher Sicht gesellschaftlich verstandenes Kommunikationsmittel ist das Fernsehen nur einem verpflichtet: der menschlichen Gesellschaft."[168]

---

168 Ausschnitt aus: Dieter Stolte: Fernsehen am Wendepunkt. In: epd Kirche und Fernsehen 1972 Nr.45. S.4f.

ARD diskutiert neue Unterhaltungsformen für das Fernsehen (1973)

"Der Fernsehprogrammdirektor des HR, Hans-Otto-Grünefeld, hat am 14.6. der Ständigen Fernsehprogrammkonferenz der ARD in Baden-Baden über die Klasurtagung der ARD-Unterhaltungschefs berichtet, bei der über die Programmgestaltung in der zweiten Hälfte der 70er Jahre diskutiert wurde. Als Ergebnis dieser Tagung (...) wurden folgende Empfehlungen vorgelegt:

1. Die Ermüdungserscheinungen bei den Zuschauern gegenüber den klassischen Formen der Fernsehunterhaltung (Show, Quiz, Varieté etc.) machen es notwendig, verstärkt Unterhaltung in Spielform zu entwickeln, (Komödie, Schwank, Familienserien, Krimi, Abenteuer etc.).

2. Die gleichen Erkenntnisse, die bei der Zuschauerforschung gemacht wurden, legen eine Intensivierung von Unterhaltungsformen mit informativen und bildenden Inhalten nahe.

3. Unterhaltungssendungen sollen sich mehr als bisher an Erkenntnissen und Zuständen unserer Zeit orientieren.

4. Zugunsten einer größeren Mobilität müssen auch langlaufende Erfolgsserien ständig überprüft und ggf. durch neue Programm ersetzt werden.

5. Die Zusammenarbeit zwischen den ARD-Anstalten muß zu mehr Koproduktionen führen, da nur dies großflächigere Projekte ermöglicht und ihre Placierung im Programm erleichtert.

6. Die Zentrale Bedeutung des Autors für alle Bemühungen um attraktive Unterhaltungsprogramme ist evident und muß ihren Niederschlag in einer Honorierung finden, die der anderer Programmsparten entspricht.

7. Das Gagengefüge für Interpreten bedarf ab sofort einer permanenten Überprüfung und gegenseitigen Information in der Unterhaltungskommission, um überhöhten Forderungen entgegentreten zu können."[169]

Dieter Stolte: Fernsehen von Morgen - Analysen und Prognosen (1974)

"(...) 1. In den sechziger Jahren war es möglich, aus den gesetzlich festgelegten Einnahmequellen sowohl die laufenden Ausgaben voll zu bestreiten, als auch den dringendsten Investitionsbedarf abzudecken. Diese günstige Situation war einerseits den in diesen Jahren schnell steigenden Gebühren- und Werbeeinnahmen zu verdanken, andererseits ist sie auf die mit den Einnahmen synchron laufenden Programmausgaben zurückzuführen. Demgegenüber stehen in den siebziger Jahren steigende Produktions- und Personalkosten stagnierenden Einnahmen gegenüber. Die Schere zwischen Einnahmen und Ausgaben klafft bereits heute weit ausein-

---

169 Ausschnitt aus: ARD diskutiert neue Unterhaltungsformen für das Fernsehen. In: epd Kirche und Fernsehen Nr.22. vom 23.6.1973 S.9.

ander. Die damit notwendig werdende staatliche Alimentierung birgt natürlich latent die Gefahr der politischen Reglementierung des Rundfunks in sich.

2. Dem verstärkt spürbaren künstlerischen und journalistischen Impetus zur Authentizität, dem unmittelbaren Dabeisein, dem Ausbruch aus den vier Wänden der Studios auf die Straßen und Plätze, dem Drang zur Live-Reportage, zur individualistischen Aussage mit "einfachen", d.h. vornehmlich mobilen technischen Mitteln, dem Stilelement der living-camera, dem Trend von der MAZ zum Film, von der Perfektion zur Improvisation, steht die betriebswirtschaftliche Notwendigkeit der rationellen Nutzung geschaffener Produktionsmittel (insbesondere auch der stationären wie elektronische Studios und Filmateliers) gegenüber. Oder schlagwortartig formuliert: dem publizistischen Eros das industrielle Management. Dies zwingt unter den gegebenen finanziellen Verhältnissen dem "Fernsehen von Morgen" den Stil eines nach Gesichtspunkten des modernen industriellen Großbetriebs geführten Unternehmens auf.

3. Die technologische Entwicklung auf dem Medienmarkt, man denke nur an die Bild-Ton-Kassette, Kabel- und Satellitenfernsehen und ihre möglichen Interdependenzen, wird den Monopolanspruch der Rundfunkanstalten, wenn schon nicht de jure (und politisch), so doch zumindest de facto infrage stellen. Zum erstenmal in der Geschichte des deutschen Fernsehens können in der zweiten Hälfte der siebziger Jahre Programme an den Zuschauer herangetragen werden, ohne daß deren Veranstalter gleichzeitig über Sendeanlagen verfügen müssen. Dies wird nicht nur Konsequenzen für die Programmgestaltung des Fernsehens haben, sondern auch das Selbstverständnis der Rundfunkanstalten entscheidend verändern.

4. Ein weiterer, das "Fernsehen von Morgen" determinierender Sachzwang erwächst aus der gesellschaftlichen Situation der Gegenwart. Dabei kann in diesem Zusammenhang nur auf die Schlußfolgerung, die sich für die Massenmedien aus den soziologischen Analysen ergeben, eingegangen werden, daß nämlich speziell dem Fernsehen eine zentrale Steuerungs- und Orientierungsfunktion für unsere menschliche Gesellschaft zukommt.

Hieraus ergeben sich zwei Konflikte, die einerseits beim Empfänger, andererseits bei den Programmachern, den Redakteuren und Regisseuren, zu lokalisieren sind:

a) Einem sicherlich legitimen Bedürfnis des Publikums nach Entspannung, Unterhaltung und Befreiung vom Alltag steht entgegen, daß das Fernsehen in steigendem Maße Orientierungsfunktionen übernehmen muß, sei es, daß spezielle Studienprogramme auf die Erfordernisse einer mobilen Leistungsgesellschaft vorbereiten helfen, sei es, daß Informationsprogramme aller Art das Leben in der Gesellschaft, mit den Anderen ermöglichen. Für diese durch die gesellschaftliche Verfassung bedingten Funktionen des Fernsehens wird es vor allem darauf ankommen, das Weltbild der Zuschauer nicht durch realitätsferne und -fremde Unterhaltung zu verformen, weil damit statt der geforderten Orientierung faktisch eine Desorientierung stattfinden würde. Die hier angedeutete Problematik wird sich fraglos zukünftig noch verstärken, weil bei einer wachsenden Bedeutung der gesellschaftlich bedingten Orientierungs- oder - wenn man so will - "Lebenshilfe" - Funktion eine unter Marktgesichtspunkten orientierte Kassettenindustrie u.a. auch mit dem Anspruch auftreten wird, die "bessere" Unterhaltung anbieten zu können. "Besser" heißt in diesem Fall, noch perfekter die "heimlichen Träume" des Publikums zu erkennen und scheinbar befriedigen zu können.

b) Der Orientierungsfunktion des Fernsehens steht nicht nur auf Rezipientenseite das Unterhaltungsbedürfnis als Hindernis entgegen, sondern sie trifft auch auf Produzentenseite auf erschwerende Haltungen: einerseits durch eine sich elitär gebärdende Erziehungsideologie, die im Zuschauer nur ein Objekt ihrer Intention zu sehen vermag, so sehr ihre Vertreter dies auch bestreiten dürften, andererseits durch eine ästhetisierende Einstellung, die sozusagen freischwebend ohne Bezug auf ein Publikum die Normen für die Produktionen nur auf der eigenen Subjektivität und dem Beifall der Clique gründet. Beides sind - werden sie verabsolutiert - im Fernsehen Fehlhaltungen, so sehr sie auch in anderen Bereichen und Medien ihre Berechtigung haben mögen.

5. Als Folge der Bundestagswahlen 1969 und 1972 und den sich aus ihnen ergebenden innenpolitischen Veränderungen stellt sich bei den publizistischen Medien ein unübersehbarer Zug zur parteipolitischen Polarisierung ein. Wenn einerseits auch attestiert werden kann, daß Rundfunk und Fernsehen schon immer der besondere Tadel der Regierenden galt, so ist zum anderen noch festzustellen, daß die Kritikfunktion der Medien von seiten der Parteien in zunehmendem Maße angezweifelt und an den Pranger gestellt wird. Das wird auf die Dauer nicht ohne Wirkung auf die innere Verfassung der Rundfunkanstalten bleiben, sei es, daß mangelnde Zivilcourage den Prozeß der Anpassung fördert und somit ein Stück unserer Demokratie preisgibt, sei es, daß der Drang nach Unabhängigkeit in der Revolte endet.

(...) Zunächst einmal: das Fernsehen ist im doppelten Wortsinn fragwürdig geworden: fragwürdig, weil sichtbar wird, daß es sich an einem Wendepunkt seiner Entwicklung befindet und fragwürdig, weil es ebenso deutlich ist, daß es zukünftig eine eher noch steigende gesellschaftspolitische Bedeutung haben wird. (...) In diesem Wandlungsprozeß, im Gegen- und Miteinander von Kritik und Selbstkritik, von Konflikten, Infragestellungen, schälen sich die Konturen eines neuen Fernsehens deutlicher heraus. Welches sind sie?

1. *Ende des Monopolbewußtseins:* Die überragende Stellung des Fernsehens ist bedroht, wenn sich der Zuschauer auf ähnlich bequeme Weise Bilder ins Haus holen und diese Bilder sogar noch reproduzieren und sie sich damit verfügbar machen kann. Konkurrenz entsteht dem Fernsehen erstmals durch die Bild-Ton-Kassette bzw. in Totalität durch eine Kombination von Kassette, Kabel und computergesteuertem Selbstwähl- bzw. Abrufsystem. Jeder Zuschauer sein eigener Programmdirektor, lautet das Schlagwort. Dies wird, dies muß Konsequenzen haben. Das Ende des Monopolbewußtseins markiert den Wendepunkt, an dem wir gegenwärtig stehen.

(...) Auch durch die technologischen Entwicklungen, die neuen Medien unbedroht, unschlagbar bleibt das Fernsehen, wo es - mit dem Anspruch authentisch und unmittelbar dabei zu sein - über Dinge berichtet, von denen man unmittelbar etwas erfahren möchte. (...)

4. Ein neuer Typ von Programmacher: Der neue Typ von Programmacher wird sich bewußt gemacht haben, daß er trotz allem Bemühen die Wirklichkeit nur ausschnittweise und bruchstückhaft vermittelt, daß das Objektiv der Kamera nicht objektiv ist, da die von ihm getroffene Auswahl immer schon ein mehr oder minder bewußtes und reflektiertes Bild vom Menschen und der Gesellschaft voraussetzt. Er wird sich aber nicht nur dieser Bedingungen seiner Arbeit bewußt sein, sondern sie vor allem seinen Zuschauern bewußt machen. Dies wird das bisherige Verhältnis von Sender und Empfänger von Grund auf verändern, das durch die Autorität des Informierenden und das Vertrauen des Informierten auf die Objektivität der Informationen geprägt war. Die Einbahnstraße Sender - Empfänger wird damit geöffnet für den Gegenverkehr. Dialog und Diskussion treten an die Stelle von puren "Nachrichten", Verlautbarungen mit offiziös-amtlichen Charakter. Das ist zugleich der Schritt von einer mehr naiven, unmittelbaren Wirklichkeitserfassung vornehmlich durch das Bild hin zu einer stärker rationalen und reflektorischen, d.h. analysierenden durch Begriffe und Sprache."[170]

Kreativität als Alternative zu finanziellen Zwängen. ZDF-Programmdirektor Gerhard Prager vor den Fernseh-Produzenten (1974)

"ARD und ZDF beabsichtigen bekanntlich, nach der Erprobung der großen Programmschemaänderung vom 1. Oktober 1973 Korrekturen am bestehenden Schema vorzunehmen. Dabei sollten die Erfahrungen des letzten Jahres und die Analyse des veränderten Sehverhaltens neben der finanziellen Situation mit einfließen. Noch mußte das geltende Koordinierungsabkommen bis zum 1. Oktober 1975 verlängert werden. Trotz der Verzögerung wird sich in den für die Zukunft geplanten Sendevorhaben des ZDF ein wichtiger Teil meiner Programmthesen verwirklichen lassen, die ich bei Antritt meines Amtes im vergangenen Jahr als mein Rahmenkonzept vorstellen konnte. So etwa meine These von der "Verstärkung und Förderung von interredaktionellen Kontakten" oder aber meine These von der "Entwicklung neuer Präsentationsformen zum Zwecke einer sinnvollen Nutzung unausgeschöpfter Archivwerte". Insgesamt werden auch sie ein Beitrag sein zu der von uns allen geforderten Kreativität, die allein unsere verringerten finanziellen Möglichkeiten ausschöpfen kann. Der Grundcharakter dieser Programmvorhaben sei kurz skizziert:

1. Es sind kostensparende Programme.

---

170 Ausschnitte aus: Dieter Stolte: Fernsehen von Morgen - Analysen und Prognosen. In: Aktueller Fernsehdienst, Nr. 4. 1974. S. 1f.

2. Es sind Programme, die Rücksicht nehmen auf sich ebenfalls verschärfende finanzielle Situation der Theaterlandschaft.

3. Es sind heitere, unterhaltende Programme.

Es muß also ein gediegenes, der Information wie der Unterhaltung gleichermaßen zugewandtes Programm gestaltet werden, das mit geringerem finanziellen Aufwand auskommt, dabei aber die Verantwortung nicht aus dem Auge verliert, die aus dem Monopol-Charakter der Rundfunkanstalten gegenüber anderen kreativen Kräften - Produzenten, Autoren, Regisseuren, Schauspielern - und damit vor allem auch gegenüber den Zuschauern erwächst."[171]

Hans Abich: Ein paar Wünschbarkeiten (1975)

"Im Verlauf seines Referats zählt Hans Abich ein paar "Wünschbarkeiten" an das Fernsehen auf:

1. Die Montags-Magazine "Report" und "Panorama" möchten die jüngste Übung ihrer "Monitor"-Kollegen aufnehmen und in den 3. Programmen ein Telefon-Feedback unmittelbar nach der Sendung einrichten.

2. Der WDR möge sein kleines Kopfspiel zwischen Geistes- und Naturwissenschaftlern aus dem Nachmittags in das Abendprogramm befördern. (Titel der Reihe: "Kopf um Kopf"/Ein Spiel mit Wissenschaft; WDF)

3. Das Medium möge weniger über Gesellschaft allerorten reden, sondern ein paar sinnreiche Gesellschaftsspiele ausdenken (...).

4. Ein paar Jugendprogramme in der Art, wie wir sie an amerikanischen College-Sendern von Schülern und Studenten gemacht antreffen können.

5. Ein Altersheim-Programm unter Mitbestimmungsregeln.

6. Berichte über regionale Ereignisse, die für das Gesamtprogramm fruchtbar werden können. (...).

7. Literarisch-historische Bezüge als Mittel gegen unsere Nabelschau.

8. Geographische Ortsbeschreibungen (als Service-Sendungen gegen allzu unvorbereitetes Reisen).

9. Behandlung kontroverser Gegenstände der Politik von Fall zu Fall durch zwei Seiten (Wie etwa bei Buchbeschreibungen).

10. Dem technisch und künstlerisch Interessierten zeigen, was Elektronik kann.

11. Rückblendung auf Szenen der Vergangenheit.

12. Prognostische Versuche über die nähere Zukunft, dies beides zur Wiedervorlage und redlichem Vergleich mit der zwischenzeitlichen Wirklichkeit.

---

171 Ausschnitt aus: Kreativität als Alternative zu finanziellen Zwängen. ZDF-Programmdirektor Gerhard Prager vor den Fernseh-Produzenten. In: ZDF-Journal 1974 Nr.24. S.3.

Denn eine Kunst üben wir gewiß zu selten: in der Flut der laufenden Bilder einige zuweilen anzuhalten, zum Stehen und zur abermaligen Betrachtung zu bringen. Es muß ja nicht immer nur das Fußball-Ballett sein."[172]

Dieter Stolte: Standort und Zukunft der Dritten Programme (1974)

"II. Gründe, die für eine Überprüfung der Programmsituation sprechen

a) Die "Alles für Alle"-Ideologie des Fernsehens der Gründerjahre, das die Familie als integrierenden Ort und Hort des gesellschaftlichen Lebens ansah, wird immer mehr durch eine Zielgruppenorientierung abgelöst.
Was sind Zielgruppen? Zielgruppen sind nicht ohne weiteres identisch mit jenen Minderheiten, die viele Jahre den allzu spezifischen Bildungsgestus unserer Dritten Programme ausmachten. Zielgruppen sind keine festgefügten und klar auszumachenden Zuschauergrößen, obwohl man sie an Bildungsstufen, Interessensskalen und Altersgruppen orientieren könnte. Sie bilden sich vielmehr spontan aus sozialen Bedürfnissen, historischen Konstellationen, humanitären Verpflichtungen, kurzum, sie sind in erster Linie Gruppierungen, die sich aus der Defizitsituation von Individuen ergeben.

b) Die im 1. und 2. Programm in den zuschauerrelevanten Zeiten von 18.00 bis 22.00 Uhr (siehe hierzu die Tagesablaufuntersuchungen 1970/71) zur Verfügung stehenden Termine reichen bei den immer differenzierter werdenden Bedürfnissen nicht mehr aus, um alle Anforderungen abzudecken. Zuschauergruppen oder Zielgruppen, die bisher keinen Anspruch erhoben, müssen befriedigt werden. Man denke an Kinder, Jugendliche, alte Leute, Hausfrauen etc..

c) Die bisher aufgewandten Kosten, die eher noch steigen als fallen dürften, stehen in keinem angemessenen Verhältnis zu Nutzung der Programme. Damit stellt sich die Frage, ob wir die richtige Programmkonzeption hatten. Meines Erachtens nein: es wurden und werden Programme präsentiert, die man besser mit der "Briefpost" versenden sollte.

d) Die Veränderungen, die sich in den Sehgewohnheiten der Zuschauer durch die Programmkonstellation ab 1. Oktober 1973 ergeben haben oder noch ergeben können. Es ist zum Beispiel zu beobachten, daß - sieht man von den Unterhaltungs- und Spielangeboten um 20.15 Uhr einmal ab! - für eine Reihe von anspruchsvollen Programmen etwa in der Zeit ab 21.00 Uhr eine gute Einschaltchance besteht.

e) Nicht nur programmkonzeptionell, sondern auch programmpolitisch bzw. programmtaktisch ist eine wachsende Konkurrenz zwischen ARD und ZDF

---

172 Ausschnitt aus: Hans Abich: Ein paar Wünschbarkeiten. In: TV-COURIER Nr.22 / 9.6.1975. S.5f.

(im 1. und 2. Programm) festzustellen. Alle Erfahrungen der Vergangenheit deuten darauf hin, daß eine solche Wettbewerbs-Verschärfung zu Frustrationen bei den Zuschauern führt.

III. Hinweise und Anregungen für eine Weg in die Zukunft

1. Konzeptionelles Eigengewicht entwickeln

a) Es ist notwendig, die Klippe zwischen elitär und populär zu vermeiden. Dazwischen muß es einen mittleren Weg geben. Dieser Weg kann nur in einer stärkeren Berücksichtigung von Zielgruppen sowie in der konsequenten Ergänzung des 1. und 2. Programms liegen. Das ist keine negative Ausgangsposition, denn das Entdecken von Marktlücken gehört zu jeder erfolgreichen Programmstrategie.

b) Es ist ratsam, das Programm weder nur zentral noch ausschließlich regional anzulegen. Zwischen beiden extremen Positionen muß es ebenfalls einen mittleren Weg geben. Das heißt, man muß flexibel und undogmatisch vorgehen.

Fallweise:

-   bi, tri- oder auch multilaterales Zusammengehen aus aktuellem Anlaß (d.h. Themen, die die Region und darüber hinaus betreffen);

-   aus punktuellen, konzeptionellen Gründen (Weihnachten, Ostern oder besonderen Wochen) Zusammenschaltungen von zwei, drei oder auch allen 3. Programmen.

Solche Verfahrensweisen sind Fingerübungen und praktische Versuche, neben dem 1. und 2. Programm ein neues eigenständiges Gesicht und Profil der 3. Programme zu entwickeln, das kein bloßer Abklatsch der großen Konsumentenprogramme von ARD und ZDF sein darf." [173]

Programmstrukturdebatte

Richard W. Dill: "Programm ist süß - Struktur ist sauer". Überlegungen zur Programmstruktur des Fernsehens (1975)

"Programmstruktur ist das Gefüge, das System, welches regelt, wann mit welchem Gewicht welche Einzelsendung "ins Programm kommt". Da Sendungen nicht von selbst ins Programm kommen, muß gefragt werden: durch welches System, durch welche Kriterien wird bestimmt und geregelt, was im Programm erscheint? Welche

---

173 Ausschnitt aus: Dieter Stolte: Standort und Zukunft der Dritten Programme. In: FuB 8 ('74), Nr.1/2. S.45f.

Faktoren sind dafür verantwortlich? Wie kann man ein solches System beschreiben? Zuerst verstehen und beschreiben, dann bewerten und verändern! Statt zu fragen, ob Fernsehen an sich gut oder schlecht sei, oder ob Löwenburger gestern einen guten oder schlechten Tag hatte, muß bohrender und präziser nach den Strukturgesetzen gefragt werden, die dafür verantwortlich sind, daß Löwenthal und Merseburger gerade an diesem Tag und zu dieser Zeit und in dieser Lage zu Wort kommen, oder daß sie eines Tages verschoben, verkürzt, verdünnt, ausgetauscht oder einer ungebremsten Konkurrenz ausgesetzt werden.

Das ist alles sehr viel konkreter, als es scheinen mag. Denn wer Programm machen möchte und mit Sendungen ins Programm möchte, hat ja im Rahmen einer Struktur, die quantitativ nicht mehr expandiert, nur zwei Möglichkeiten: er muß im Rahmen der Struktur jemand hinausdrängen und sich an dessen Stelle setzen. Oder er muß die Struktur so verändern, daß andere Themen, Sparten und Macher zum Zuge kommen können. Wer die Verteidigungsschlachten um wohlerworbene Spartenrechte bei der soeben abgeschlossenen ARD/ZDF-Strukturdebatte verfolgt hat, weiß wovon die Rede ist.

Wer ins Programm möchte, kann sich selten auf eine abstrakte und isolierte Qualität seines Schaffens und Planens berufen. Er muß auch sagen können, wann und wo und durch wen sein Beitrag plaziert werden kann. Selten wird ein Programmverantwortlicher einen Vorschlag mit der Begründung abwimmeln, hier handele es sich um offensichtlich und eindeutig Minderwertiges. Er wird Strukturgründe geltend machen: zu lang, zu kurz, keine Sendezeit für diese Sparte, kein Montags- (Dienstags- usw.) Thema. Kein strukturkonformes Format, eher wohl ein Nachmittags- oder ein Regionalthema und dafür sei bitte der Kollege zuständig.

Es lohnt sich also, über Struktur zu reden. (...)[174]

Hans Abich: Bemerkungen zum Fernsehprogrammangebot der ARD[175] (1975)

"(...) Das derzeit noch geltende Programmschema für ARD und ZDF ist durch Dreierlei gekennzeichnet:

a) den Ausgangspunkt, daß die Freizeit der meisten Bürger abends früher als früher beginnt und seine Fernsehbereitschaft dem entspricht,

b) die Folgerung des ZDF, sein Hauptabendprogramm schon um 19.00 Uhr (statt um 20.00 Uhr wie bei der ARD) anzufangen,

c) die Nebenwirkung, daß die ARD-Tagesschau an zweieinhalb Abenden der Woche um 20.00 Uhr Punkte verloren hat und damit ein deutlicher Schritt zur quasi-Marktteilung zwischen beiden Kanälen getan wurde. (...)

---

174 Richard W. Dill: "Programm ist süß - Struktur ist sauer". Überlegungen zur Programmstruktur des Fernsehens. In: epd Kirche und Rundfunk Nr. 52. 1975 S.1f.
175 Ausschnitte aus einem überarbeiteten Vortrag, den der Programmdirektor Deutsches Fernsehen Hans Abich anläßlich des ARD-Presse-Seminars vom 27./28.5.1975 in Königstein/Taunus gehalten hat. Zitiert nach Media Perspektiven Nr.6 Ffm 1975. S.247f.

Nach dem bisher Ausgeführten kann auch bei Gutgläubigen kein Zweifel daran bestehen, daß das Fernsehprogrammangebot der ARD nicht aus reiner Kreativität, aus schöner Willkür, aus immer aktueller Witterung, aus feuilletonistischem Eros, aus journalistischem Kundschaftertum, aus dem Spürsinn von technischem Schwergewicht befreiter Kamera hervorgeht, sondern an vielerlei Bindungen geknüpft ist. Diese Bindungen sind da Planung und Etat, Sparte und Quote, Placierung und Programmanteil, Koordinierung und Kontrast, Themenkonkurrenz und Überschneidung.

Im öffentlichen Ansehen steht die Koordination nur vor der Wahl zweier Übel: erkannt zu werden oder unbekannt zu bleiben. Wie dem auch sei, sie ist Beschwerde-Instanz, der man eine mangelnde Beweglichkeit im Programm zuschiebt, und in der Tat: Aus dem Gedächtnis lassen sich sogleich ein Dutzend Koordinierungsphasen in Erinnerung rufen, die mehr oder weniger deutlich mitgespielt haben:

- als das Deutsche Fernsehen begann,

- als ein vorläufiges Zweites Programm in eigener Regie (für zwei Abendstunden) dazukam, während sich ein Adenauer-Fernsehen in seinen Absichten verfing,

- als das ZDF auf 19.00 Uhr mit 'Heute' ging,

- als wir uns über die Regionalzeit von 18.00 bis 20.00 Uhr erfolglos Gedanken in unserer Arbeitsgemeinschaft machten,

- als wir die politische Schutzzone am Mittwoch auflösen wollten,

- als wir neidisch wurden auf die unkoordinierten 3. Programme,

- als wir den Gedanken je eines starken Wochenendabends für 1. und 2. Programm hatten,

- als wir den Gedanken an klare Gewohnheitsplätze für vermeintliche Mehrheiten und Minderheiten hatten,

- als wir uns schließlich mit der Unterhaltungsschutzzone am Wochenende zugunsten des Publikums "revanchierten".

Das Publikum sieht aber nicht Strukturen, sondern sieht Programm. Es schaut auf die Uhr und fühlt sich gestört durch Überschneidungen mit Programmen, die es zu gleicher Zeit, sprich also zu anderer Zeit, sehen möchte. Das Publikum macht nicht einmal Frieden mit dem Abstellknopf, wenn es zur gleichen Stunde kaum eine seiner Interessen berücksichtigt sieht. Angebot und Nachfrage sind nicht identisch und können nicht identisch sein.

Struktur, lassen Sie mich dieses ketzerische Wort noch sagen, ist leider nach meiner bescheidenen Erfahrung ein Ding, mit dem man sich selbst und das Publikum vom Inhalt ablenken kann. Und ich hoffe, daß wir nach der Strukturdebatte wieder zu Inhalten und Formen in beiden Systemen gedeihen können, die wieder mehr Spaß machen als das Kästelwesen. (...)

Die Dritten Programme haben ursprünglich zwei Intentionen und Konzeptionen zu erkennen gegeben, mit deren Hilfe sie sich vom Ersten Fernsehen abzuheben gedachten. Die eine ist eine pädagogisch-wissenschaftliche, und die andere ist eine journalistische Konzeption. Von da her unterscheiden sich z.B. das Bayerische Studienprogramm und das Westdeutsche Fernsehen erheblich. Das Bayerische Dritte hat von Anfang an den belehrenden, den Bildungscharakter, betont, während beim Westdeutschen Fernsehen der Informationscharakter, die Aktualitätsbezogenheit dominieren sollte. (...)

Selbstverständlich ist das nicht alles. Als wesentliche Merkmale kamen hinzu: der künstlerisch-experimentelle Charakter - das Dritte als Spielwiese für Innovationen - und die Tendenz der Regionalisierung. Da die eigentlichen Regionalprogramme zwischen 18.00 und 20.00 Uhr nicht beliebig ausdehnbar sind, wanderten Teile der Landespolitik, regionale Kultur- und Sportberichte in die Dritten ab. Von Unterhaltung ist in keiner Konzeptionserklärung die Rede - was sich mit der Programmrealität so gar nicht decken will. Hier hebt sich gerade das konzeptionell gebildetste Dritte Programm am meisten von seiner tatsächlichen Erscheinungsform ab, gewiß zu seinem Vorteil. (...)

Die Dritte Programme scheinen in den letzten Jahren in der Tat eine Art Vorreiterfunktion für das Erste Programm wahrzunehmen, und hierfür sind Talk-Shows oder Serien wie "Ein Herz und eine Seele" ein Beispiel. Aber darüber hinaus fällt ganz allgemein ein Mangel an Darstellungsnormen im Fernsehprogramm auf."[176]

Norbert Schneider: Wann soll man senden oder was soll man senden? Nach dem neuen Programmschema von ARD und ZDF (1975)

"Es besteht nicht der geringste Anlaß, sich erschöpft und einmütig zurückzulehnen. Die Frage, wann man etwas senden soll, ist gewiß wichtig. Die Plazierung brisanter Sendungen mitten in der Nacht beweist das leicht. Aber sekundär bleibt diese Frage auch dann. Gegen allen Anschein, daß hier der Platz zum streiten ist (und zur anschließenden Versöhnung) - die erste Frage heißt noch immer: was soll man senden? So ist der eigentliche Gewinn der neuen Vereinbarung weniger dieses oder jenes Detail, sondern ein freier Rücken. Das nächste Mal wird nicht nur über Programmplätze zu diskutieren sein. Das nächste Mal wird die zusätzliche Frage nicht nur heißen: in welchem Bunde das Dritte? Man wird dann wohl oder übel auch über Inhalte reden müssen. Der bestehende Rückgriff auf jenen Programmauftrag, der heute nur noch in die blank gewetzten Begriffe Information, Unterhaltung und Bildung gefaßt werden kann, wird in zwei Jahren endgültig eim Fehlgriff sein.

---

176 Ausschnitte aus: Hans Abich: Bemerkungen zum Fernsehprogrammangebot der ARD. In: Media Perspektiven. Nr. 6. Ffm. 1975. S. 247f.

Die Erfahrung, wie mühselig es ist, ein neues Schema auszuhandeln, sollte alle Beteiligten ermuntern, für die Frage nach dem Programmauftrag unter gewandelten Bedingungen unter den Voraussetzungen neuer Technologien und eines neuen Bedarfs, keine Zeit zu verlieren."[177]

Günter Rohrbach: Zur Programmstruktur-Debatte Deutsches Fernsehen ARD (1976)

"Die Diskussionen um die Strukturreform der ARD zeigt, wie beängstigend der Blickwinkel sich verengt hat, wie sehr der Programmauftrag Informationen gleichgesetzt wird mit Tagesgeschehen, mit aktueller Politik. Dabei gilt doch seit langem als gesicherte Erkenntnis: So wenig Unterhaltung ein Monopol der Unterhaltungsabteilungen ist, so wenig ist Information und Bildung ein Monopol der journalistischen Programmbereiche. Der Auftrag des Gesetzgebers an die Rundfunkanstalten ist nicht additiv sondern integrativ zu verstehen und in der Realität der Arbeit auch stets so begriffen worden.

Fernsehspiele wie "Smog", "Eintausend Milliarden", "LH 615", "Eine große Familie", "Liebe Mutter, mir geht es gut", "Die Tanner-Hütte" usw. haben aus unterschiedlichen Positionen gesellschaftliche Zusammenhänge deutlich und für viele Zuschauer überhaupt erst verstehbar gemacht.

In Talkshows, so umstritten sie sein mögen, wird Öffentlichkeit in einer Weise hergestellt, wie dies den meisten Informationsprogrammen fremd ist. Es wäre freilich ein Mißverständnis, nur solchen Filmen und Unterhaltungssendungen einen Informationswert zuzuordnen, die sich mit konkreten politischen Sachverhalten auseinandersetzen. Ein so unpolitischer Film wie Bergmanns "Szenen einer Ehe" leistet für das Verständnis dieser Welt, der Beziehungen, in denen wir leben, mehr als Dutzende von Magazinsendungen.

(...) Besonders im politischen Raum gibt es zweifellos Wunschvorstellungen nach einer möglichst säuberlichen Trennung des Programms in einen unverbindlichen Unterhaltungsteil und in einen auf Selbstdarstellung der politischen Kräfte fixierten Informationsteil. Schriftsteller, Filmregisseure, Künstler haben einen Grad von Unberechenbarkeit, der in einem für die Verteilung der Markt- und Machtanteile so wichtigen Medium etwas Beunruhigendes haben könnte. Ist es das, was die Kritiker fürchten?"[178]

---

177 Ausschnitt aus: Norbert Schneider: Wann soll man senden oder was soll man senden? Nach dem neuen Programmschema von ARD und ZDF. In: epd Kirche und Rundfunk 1975 Nr.39/40 S.3.
178 Ausschnitt aus: Günter Rohrbach: Zur Programmstruktur-Debatte Deutsches Fernsehen ARD. In: TV-Courier Dezember 1976.

Forderungen an die Programmacher

Dieter Stolte: Mehr Spielraum - mehr Programmalternativen. Fernsehschaffende sollen die Welt der Zuschauer präsentieren (1976)

"Die thematische Zielsetzung für das Programm läßt sich in einigen Thesen formulieren. In einer Reihe von Fällen handelt es sich dabei um eine stärkere Ausprägung bereits vorhandener Ansätze, so daß die Kontinuität der ZDF-Programmarbeit durchaus gewährleistet bleibt.

1. Fernsehen wird für den Zuschauer gemacht. Das heißt für die Programmacher, den Zuschauern Orientierungshilfen zu geben, ohne sie zu bevormunden.

2. Fernsehen ist ein Transportmittel. Es hat also für jene 80 % unseres Volkes da zu sein, die über eine Grundschulausbildung verfügen, da ein Teil nicht einmal über eine berufliche Ausbildung und die - mehr als andere - darauf angewiesen sind, was das Fernsehen ihnen anbietet. Dies bedeutet nicht, die anderen 20 % zu übersehen, die im Aufnehmen neuer Perspektiven und Dimensionen eine Katalysatorfunktion für die Gesellschaft haben.

3. Fernsehen ist ein soziales Kommunikationsmittel. Redakteure, Autoren und Regisseure sollten dem Volk aufs Maul schauen.

4. Fernsehen ist ein Medium der Entspannung. Die Zuschauer haben einen Anspruch darauf, sich durch Programme zu unterhalten."[179]

Dieter Stolte: Produktivität contra Kreativität? (1978)

"Diese Forderung (...) ein angemessenes Verhältnis von finanziell Nötigem und programmlich Möglichem herzustellen, rückt damit die Anwendung moderner Führungs- und Planungsmethoden im Fernsehen in den Vordergrund. Allein schon durch den Einsatz kostenintensiver und technisch komplizierter Produktionsmittel, wie sie elektronische Studios, Übertragungswagen und die Sendetechnik darstellen, sind Fernsehanstalten mit industriellen Großbetrieben und den ihnen eigenen Gesetzlichkeiten zu vergleichen. Selbstverständlich arbeiten sie als Anstalten des öffentlichen Rechts nicht wie Unternehmen der privaten Wirtschaft nach dem Prinzip der Gewinnmaximierung, sondern ausschließlich nach dem Prinzip der Kostendeckung.(...)

Das gemeinsame Arbeitsziel von Redaktionen, Produktion/Technik und Planung ist also die Erfüllung der gestellten Programmaufgabe. Diese an sich selbstverständliche Feststellung wird leider nicht immer so selbstverständlich aufgefaßt. Denn manche Friktion im täglichen Ablauf rührt daher, daß abweichende Ziele

---

179 Dieter Stolte: Mehr Spielraum - mehr Programmalternativen. Fernsehschaffende sollen die Welt der Zuschauer präsentieren. In: Fernseh-Informationen 1976 Nr.7. S.144.

verfolgt werden, die der Stärkung des eigenen Einflußbereiches, dem Prestige (oder was man dafür hält), der Befriedigung von Geltungsbedürfnis, kurz der Eitelkeiten dienen, nicht jedoch dem Programm und seiner Qualität.

Die Grundregeln für die Zusammenarbeit im ZDF beginnen daher nicht ohne Absicht mit dem mahnenden Postulat: "Jede Tätigkeit im ZDF dient der Erfüllung der Programmaufgabe." Die Anpassung des Fernsehprogramms an sich ändernde gesellschaftliche Bedürfnisse, individuelle Erwartungen der Zuschauer und die technische Entwicklung erfordern, alle Tätigkeiten immer wieder zu überprüfen, zu erörtern und an überarbeiteten Zielsetzungen neu zu orientieren. Für alle, die im Rundfunk tätig sind, wäre es sicher nützlich, sich häufiger einer so schlichten Formulierung des Arbeitszieles zu erinnern.(...) Dem verständlichen, bis zu einem gewissen Grade auch berechtigten Einwand, alle diejenigen, die nach dem Autor, nach dem Ideengeber kommen, seien mehr oder weniger mechanisch Ausführende, begegnet das Medium mit dem Hinweis auf seine spezifischen Möglichkeiten. Jede Kameraeinstellung, jeder Schnitt sind, genau genommen, das Ergebnis subjektiver Entscheidungen; Entscheidungen, die von Mitarbeitern des Teams und nicht vom Autor getroffen werden. Ihre Sachkenntnis, ihre Erfahrung, ihre Wahrheitsliebe und ihre Phantasie fließen auf eine vielfältige, im einzelnen kaum zu analysierende Weise in das Gesamtprodukt ein, einmal mehr, einmal weniger. Erst das Zusammenwirken aller, auch derer, die im Einzelfall nur dienende Funktion haben können, macht das Gesamtergebnis möglich."[180]

Helmut Jedele: Plädoyer für eine Programmdramaturgie (1976)

"Eine Sendung ist noch kein Programm, und auch die Kritik einzelner Sendungen noch keine Programmkritik. Schon die flüchtige Betrachtung einer einzelnen Programmwoche verleitet zu der Feststellung: die Programme sind besser als das Programm. Jedes Fernsehprogramm ist zwangsläufig eklektizistisch. Gleichzeitig repräsentiert es aber in seiner Gesamtheit den Zustand einer Gesellschaft und ihrer Kultur. Wird das Programm zu mehr oder weniger schematischen und damit eigentlich zufälligen Aneinanderreihung von Einzelstücken, degradiert sich die Sendeanstalt zum elektronischen Versandhaus, dessen sorgfältig hergestellte Waren zwar nach einem Schema, aber ohne ausreichende gesellschaftliche und kulturelle Bezüge verteilt werden. ganz so weit ist es mit unserem Fernsehen noch nicht gekommen, es scheint aber erlaubt zu sein, zu behaupten, daß die Bedeutung der Struktur und des Aufbaus der Abend- und Wochenprogramme, der Verteilung der Höhepunkte, der Häufigkeit, der Vielfältigkeit der verschiedenen Sparten unterschätzt wird. Bei der Komposition der Programme geben offensichtlich mehr organisatorische Prinzipien den Ausschlag, das bloße Sich-Kümmern um die Versorgung des Publikums, als kreative Anstrengungen. Dabei ist der Aufwand an Phantasie und Bemühung für die einzelne Sendung weitgehend vertan, mindestens aber

---

180 Ausschnitt aus: Dieter Stolte: Produktivität contra Kreativität? In: Fernseh-Informationen, Nr.14 1978.

kaum noch spürbar, wenn sie aus organisatorischen Gründen am falschen Platz sitzt. Hunderte von Redakteuren, Dramaturgen, Regisseuren, Abteilungsleitern innerhalb und außerhalb der Anstalten, Autoren, freie Produzenten und viele andere haben ihr Augenmerk auf die möglichst hohe Qualität der einzelnen Programme gerichtet. Mit vielerlei anderen Aufgaben überhäufte Intendanten, Programmdirektoren, Hauptabteilungsleiter und Programmbereichsleiter, unterstützt von einer Handvoll hauptberuflicher Programmplaner, beschäftigen sich mit dem Gesamtprogramm. Nimmt man die Aufgabe des Programmachers ernst, so scheinen sie überfordert, einige von ihnen auch resigniert angesichts der geringen Aufmerksamkeit, die Öffentlichkeit und Kritik der gelungensten wie auch der mißlungensten Programmzusammenstellung widmen."[181]

Veränderungen im Programmangebot angesichts der Zukunftsprognosen

Karl-Günther von Hase: Das ZDF heute und morgen (1977)

"(...) Es (das Fernsehen Anm. J.B.) informiert umfassend. Es ergreift Partei, wenn es um die Infragestellung unserer demokratischen Ordnung geht. Unterhalb dieser Schwelle aber bietet es zu den bewegenden Fragen der Zeit eine Vielzahl von Informationen und Meinungen, es bemüht sich, insgesamt unparteilich zu sein, und seine Aufgabe liegt nicht zuletzt in der Anleitung zum gegenseitigen Verstehen. Es soll nicht Vorreiter dieser oder jener gesellschaftlichen oder politischen Richtung sein, sondern eine treuhänderische Funktion für viele ausüben. Im bewegten Spiel der verschiedenen Kräfte bietet sich ein Bild des Ganzen, und das Fernsehen erfüllt dann seine Aufgabe, wenn dieses Ganze auf seinem Bildschirm deutlich wird. (...)
Der im Staatsvertrag so knapp formulierte Programmauftrag bleibt das höchste Gebot für alle unsere Anstrengungen. Es ist mein Ziel, und das meiner Mitarbeiter, die Qualität der Programminhalte ständig zu verbessern, einen Programmstil zu entwickeln, der die Buchstaben ZDF zu einem immer mehr geachteten und unverwechselbaren Markenzeichen macht, und unsere Zuschauer durch Qualität und differenziertes Angebot zum selektiven Fernsehen zu führen und zu erziehen.
Die Nutzung des Mediums Fernsehen wird sich - das beweisen alle Zuschauerzahlen - kaum noch wesentlich steigern lassen. Das Angebot wird aber vielfältiger, das heißt, um es ökonomisch auszudrücken, der Kampf um den Markt wird heftiger werden. Unsere Anstrengungen werden daher darauf gerichtet sein müssen - zum Besten der Zuschauer - , in diesem Wettkampf oben zu bleiben. (...)
Meine 'Vorgaben' für die Programmkonzeption der kommenden Jahre sind die folgenden: Das Fernsehprogramm, das im Gegensatz zu anderen Medien eine Verpflichtung für die Allgemeinheit hat, sollte mit den erkennbaren gesellschaftlichen Grundströmungen unserer Zeit in einem gewissen Einklang stehen. Wo bisher vielfach Programme in der Darstellung gesellschaftlicher Konflikte endete,

---

181 Ausschnitt aus: Helmut Jedele: Plädoyer für eine Programmdramaturgie. In: Werner Brüssau u.a. (Hrsg.): Ein Medium sieht sich selbst. Mainz 1976. S.38.

sollte stärker der oft auch vorhandene Konsens betont werden. Fernsehen soll mithelfen, Undurchschaubares erfaßbar zu machen, Lebens- und Orientierungshilfe in einer für viele Mitbürger heillosen Welt zu bieten. Fernsehen soll das soziale Bindegewebe in unserem Volk stärken. In dieser integrativen Funktion sehe ich seine Hauptaufgabe.

Das bedeutet keineswegs, unter Umgehung des Programmauftrags, der ein Bild der Wirklichkeit verlangt, dort eine heile Welt zu suggerieren, wo keine ist. Es bedeutet vielmehr, die Fernsehkamera, die ja immer nur einen Ausschnitt aus der Wirklichkeit bieten kann, stärker auf das Verbindende in unserer Gesellschaft zu richten, ohne das Trennende auszulassen. Minderheiten sollen und müssen weiterhin zu Wort kommen, weil sie Teil der Wirklichkeit sind, aber eben nur Teil. Darüber dürfen die Rechte der Mehrheit unseres Publikums am Programm nicht zu kurz kommen. Das betrifft die informatorische ebenso wie die unterhaltende Funktion des Fernsehens.(...)

Wir werden bemüht sein, unsere Informationssendungen weiter zu verbessern. Es kommt nicht auf die Masse der Nachrichten an, sondern auf die Qualität, ihre Darbietung, ihre Objektivität und ihre umfassende Darstellung. Das 'heute-Journal' ab Januar 1978 (...) ist ein erster Schritt. Wir werden uns daneben und nacheinander Auftrag und Realisierung der Magazinsendungen in beiden Direktionsbereichen ansehen und mit den Mitarbeitern und in den zuständigen Fernsehratsausschüssen prüfen, ob konzeptionelle Änderungen erforderlich sind.(...)

Die Gemeinschaft unseres ganzen Volkes soll sich in unserem Programm dokumentieren in stärker informatorischer Berichterstattung aus der und über die DDR und in einer quantitativen und qualitativen Verbesserung der Berichterstattung aus den einzelnen Bundesländern.

Wir wollen im Programm die europäische Idee stärken. Die Programm-Macher, die mit Europa befaßt sind, sollten sich dabei bewußt sein, daß man dem Thema Europa mit steriler Kommunique-Wiedergabe von ergebnislosen Nachtsitzungen vor dem Hintergrund langweiliger Glas - und Betonwände der europäischen Zentren eher schadet als nutzt. Viel stärker sollten stattdessen die Menschen Europas in ihren Sorgen und Freuden vor der Kamera zusammengeführt werden. Fernsehen, das hat die Wirkungsforschung immerhin herausgefunden, vermag im Meinungsbildungsprozeß nicht mehr und nicht weniger als andere Medien; aber es vermag viel im Atmosphärischen. Und mithelfen, eine Europäische Atmosphäre zu schaffen, ist ein Ziel, das sich gerade für uns Deutsche lohnt.(...)

Aspekte der geschilderten Wirklichkeit stellen sich auch im Fernsehspiel und in geeigneten Spielserien dar. Gerade das Spiel auf dem Bildschirm, das es dem Zuschauer ermöglicht, sich einfangen zu lassen und sich zu entspannen und eben nicht in distanzierter Beobachtungshaltung einem Vermelder von Informationen und Meinungen gegenüberzusitzen, ist geeignet, Bewußtsein zu beeinflussen und "Stimmungen" zu schaffen. Deshalb kommt auch unseren Mitarbeitern, die dramaturgisch tätig sind, eine große journalistische Verantwortung zu. (...) Der Stoff der Spielserien soll ein fairer Querschnitt unserer sozialen Wirklichkeit sein.(...)

(...) Wichtig erscheint mir auch, daß wir bei der Gestaltung von Programmin-
halten darauf sehen, daß der Passivität, die ja im Betrachten eines Ablaufs auf dem
Bildschirm von vornherein gegeben ist, entgegengewirkt wird. Das Programm soll
bei den Zuschauern Selbstvertrauen und einen Anreiz zu einer vita activa vermitteln. Es soll nicht bloße Freizeitkonsumption und Berieselungsanlage sein, sondern
Initial für Eigeninitiative im Denken und Handeln.(...)

Zum Programmstil gehört nicht zuletzt die Art der Präsentation unserer Sendungen, also die Programmankündigungen und -verbindungen. Hier können wir
uns noch einen beträchtlichen Teil mehr Ungezwungenheit und im rechten Sinn
verstandene "Menschlichkeit" leisten. Die Programme werden oft noch zu steril
und ohne innere Anteilnahme angekündigt. Zu einer "Programmverbindung" gehört gelegentlich auch, daß man zu dem soeben Gezeigten noch einmal Bezug
nimmt, ehe man das Neue ankündigt. In diese Überlegung gehört auch eine Überprüfung des Einsatzes von Spots und Trailern, also der kurzen Programmvor-
schauen.(...)

Das Programmangebot muß umfassend und klar und möglichst einfach strukturiert sein. Unsere Zuschauer sollen schon ohne genaues Programmstudium wissen,
welche "Sorte" Programm sie an welchen Tagen und zu welcher Uhrzeit erwarten
können.

Unser Programm soll für viele Zuschauer ein Videmecum durch den Fern-
sehtag werden. Dabei kommt es nicht allein auf die große Einschaltzahl an. Jeder
soll in den Programmen, die er mit seinem Apparat empfangen kann, das sehen,
was ihn interessiert. Fernsehen erfüllt nach meiner Auffassung dann erst überhaupt
einen Sinn, wenn man ausschließlich das Programm einschaltet, das man, aus
welchen Gründen auch immer, sehen möchte. Schon darin liegt ja ein gewisses
Activum, aus das es bei der Nutzung dieses Mediums so sehr ankommt, wenn
Schaden für den Zuschauer verhindert werden soll." [182]

*Dieter Stolte: Was heißt Programmerfolg im Fernsehen? Versuch einer Definition
(1977)*

"Sind nur solche Fernsehprogramme als erfolgreich zu bezeichnen, die von einer
Mehrheit der Zuschauer gesehen werden, und sind entsprechend jene Programme,
die nur eine Minderheit der insgesamt möglichen Zuschauer zu erreichen vermögen als erfolglos einzuordnen? Erfolg ist ein intentionaler Vorgang; er trägt immer
den Bezug auf jemanden oder etwas in sich, bei dem man erfolgreich sein will oder
ist. Erfolg als das positive Ergebnis zweckvollen Handelns rückt einen Handelnden
und ein Gegenüber ins Blickfeld. In der Terminologie der Kommunikationswissenschaft gesprochen: den Kommunikator (letztlich das gesamte Fernsehsystem)
und den Rezipienten (den Zuschauer). Eine Antwort auf die Frage nach der Kate-

---

182 Karl-Günther von Hase: Das ZDF heute und morgen. In: epd / Kirche und Rundfunk, Nr. 67,
    Ffm. 1977. S. 5f.

gorie "Erfolgsprogramm" wird sich daher schlüssig nur aus den mannigfachen Interdependenzen dieser beiden Pole des Kommunikationsprozesses finden lassen.

Nachweisbar ist der Erfolg nur dort, wo er in irgendeiner Form meßbar ist. Am einfachsten sind Quantitäten meßbar. Wenn ein Kommunikator mehr Rezipienten erreicht als ein anderer, gilt er gemeinhin als erfolgreicher. Ist das richtig? Ist ein Mehr an Einschaltungen bei der Verfassung öffentlich-rechtlicher Anstalten gleichzusetzen mit einem Mehr an Erfolg?(...)

(...) "Koordination" von ARD und ZDF läßt sich nur praktizieren in einem Miteinander von Abend zu Abend, wobei man sich bewußt bleiben muß, daß das Optimale, eine Programmabstimmung zu erreichen, die zu jeder Stunde alle individuellen Interessen eines Millionenpublikums befriedigt, eine "Illusion" ist (Dieter Schwarzenau). Entsprechend diesem Zwang zum "geregelten" Miteinander kann sich Programmerfolg im Hauptabendprogramm konsequenterweise auch nur orientieren an der Qualität der Programme und nicht so sehr an der Quantität der Zuschauer, die ein System pro Abend dem anderen abzujagen vermochte.

Der Wettbewerb zwischen ARD und ZDF ist damit keineswegs ausgeschlossen, aber er ist ein grundsätzlich anderer als der zwischen privatwirtschaftlichen Unternehmen. Aufgrund ihrer durch Gesetze - unabhängig von der jeweiligen Leistung - festgelegten Gebühr und einer begrenzten Anzahl von Werbesendungen sind öffentlich-rechtliche Anstalten der Gewinnmaximierung enthoben. Für sie gilt allein der etwas außer Mode geratene Grundsatz öffentlicher Haushalte, daß sich die Ausgaben nach den Einnahmen zu richten haben. Für sie kann Wettbewerb daher auch nur bedeuten, im Programm besser zu sein als das andere System; besser zu informieren, besser zu unterhalten und mehr zur Bildung der Bürger beizutragen. Als soziales Kommunikationsmittel ist das Fernsehen von ARD und ZDF der Gesamtgesellschaft verpflichtet. Die gesetzliche Auflage zur Koordinierung steuert das auch öffentlich-rechtlichen Kommunikatoren eigene Streben nach mehr quantitativem Erfolg, nach mehr Rezipienten. Ihr liegt die Einsicht zugrunde, daß ein solches Erfolgsdenken nur zum Schaden der Zuschauer sein kann und verweist die Mitarbeiter des Rundfunks auf den qualitativen Wettbewerb ihrer Programm.

Es wäre ein völlig falsches Verständnis des Wettbewerbsgedankens, wenn der Erfolg der Programme nur nach der Zahl eingeschalteter Fernsehgeräte beurteilt würde, wie dies einige Rundfunkzeitschriften und Boulevardblätter mit den wöchentlichen "Erfolgshitlisten" tun. Will man den Programmerfolg öffentlich-rechtlicher Anstalten zahlenmäßig erfassen, so ist dies nur auf der Basis der Qualität möglich, die durch das Programmschema für die einzelnen Programme mit vorgeben wird. Es ist beispielsweise sinnlos, eine "Peter-Alexander-Show" als quantitativ erfolgreichste Sendung der Woche zu bezeichnen, wenn sie gegen eine politische Dokumentation gestanden hat. Ein Fernsehspiel oder ein Spielfilm wird eher die beabsichtigte Zielgruppe erreichen, wenn sie regelmäßig und zum gleichen Sendetermin ausgestrahlt werden. Ein politisches Magazin oder ein Kulturfeature werden mehr Zuschauer erreichen, wenn vorher oder danach eine von einer Zuschauermehrheit als besonders attraktiv angesehene Sendung läuft, da erfahrungsgemäß viele Zuschauer nach einer Sendung nicht sofort ab- oder umschalten, und vor einer attraktiven Sendung lieber früher einschalten, um deren Beginn nicht zu verpassen. (...)

Programmerfolg einer öffentlich-rechtlichen Anstalt läßt sich somit thesenartig wie folgt definieren:

1. Im Gegensatz zu privatwirtschaftlichen Unternehmen ist der Programmerfolg mehr von qualitativen als von quantitativen Gesichtspunkten beeinflußt.

2. Seine ihn von der quantitativen Seite her einschränkenden Qualitäten werden bestimmt durch gesetzliche Vorschriften (Staatsvertrag und Programm-Richtlinien). Im Programm vor 20.00 Uhr, in dem Werbung eingeplant werden muß, besteht die Gefahr, daß durch die mangelnde Flexibilität der Programmstruktur eine Programmverbesserung und damit auch der Programmerfolg eingeschränkt wird. Im Hauptabendprogramm wird der Programmerfolg - unter quantitativem Aspekt gesehen - entsprechend der beiden Fernsehsystemen auferlegten Pflicht zur Koordination eingeschränkt. Ja, er wird geradezu festgelegt auf ein Wettbewerbsstreben unter vorwiegend qualitativen Gesichtspunkten. Nicht mehr Zuschauer, größere Einschalt-Zahlen sind das Ziel diese Wettbewerbs, sondern bessere Programmqualität. Das heißt, ein mehr an den Interessen des Publikums (Mehrheiten und Minderheiten) orientiertes und auf diese bei der Vermittlung des Programmauftrages eingehendes Programmangebot.

3. Gemessen an dem eigentlichen Programmerfolg einer öffentlich-rechtlichen Anstalt sind die bisherigen Methoden einer Erfolgskontrolle zu stark an bloßer Quantitätsbetrachtung orientiert. Durch die "Teleskopie" sind zwar Korrekturen erfolgt, mit der sich Programmerfolge zukünftig eher an der Verbesserung der Programmqualität messen lassen. Jedoch ist dies nur ein erster Ansatz, der konsequent weiterverfolgt werden muß, bis die Programmqualität nicht mehr als Appendix zur gemessenen Zuschauerquote veröffentlicht werden muß, sondern umgekehrt.

Nur über diese grundlegende Auffassung öffentlich-rechtlicher Anstalten von einem primär an der Qualität seiner Programme orientierten Programmerfolg und dem legitimen Wettbewerb auf diesem Sektor wird es möglich sein, die starke Bindung der Zuschauer an dieses Medium zu erhalten und zu verstärken. Dies kann der Öffentlichkeit nicht intensiv genug bewußt gemacht werden; denn sind diese Zusammenhänge deutlich geworden, erledigen sich die "Hitparaden der Woche" von selbst."[183]

---

183 Ausschnitt aus: Dieter Stolte: Was heißt Programmerfolg im Fernsehen? Versuch einer Definition. In: epd/Kirche und Rundfunk Nr.69 vom 7. September 1977. S.2f.

Friedrich-Wilhelm v. Sell: Rundfunkfreiheit und Entwicklung für den Rundfunk.
Perspektive 1979 (1978)

"Es wird sich erweisen, daß die Leistungsfähigkeit des öffentlich-rechtlichen Systems diejenige privater oder kommerzieller Systeme bei weitem übersteigt, weil es dem öffentlich-rechtlichen System nicht nur möglich, sondern vorgegeben ist, sich an den Interessen der Gesamtheit der Bevölkerung zu orientieren; d.h. nie nach der großen Zahl schielen zu müssen, sondern neben dem breiten Publikum gleichrangig und ohne Rechtfertigungszwang gruppenspeziellen Interesses Minderheiten, auch solche am Rande des gesellschaftlichen Spektrums, ansprechen zu können.

Die Verwirklichung dieses gesetzlichen Programmauftrags bedeutet zum ersten, den nie nachlassenden und immer wieder geforderten Beitrag zur Willens- und Entscheidungsbildung der Gesellschaft, kurz: zum Funktionieren des demokratischen Prozesses, zu erbringen. In der thematischen Ausfüllung stehen dabei Bund und Land, Region und Gemeinde durchaus gleichrangig nebeneinander, wobei jede Rundfunkanstalt aus ihrer Nähe zum Bürger die Kompetenz zur Öffnung eines Podiums für Interessierte und Betroffene besitzt, ohne selbst Interessent oder Betroffener zu sein. Gleichrangig sehe ich die Ausfüllung des Friedensgebots der Rundfunkgesetze als im Zentrum des Programmauftrags stehend. Mag dieses Gebot nach der Entstehungsgeschichte der Anstalten in der Nachkriegszeit ursprünglich eher pazifistischen Charakter gehabt haben, so kommt ihm heute eine aktive - auf Integration zielende - Verpflichtung zu: Heranführung und Einbindung von Gruppen und Minderheiten, vor allem solcher ohne anerkannte Sprecher in der Öffentlichkeit, an die Gesellschaft und in das Gemeinwesen mit dem Ziel, die Lösung von bestehenden Konflikten zu erleichtern. Als dritte Säule des Programmauftrags sehe ich die inhaltliche Pluralität, die Allseitigkeit der Themenansprache und -behandlung.(...) Wir wissen heute, daß die Legitimation des öffentlich-rechtlichen Systems in seinem gesamtgesellschaftlichen Auftrag und in seiner Tendenzfreiheit liegt. Dem Tendenzschutz in der privatrechtlich organisierten Presse korreliert die Forderung nach Allgemeinbezogenheit im öffentlich-rechtlichen Rundfunk. Das Engagement des Programms kann nur das Engagement für Wahrheit und Pluralität sein.

In diese drei den Programmauftrag kennzeichnenden Aufgaben läßt sich alles einbinden, was an Programminnovation möglich und notwendig und an Programmwahrung verteidigenswert ist. Die Entdeckung der Region - und nicht nur im Programm des deutschen Rundfunks und des Rundfunks im Ausland, sondern in den Selbständigkeitsbestrebungen ethnischer Gruppen in vielen Teilen der Welt - fordert die integrativen Kräfte des Rundfunks in qualifizierter Weise heraus. Die Realisierung von Bürgernähe und die Übernahme der Rolle des Dolmetschers für "sprachlose" Gruppen testet die Fähigkeit des Journalisten, als sozialer Kommunikator zu wirken. Die Öffnung von Mikrofon und Kamera für neue Wege und Versuche literarischer und künstlerischer Präsentation verlangt unsere Bereitschaft, verständnisvoller Mittler und Förderer auf dem Gebiet zu bleiben, das nie in den

Bereich der großen Zahl, der populären Akklamation, geschweige denn der plebiszitären Zwänge, vordringen kann und gleichwohl Baustein der geistigen Lebensqualität der Zukunft sein wird.

(...) Der Rundfunk ist an erster Stelle berufen, die Realität der Zukunft durch beispielhafte, planmäßige, authentische und zeugniskräftige Aufbereitung der Themen des Tages zu entwerfen. Ich sehe vier Themenkomplexe, deren Vermittlung in das Bewußtsein der politischen Öffentlichkeit gegenwärtig (ohne Rangfolge) von besonderer Bedeutung ist:

- die Auswirkungen des neuen Verständnisses der Frau auf Partnerschaft, Familie und Gesellschaft;
- das Verhältnis des Bürgers - des jungen Bürgers zumal - zur wachsenden Freizeit und die Bereitstellung gesellschaftlich sinnvoller Angebote zu deren Nutzung;
- die Einsicht in die Endlichkeit und die steigenden Kosten der gegenwärtig bekannten Energiequellen;
- die Dritte und Vierte Welt, d.h. die unkriegerische Bewältigung des schon klassisch anmutenden Nord-Süd-Konflikts mit den Methoden einer neuen Weltwirtschaftsordnung und einer dementsprechend neuen Informationsordnung.

Die Schwergewichtigkeit dieser Problemkomplexe und ihre wirklichkeitsnahe Vermittlung in unseren Programmen bedeuten nicht, daß der Rundfunk des Jahres 1979 und der 80er Jahre sich dem Leichten und Entspannenden, dem Unterhaltenden und Spannenden zu verschließen hätte. Schon durch die Aufnahme der Stichworte "Freizeit" und "Bürger" kann die Antwort nur lauten, daß wir dringlich darum bemüht sein müssen, legitime Erwartungen auf dem Feld zu befriedigen - und zwar in guter Qualität. Dies ruft nach finanzieller Beweglichkeit im Bereich der Eigenproduktionen ebenso wie nach internationaler Zusammenarbeit bei aufwendigen und exotischen Stoffen und nach noch mehr Spürsinn im Entdecken von Produktionen in anderen Fernsehsystemen, die gekauft und adaptiert werden können.(...)

Aus der gesellschaftlichen Relevanz seines Programmangebots und der interessefreien Darbietung der gefundenen Themen gewinnt der Rundfunk die Legitimation, in Ausfüllung des nach geltendem Recht ausgeprägten Rundfunkbegriffs seinen Anspruch auf die Trägerschaft bzw. Teilhabe an den neuen Medien zu begründen. So paradox es klingt: Das Rundfunk-"Monopol" ist eher berufen und befähigt, die Vielfalt der Programminhalte zu garantieren, als dies eine Öffnung der elektronischen Medien für jeden wirtschaftlich und technisch leistungsfähigen Interessenten bewirken könnte. In absehbar hartem, teilweise hemmungslosem bis ruinösem Kampf um die höchsten Einschaltquoten (und damit Werbeeinnahmen!) müßte das privat-rechtlich organisierte Programm so massenwirksam gestaltet werden, daß unausweichliche Rückwirkungen im Sinne von Verflachung, von

Verlust an Wahrheit und Vielfalt, der öffentlich-rechtlichen Programme prophezeit werden können. Zudem: Wenn heute die Verbände der Zeitungs- und Zeitschriftenverleger so lautstark ihren Anspruch auf eigene Programmträgerschaft in den neuen Medien vertreten: Sind sie sich bewußt, daß die Konkurrenz, der sie sich stellen, nicht in erster Linie diejenige des öffentlich-rechtlichen Rundfunks sein wird? Sie werden vielmehr den Wettbewerb mit den weltweiten Konzernen der Kommunikationsindustrie auszuhalten haben, deren Programmangebot sich orientiert am internationalen Geschmack und Interesse der großen Zuschauerzahl.

(...) Wer das bewährte System des öffentlich-rechtlichen Rundfunks in der Bundesrepublik weiterhin leistungsfähig sehen will, muß es

- unversehrt in seiner Struktur erhalten und dies auch der Politik auf allen Ebenen deutlich machen, einer Politik, die in der öffentlichen Diskussion zum Teil leichtfertig mit dem System umgeht und es wie ein Versatzstück beliebig hierhin und dorthin stellt; und es
- finanziell so ausstatten und sichern, daß es über ausreichend dimensionierte Planungszeiträume (von mindestens vier Jahren bei funktionsfähigem Finanzausgleich für den gleichen Zeitraum) unabhängig von existentiell wirkenden Benotungen frei und ungehindert planen und dann auch kostengerecht wirtschaften kann.

Es muß Schluß gemacht werden mit dem Verschleiß unserer eigenen Kräfte in der Defensive und Rechtfertigung; wir brauchen unsere ganze Kraft, um in einer schwierig gewordenen Gesellschaft für eben diese Gesellschaft unseren Programmauftrag gut zu erfüllen."[184]

Dieter Stolte: Das Fernsehen der Bundesrepublik auf dem Weg in die achtziger Jahre (1978)

"Viele Informationen bedeuten den Zuschauern nichts, sie gehen sie nichts an. Es sind keine "Nachrichten", nach denen man sich richten kann, weil sie nicht den eigenen Lebens- und Erfahrungsbereich des Zuschauers betreffen. Das Besagte bezieht sich nicht nur auf die direkten Informationsprogramme, sondern mehr noch auf Fernsehspiele und -serien. In ihnen wurden häufig nicht nachvollziehbare Geschichten erzählt, Personen vorgestellt, mit deren Schicksal sich die Zuschauer nicht identifizieren können. Die Personen unserer Fernsehspiele waren häufig nur Funktionsträger von Ideen und Verhaltensmustern, mit denen Autoren, Regisseure und Redakteure Gesellschaftsanalyse und -kritik im Gewand des Spiels betrieben, - Spiele als verfilmte Leitartikel, um es überspitzt zu charakterisieren.

---

184 Ausschnitte aus: Friedrich-Wilhelm von Sell: Rundfunkfreiheit und Entwicklung für den Rundfunk. Perspektive 1979. In: ARD-Jahrbuch 1978. Hamburg 1978. S.26f.

Ist nicht die derzeit verbreitete Auffassung über das Fernsehprogramm, es sei "langweilig", exakt der Ausdruck dafür, daß es nicht die Sache der Betroffenen zu seiner Sache gemacht hat, daß es statt dessen irgendeine Welt präsentiert, aber nicht die der Zuschauer, irgendeine Sprache spricht, nicht aber die seiner Zuhörer?

Wenn über das Programm gesprochen wurde und wird, dann häufig, allzu häufig, als Diskussion über Programmplätze, weniger über Inhalte. Und bei dem Gerangel um Programmplätze noch allemal das Gewohnheitsrecht eine wichtigere Rolle als die Infragestellung der Programmleitung: rechtfertigt sie es, eine Sendereihe ad infinitum weiterlaufen zu lassen, so weiter laufen zu lassen? Sind vielleicht andere Programmschwerpunkte zu setzen? Die Immobilität in weiten Programmbereichen, gründend auf einem fragwürdigen Besitzstandsdenken, wird ergänzt und verstärkt durch eine geistige Immobilität, ein mangelndes Gespür für das, was das Publikum benötigt, für das, was es braucht. (...)

Die Forderung, die integrative Funktion des Fernsehens zu verstärken, ist aber nicht auf Informationssendungen und informative Fernseh- und Dokumentarspiele und -serien beschränkt. Darin ist ebenso sehr die Unterhaltung eingeschlossen.(...)

Noch zwei innovatorische Aspekte für die zukünftige Programmarbeit:

Es sollte ein Freiraum im Programm geschaffen werden, um mehr als bisher auf Aktualitäten reagieren zu können. Dies betrifft nicht nur die journalistisch tätigen Mitarbeiter im Bereich der Kultur, in dem dies wie in den politischen Redaktionen selbstverständlich ist, sondern ebenso auch Bereiche wie das Fernsehspiel und die Unterhaltung. Die aus vielerlei Gründen, zum Beispiel Studiobelegung, Finanzplanung, Sendezeitplanung heraus erforderliche jährliche Vorausplanung erweist sich gerade in diesen Bereichen als hinderlich, um plötzlich auftauchende Besonderheiten aktuell im Programm zu berücksichtigen. Für das Programm wäre schon ein begrenzter Freiraum ein Gewinn, hielte er doch den publizistischen und künstlerischen Wettbewerb über das Jahr hin offen. Dies hätte den zusätzlichen Nebeneffekt, die von allen Beteiligten - Autoren, Regisseuren, Schauspielern und Redakteuren - sowie den Kritikern beklagte Standardisierung und Gleichförmigkeit der täglichen Programmarbeit wenigstens partiell zu reduzieren.

Es sollten Programmschwerpunkte gebildet werden, die dem Programm von Zeit zu Zeit "Glanzlichter" aufstecken. Dazu ist es erforderlich, bewußt gegen das Fell zu bürsten, den gewohnten Raster des Programmschemas zu verlassen und den Zuschauer inhaltlich wie formal vor eine ungewohnte Situation zu stellen. Solche Programmschwerpunkte innerhalb des Schemas könnten zum Beispiel Fernsehspiele sein, die in einem bestimmten Zeitraum ein Thema von verschiedenen Seiten her beleuchten. Es könnten auch Themen sein, die von verschiedenen Redaktionen mit verschiedenen formalen Mitteln gleichzeitig bearbeitet werden und aufeinander bezogen im Programm erscheinen. Schwerpunktwochen sind zum Beispiel auch denkbar aufgrund vorgegebener Termine, etwa für das von der UNO proklamierte "Jahr des Kindes" 1979. Eine solche gelegentliche, publizistisch entsprechend herausgestellte Schwerpunktbildung innerhalb des Jahres könnte der Vorstellung entgegenwirken, daß jede Redaktion für sich in jedem Jahr alle oder zumindest sehr viele Einzelbereiche ihres Themen- und Aufgabenspektrums abdecken und beim Publikum dem Eindruck der Wiederkehr des Immergleichen entgegenwirken muß.(...)

Ein Programm, das nicht mehr in einem guten Wortsinne anstößig ist, wird auch nichts mehr anstoßen. Dazu gehört Augenmaß, aber auch Mut und Zivilcourage, Loyalität und Treue. Sie allein sind geeignet, ein geistiges Klima zu schaffen, das man früher einmal mit Liberalität bezeichnet hat, und das der Humus für ein qualitätsvolles Programm ist. Daher sollten wir uns nicht nur fragen, wie sieht das Fernsehen von morgen aus, sondern auch die Frage stellen: Was trauen wir uns in den nächsten Jahren gemeinsam mit dem Zuschauer zu?"[185]

Hans Abich: Perspektiven im Rückblick. Zur Programmstrukturreform der ARD ab 1978 (1978)

(...) Die ersten Erfahrungen, die mit der neuen Programmstruktur inzwischen gemacht werden konnten, erlauben einige (persönliche) Ratschläge.

1. Früher beginnen. Die Programmstruktur 1978 hat trotz unbestreitbarer Erfolge zwei negative Ergebnisse gebracht. Die Zuschauer beklagen die Attraktion der Spätleiste mit ihren Wiederholungen, die ARD beklagt die verlorengegangene Flexibilität für die Plazierung aktueller Programme. Das allein schon spricht für einen früheren Beginn des Hauptabendprogramms.(...)

2. Ein bundesweites Vormittagsprogramm einführen. Es ist nicht einzusehen, warum die ARD an Wochentagen bis in den späten Abend Programm anbietet, aber am weitgehend arbeitsfreien Samstagvormittag kein Programm sendet. Ähnliches gilt auch für den Werktagvormittag.(...)

3. Die regionale Berichterstattung verlagern. Die Vorverlegung des Hauptabendprogramms sollte einhergehen mit einer Entregionalisierung des über die erste Senderkette zwischen 18.00 und 20.00 Uhr ausgestrahlten Regionalprogramms zugunsten einer Vervielfältigung der regionalen Möglichkeiten in den Dritten Programmen, vor allem aber zugunsten einer großen regionalen Gemeinschaftssendung, die als 'Ländermagazin' schon früher einmal zur Diskussion gestanden hat. In diesem Magazin sollten bundesweit die interessantesten Berichte aus den einzelnen Bundesländern gesendet werden. Das Magazin könnte zu einem journalistisch unterhaltsamen Aushängeschild des ARD-Gemeinschaftsprogramms avancieren und zu dessen 'Aufreißer' am frühen Abend werden, aber auch zum Spiegel der föderativen Struktur unseres Landes und der ARD.

---

185 Ausschnitte aus: Dieter Stolte: Das Fernsehen der Bundesrepublik auf dem Weg in die achtziger Jahre. In: Frankfurter Hefte Jg.33 1978 H.1. S.44ff.

4. Das Abendprogramm großflächiger kontrastieren. Eine Aufgabenteilung zwischen dem Ersten und den Dritten Programmen und ein gemeinsamer Beginn des Hauptabendprogramms der ARD mit dem ZDF erlaubt Überlegungen, die zu dem Ziel führen konnten, in Zukunft am Abend oder für die erste bzw. zweite Hälfte des Abends sogenannte Hauptprogrammfarben einzuführen. Das würde bedeuten, daß der Kontrast nur noch auf diesen Hauptcharakter des Programms Rücksicht zu nehmen hätte.(...) Es liegt nahe, bei dieser Abendprogrammgestaltung an drei Grundfarben zu denken: an Unterhaltung (mit Film und Spiel), Information (mit Sport) und Bildung (mit Kultur, Musik, Film und Spiel).(...)

5. Sich selbst besser darstellen. Die ARD sollte sich mehr um ihre Zuschauer kümmern. Dazu gehört auch die Reaktion auf Stimmungen und Vorwürfe in der Öffentlichkeit, überall im Programm und zusätzlich auf einem Programmplatz 'in eigener Sache'.(...)

6. Den neuen Medien offensiv begegnen. Die Verteidigung des öffentlich-rechtlichen Systems wird angesichts der technischen Neuerungen der 80er Jahre (wie Satelliten, Kabel und Bildplatte) offensiv sein müssen. Die Beteiligung an diesen Medien ist auch von erheblicher politischer Bedeutung, weil nur so öffentlich-rechtliche Institutionen die Allgemeinheit gegenüber privaten Interessen vertreten können. Zu den vorbereitenden Überlegungen sollten dringend auch Mitarbeiter des Programms herangezogen werden. Das Satellitenfernsehen wird z.B. so viele zusätzliche Programmstunden erfordern, daß diese Anforderungen nur mit Hilfe internationaler Kooperationen bewältigt werden kann.(...)

7. Die internationale Kooperation verstärken.(...) Die ARD sollte mit eigenen Kräften nach Glanzlichtern für ihr Programm suchen. Sie sollte ausländische Produktionen nicht nur kaufen, sondern durch künstlerische Mitarbeit und durch deutsche Interpreten auch ihre Beteiligung an diesen Filmen vorweisen. Die Koproduktion fördert im Unterschied zu Einkäufen das Prestige des Programme, und sie könnte bei internationalem Erfolg auch finanziell attraktiv sein.(...)

8. Die Originalübertragungen vermehren. Das Kästchensystem verhindert die Flexibilität; es zwingt zu Konserve und Zusammenschnitt. Was daher im Programm weithin fehlt, ist die Originalübertragung, das heißt für den Zuschauer das Gefühl des Dabeiseins. Fernsehen ist ein überdimensionales Transportmittel, das die Chance hat, den Menschen einen alten Wunschtraum zu erfüllen, nämlich an verschiedenen Orten gleichzeitig zu sein. Davon verspürt der Zuschauer zu wenig, weil er die Ereignisse nicht unmittelbar, sondern zeitversetzt an einem im Kästchensystem des Programms vor-

gesehenen Platz zu sehen bekommt. Konzentration auf Perfektion zieht den Kürzeren gegenüber der Spannung des Augenblicks."[186]

Hans Bausch: Ärger mit den Spätabendprogrammen der ARD? (1978)

"Die meisten Änderungen in den Programmstrukturen von ARD, ZDF und den fünf Dritten Fernsehprogrammen von Jahresbeginn 1978 an haben beim Publikum Zustimmung gefunden. Das Spätabendprogramm jedoch ist in der Öffentlichkeit und vor allem in der veröffentlichten Meinung auf harte Kritik gestoßen. Diese Kritik nimmt für sich in Anspruch, Interessen der arbeitenden Bevölkerung zu vertreten, weil es sich Berufstätige in aller Regel nicht leisten könnten, werktags bis in die späte Nacht hinein fernzusehen. Wenn das Spätprogramm der ARD beispielsweise attraktive Spielfilme anbiete, benachteilige es die Arbeiter oder füge ihnen gar Schaden an Gesundheit und Leistungsfähigkeit zu.

Kritisiert wird auch, daß die amerikanischen Krimi-Serien im ARD-Programm von donnerstags, 21.00 Uhr, auf dienstags, 21.45 Uhr, verlegt wurden. Durch diese Änderung sollte erreicht werden, daß weniger Kinder und Jugendliche als bisher bei diesen Sendungen zuschauen. Wie die Daten der Teleskopie-Zuschauerforschung beweisen, ist dieser Zweck voll und ganz erreicht worden.

Seit Jahresbeginn werden an den Werktagen Montag - Freitag von 22.30 Uhr an die aktuelle Informationssendung "Tagesthemen" und danach von 23.00 Uhr an unterhaltende Wiederholungssendungen angeboten. Eine Ausnahme bildet der Mittwoch, der aktuellen Sportübertragungen und der Informationssendung "Weißer Fleck" vorbehalten ist. Diese Programmplanung ging davon aus, daß ein Teil der Bevölkerung an solchen Spätabendprogrammen interessiert ist, wie es vereinzelte Angebote in der Vergangenheit bewiesen haben. Andere Untersuchungen hatten ergeben, daß etwa ein Drittel aller Zuschauer der früheren "Spätausgabe" der Tagesschau zuvor noch keine andere Informationssendung von ARD oder ZDF gesehen hatten. In den ersten beiden Monaten des Jahres 1978 sahen mehr Zuschauer die "Tagesthemen" als zuvor die "Spätausgabe" der Tagesschau.

Es ist ein weit verbreiteter Irrtum anzunehmen, daß alle Zuschauer immer nur zur Hauptsendezeit fernsehen können und wollen, wie es ohnehin unzulässig ist, von den Lebensgewohnheiten einer Mehrheit auf die Gewohnheiten von Minderheiten zu schließen. Das öffentlich-rechtliche Fernsehen hat auch auf die Bedürfnisse derer zu achten, die regelmäßig oder gelegentlich einmal am späteren Abend fernsehen wollen.

An einem Durchschnittswerktag sind in der Bundesrepublik Deutschland um 20.00 Uhr noch etwa 15% der Gesamtbevölkerung (Personen über 14 Jahre) außer Haus, um 22.00 Uhr sind es immerhin noch etwa 10% und erst von 23.00 Uhr an sinkt dieser Wert auf unter 5%. Die "Spätheimkehrer" und alle diejenigen, die

---

186 Ausschnitte aus: Hans Abich: Perspektiven im Rückblick. Zur Programmstrukturreform der ARD ab 1978. In: ARD-Jahrbuch 1978. S.84f.

nicht früher fernsehen können oder wollen, sind das Zielpublikum der Informations- und Unterhaltungssendungen am späteren Abend. Diese Minderheit zählt noch Millionen und stammt aus allen Bevölkerungsschichten. Warum ärgert sich die Mehrheit, die in drei Programmen zur Hauptsendezeit informiert und unterhalten wird, darüber, daß Minderheiten zu späterer Stunde auch noch informiert und unterhalten werden?

Am Montagabend um 23.00 Uhr sendet die ARD Spielfilme, die häufig nicht nur früher in deutschen Kinos liefen, sondern auch in aller Regel bereits ein- oder mehrmals auf dem Bildschirm zu sehen waren. Dienstags werden altbekannte und altbewährte Unterhaltungssendungen wiederholt, am Donnerstag und Freitag werden im Wechsel Wiederholungen von Fernsehspielen und Krimisendungen angeboten. Für solche Wiederholungen ist die ARD in der Vergangenheit nicht selten gescholten worden. Nunmehr, da diese Wiederholungen zur späten Stunde auf dem Bildschirm erscheinen, also auf einem weniger attraktiven Sendeplatz, scheinen die viel gescholtenen Wiederholungen hochgeschätzt zu sein."[187]

Hans Abich: Plädoyer für die Phantasie. Schlußbemerkungen auf den "Mainzer Tagen der Fernsehkritik (1) (1978)

"6 Thesen:

1. In unserem Medium wird die Realität überbewertet und zugleich vielfach verfehlt.

2. In unserer Zeit wird die Realität angebetet und die Phantasie vernachlässigt.

3. Der Mensch wird seines Defizits an Phantasie gewahr.

4. Er erkennt das gleiche Defizit in unserem Medium.

5. Programme der Phantasie werden gebraucht.

6. Programme mit Phantasie dürfen erwartet werden.

2 Fragen:

7. Wo sind in unseren Programmen Spuren von Phantasie zu finden und weiter entwickelbar?

8. Ist etwa Phantasie-Bedürfnis eine Verdrängung von Wirklichkeit?

4 Synthesen:

9. Der Widerspruch von Phantasie und Wirklichkeit ist nur ein scheinbarer.

10. Der Mensch braucht Sinn für Realität und das Imaginäre.

11. Wirklichkeit vermag Phantasie zu produzieren, sei es auch im Protest gegen diese Wirklichkeit.

---

187 Ausschnitt aus: Hans Bausch: Ärger mit den Spätabendprogrammen der ARD? In: Deutsches Fernsehen/ARD 1978/14. S.1f.

12. Phantasie macht Wirklichkeit erfahrbar, erträglich, produktiv.

Notabene: Ich kann Phantasie durch ein Programm, ich kann Phantasie für ein Programm entwickeln. Wo hier nicht jeweils deutlich unterschieden wird, soll der Begriff gerade in dieser zweifachen Hinsicht gelten."

"Wenn Fernsehen für die Phantasie dieser Menschen Bausteine liefern kann, wäre das eine humane Funktion unseres Mediums."(...)

"Für die Umsetzung von Programminformationen in eigene Vorstellungen wird Spielraum gebraucht. Die Phantasie anzuregen heißt auch Zeit zu geben, um die Gedanken spielen zu lassen.

Eine bestimmte Kurzatmigkeit unseres Mediums (eine Information folgt gleich auf die nächste, ein starker emotionaler Eindruck verdrängt den vorhergehenden) schnürt der Phantasie sozusagen die Luft ab. Zu häufige Spannung bindet zu sehr an die fremde, vorzuführende Geschichte, verhindert den Bezug zum persönlichen Leben, zur eigenen Lebensgeschichte."[188]

Günter Rohrbach: Frei werden für Phantasie (1980)

"Fernsehen hat die Tendenz, den Gegensatz von Fiktion und Wirklichkeit aufzulösen. Wenn aber Fiktion nicht primär den Entwurf einer autonomen Wirklichkeit im Sinne hat, sondern umgekehrt im Verzicht auf diese Autonomie ihre wahre Chance sieht, dann wird das Verhältnis zwischen Fiktion und Wirklichkeit besonders prekär. Die öffentliche Diskussion der letzten Jahre hat gezeigt, wie sehr eine ihrer Souveränität beraubte Ästhetik in Gefahr ist, ihre Immunität zu verlieren und auf das leichtfertig selbst gewählte Vergleichsniveau heruntergeholt zu werden."[189]

"Wenn die Fernsehspiele aussehen wie die Tagesschau, dann laufen sie Gefahr auch ähnlichen Kriterien öffentlicher Kontrolle unterworfen zu werden. Je mehr die mit fiktiven Mitteln dargestellte Wirklichkeit sich der dokumentarisch vermittelten angleicht, je mehr also Fiktion und Wirklichkeit zusammenfallen, destwo weniger lassen sich auch die fiktiven Formen von den Ansprüchen einer auf Ausgleich bedachten Gesellschaft heraushalten. Die einer Demokratie eigentümliche Tendenz, auch die Vermittlung von Wirklichkeit dem Kräftespiel der sich bekämpfenden Interessen zu überlassen, birgt schon für die journalistischen Teile des Fernsehprogramms große Probleme; für die fiktiven wäre sie tödlich. Wenn befürchtet werden muß, daß die Fernsehmörder in Zukunft ausgezählt werden nach ihrer Zugehörigkeit zu den verschiedenen Berufs- und Gesellschaftsgruppen, wenn in Fernsehspielen aus der Arbeitswelt Arbeiter und Unternehmer, Gewerkschaftsvertreter und Arbeitgebervertreter gegeneinander ausgewogen werden müssen, wenn die Ehedramen die Frauenverbände, in Jugend- und Schülergeschichten die

---

188 Ausschnitt aus: Hans Abich: Plädoyer für die Phantasie. Hans Abichs Schlußbemerkungen auf den "Mainzer Tagen der Fernsehkritik (1). In: epd/Kirche und Rundfunk Nr. 75 vom 30. September 1978. S.1f.
189 Ausschnitt aus: Günter Rohrbach: Frei werden für Phantasie. In: Anna-Luise Heygster; Dieter Stolte (Hrsg.): Fernseh-Kritik. Wirklichkeit und Fiktion im Fernsehspiel. Mainz 1980.

Lehrer- und Elternvertreter Mitwirkungsrechte beanspruchen, dann setzt sich Fiktion als eine eigene, spezifisch Möglichkeit des Begreifens von Realität außer Kraft.

Das Fernsehspiel kann dem nur entgehen durch Ästhetik. Es müßte sich lösen von seinem Wirklichkeitsfetischismus und wieder frei werden für Phantasie. Je kühner der Entwurf einer Geschichte, je reicher die Figuren, je größer und stärker die Empfindungen, desto weniger anfällig ist ein Film für statistische Erhebungen, desto aussagefähiger ist er aber auch über Wirklichkeit."[190]

"Es gilt also, den Abstand zwischen Fiktion und Wirklichkeit zu vergrößern, wenn mehr und Genaueres über Wirklichkeit erfahren werden soll.(...) Wie anders als durch Fiktion, also durch Kunst, wollen wir hinter den Wirklichkeiten die Wirklichkeit, also die Wahrheit, ausmachen?"[191]

Dietrich Schwarzkopf: Programm zwischen Zielen und Behinderung (1979)

(...)2. Zielvorstellung: Das Deutsche Fernsehen ist und bleibt das gemeinschaftliche Fernsehvollprogramm der ARD

Diese Zielvorstellung richtet sich nicht dagegen, daß sich auch Dritte Programme als Vollprogramm verstehen. Sie bedeutet selbstverständlich auch keine Absage an die bestehende Arbeitsteilung mit den Dritten Programmen, wonach diese ein Schwergewicht im Bereich der Programme für Erwachsenenbildung haben. Mir liegt nicht daran, auch noch diesen Bereich verstärkt in das Gemeinschaftsprogramm hineinzuziehen. Das gilt ebenfalls für andere Bereiche, auf die sich die Dritten Programme spezialisiert haben.

Mit dieser Zielvorstellung ist vielmehr gemeint, daß das Gemeinschaftsprogramm keine seiner Sparten vernachlässigen darf. Gelegentlich traf ich auf Überlegungen von ARD-Mitarbeitern, die etwa in die Richtung gehen: "Das Deutsche Fernsehen bietet das große Informationsprogramm, mögen andere die große Unterhaltung machen." Ein solches Selbstverständnis des Gemeinschaftsprogramms hielte ich für falsch.

Der Charakter des Vollprogramms bedeutet für das Gemeinschaftsprogramm ferner dies: es ist verpflichtet, auch außerhalb der Hauptsendezeit ein attraktives Programm anzubieten.

3. Zielvorstellung: Das Deutsche Fernsehen ist und bleibt ein Wettbewerbsprogramm

Es steht im Wettbewerb mit den anderen in der Bundesrepublik Deutschland ausgestrahlten und auch mit den hier empfangenen fremden Programmen, in einem Wettbewerb um die Gunst der Zuschauer. Im Verhältnis zum Zweiten Deutschen Fernsehen ist der Wettbewerb eingebettet in das Kontrastgebot, zu dessen Erfüllung das Instrument der Koordination dient.

---

190 Ebenda S.66f.
191 Ebenda S.67.

Aber es wäre unehrlich, zu behaupten, daß Kontrast Wettbewerb ausschließt. Wettbewerb um die Gunst des Zuschauers ist nicht etwas, was allein dem kommerziellen Fernsehen eigentümlich ist. Wettbewerb gehört zum journalistischen Selbstverständnis.

4. Zielvorstellung: Vermehrtes Zuschauerverständnis für einige Grundüberlegungen der Programmplanung.

a) Die Annahme ist falsch, daß der Zuschauer beim Gemeinschaftsprogramm Deutsches Fernsehen bis 23.00 Uhr warten muß, um sich unterhalten zu können. Hauptelement der Programmstrukturreform vom 1. Januar 1978 war vielmehr die Einführung einer Frühleiste um 20.15 Uhr, bei der an jedem Tage mit Ausnahme des Donnerstag Unterhaltung und Entspannung geboten wird: am Montag die Familienserie, am Dienstag zum Beispiel Quiz, am Mittwoch Fernsehspiel, am Freitag der große Spielfilm, am Sonnabend Sendungen vom Typ Carrell sowie Volks- oder Boulevardstücke, am Sonntag Tatort oder Tiersendungen oder unterhaltsame Dokumentationen. Allein der Donnerstag ist als Tag des "politischen Einstiegs" übrig geblieben, ansonsten ist die Information in die zweite Abendleiste gerückt, von dort kann sie aber nun nicht noch weiter vertrieben werden. Es wäre mit dem Informationsauftrag der Rundfunkanstalten nicht vereinbar, beispielsweise alle oder die große Mehrheit der Informationssendungen nach den "Tagesthemen" zu senden. Die Kombination einer frühen Unterhaltungsleiste, einer darauffolgenden Informationsleiste und einer Wiederholungsleiste mit Unterhaltung nach den "Tagesthemen" ist eine gute Mischung. Punktueller Ärger darüber, daß ein Programm, das man sehen möchte, nicht immer zu der Sendezeit ausgestrahlt wird, zu der man es sehen kann, sollte den Blick auf die Mischung nicht verstellen, und vor allem nicht den Blick auf das Angebot der Frühleiste, das weiterhin in den Anstalten besonderer Aufmerksamkeit und Pflege bedarf."[192]

Karl-Günther von Hase: Ich trete ein für den Integrationsrundfunk (1979)

"Der öffentlich-rechtliche Rundfunk ist sowohl Medium wie Faktor der öffentlichen Meinung. Aufgrund seiner binnen-pluralistischen Organisation und Kontrolle ist er ein kritisches und unabhängiges Gegenüber zu Staat, Gesellschaft und Wirtschaft. Private sind dabei keineswegs ausgeschlossen und beim ZDF schon gar nicht. Private Produzenten haben von Anfang an einen großen Teil des künstlerischen, unterhaltenden und kulturellen Programms des ZDF geliefert. Und sie tun dies in größerer Anzahl als je zuvor auch heute noch. Sie tragen damit gleichsam den Wettbewerb in die zentrale Struktur dieser Anstalt hinein, wo - im Gegensatz zu den neun Landesrundfunkanstalten der ARD - die kreative Konkurrenz von ebensovielen Redaktionen mit gleichen Programmaufgaben nicht so ohne weiteres

---

192 Ausschnitt aus: Dietrich Schwarzkopf: Programm zwischen Zielen und Behinderung. In: ARD-im Gespräch. Referate und Diskussionen des Presse-Kolloquiums der ARD in Köln vom 13. bis 14. März 1979. S.122f.

gegeben ist. Allerdings liegt es im Interesse der Allgemeinheit, daß diese privaten Produktionen unter der Verantwortung des Intendanten und der Kontrolle von plural zusammengesetzten öffentlich-rechtlichen Aufsichtsorganisationen bleiben.

Der öffentlich-rechtliche Rundfunk, der alle gesellschaftlich relevanten Gruppen repräsentiert, ist verpflichtet, Programme anzubieten, die informieren, unterhalten und bilden. Sein Ziel ist es nicht, Renditen zu erwirtschaften. Seine Sache ist vielmehr die Erfüllung der Interessen der Allgemeinheit. Und eben damit nimmt der öffentlich-rechtliche Rundfunk, wie es im zweiten Fernsehurteil 1971 des Bundesverfassungsgerichts heißt, "eine integrierende Funktion für das Staatsganze" wahr.

Kommerzieller Rundfunk hingegen ist eine Wirtschaftstätigkeit. Ein privates kommerzielles Rundfunkunternehmen ist ein geschäftliches Unternehmen, das auch hinsichtlich der Programmgestaltung nach dem ökonomischen Prinzip arbeitet. Sein Ziel ist es, Gewinne zu erwirtschaften. Sie werden allerdings nur dann erzielt, wenn hohe Einschaltquoten erreicht werden. Nur hohe Einschaltquoten sichern den Verkauf von Werbung und nur diese wiederum die Gewinne. Programme sind mithin beim kommerziellen Fernsehen - lassen Sie mich das offen sagen - naturgemäß in erster Linie so auszulegen, daß sie als Vehikel dienen können, um die Werbung zu verkaufen. Ich habe nichts gegen Wirtschaftstätigkeiten, schon gar nichts gegen die hierdurch erzielten Gewinne. Erheblichen Zweifel habe ich allerdings, ob dieses Gewinnstreben für einen Rundfunkveranstalter Geltung haben darf.

Für Minderheitsprogramme wäre - zumindest in den zuschauergünstigen Sendezeiten - zwangsläufig kaum Raum. Die durch kommerzielle Träger in Aussicht gestellte Vielfalt der Programme wäre in Wirklichkeit zwar ein Mehrfaches an Programmen, die sich aber inhaltlich gleichen. Die häufig gewünschte Konkurrenz von öffentlich-rechtlichem Rundfunk und kommerziellem Rundfunk führt also zu keinem wirklichen Wettbewerb. Wettbewerb ist nämlich nur zwischen Anbietern möglich, die Vergleichbares anbieten. Wettbewerb auf dem Gebiet des Rundfunks in diesem Sinne verstanden, ist das Ringen um das qualitativ bessere Programm, also nicht die Jagd nach hohen Einschaltquoten, nicht immer die Anpassung an den Geschmack der Mehrheit um jeden Preis. (...)

Die Öffnungsklausel des Bundesverfassungsgerichts für eine private Trägerschaft des Rundfunks ist nicht identisch mit einer Öffnungsklausel für einen kommerziellen Rundfunk. Der privatrechtlich organisierte Rundfunk dürfte also nicht nach den Kriterien eines kommerziellen Systems arbeiten, sondern er müßte (ich zitiere das Bundesverfassungsgericht) "in ähnlicher Weise wie in der öffentlich-rechtlichen Rundfunkanstalt alle gesellschaftlich relevanten Kräfte zu Wort kommen und die Freiheit der Berichterstattung unangetastet" lassen. Ich zitiere weiter das Bundesverfassungsgericht in seiner Entscheidung von 1961: "Artikel 5 GG verlangt jedenfalls, daß dieses moderne Instrument der Meinungsbildung weder dem Staat noch einer gesellschaftlichen Gruppe ausgeliefert wird. Die Veranstalter von Rundfunkdarbietungen müssen also so organisiert werden, daß alle in Betracht kommenden Kräfte in ihren Organen Einfluß haben und im Gesamtprogramm zu Wort kommen können und daß für den Inhalt des Gesamtprogramms Leitgrundsätze verbindlich sind, die ein Mindestmaß von inhaltlicher Ausgewogenheit, Sachlichkeit und gegenseitiger Achtung gewährleisten".

Ich trete ein für den Integrationsrundfunk, sei es in Form des öffentlich-rechtlich oder des privatrechtlich organisierten Rundfunks. Ich bin aber gegen den kommerziellen Rundfunk. Ich gebe dieses Votum nicht, weil ich Intendant einer öffentlich-rechtlichen Rundfunkanstalt bin, sondern weil ich der Überzeugung bin, daß das bestehende System bewiesen hat und - bei allen Fehlern und Schwächen im einzelnen - täglich beweist, daß es der Verpflichtung des Artikel 5 GG gerecht wird. Zu den Fehlern und Mängeln zähle ich Bekenner- und Eifertum von manchem Redaktionssessel, sowie die gelegentlich feststellbare Neigung zur künstlerischen Darstellung von negativen Randerscheinungen unserer Gesellschaft. Damit soll nicht der heilen Welt das Wort geredet werden."[193]

---

193 Ausschnitt aus: Karl-Günther von Hase: Ich trete ein für den Integrationsrundfunk. In: Media Perspektiven 11/1979. S.735f.

V. Programmkonzeptionen der Achtziger Jahre: Gesellschaftliche Funktionen des Mediums Fernsehen

ARD-Stellungnahme zum Fernsehurteil des Bundesverfassungsgericht vom 16.6.1981

"Mit dem Urteil vom 16.6.1981 setzt das Bundesverfassungsgericht seine Rechtsprechung von 1961 und 1971 für einen unabhängigen, der ganzen Gesellschaft verpflichteten, Rundfunk konsequent fort. Unabhängig vom Staat und von einzelnen Gruppen und Kräften muß der Rundfunk danach auch in Zukunft organisiert werden, und zwar auch über die - vom Gericht immer noch als bestehend angenommene - Sondersituation des Frequenzmangels hinaus. Daß auch privatrechtlich organisierter Rundfunk möglich ist, hatte das Bundesverfassungsgericht schon 1961 erklärt. Die Bedingungen aber, denen eine privatrechtliche Rundfunkstruktur genügen muß, hat es jetzt eindrücklich festgeschrieben: In jedem Fall muß eine umfassende gesellschaftliche Pluralität des Rundfunkwesens durch Gesetz effektiv gesichert werden. Dies darf vom Gesetzgeber nicht dem zufälligen freien Spiel der Kräfte auf dem Markt überlassen werden. Dies entspricht der Position, die von der ARD in diesem Verfahren eingenommen wurde.

Das Urteil vom 16.6.1981 enthält keineswegs eine Aufforderung an den Gesetzgeber, privatrechtlichen Rundfunk einzuführen. Im Gegenteil: das Bundesverfassungsgericht erklärt ausdrücklich, das Grundgesetz schreibe dem Gesetzgeber keine bestimmte Form der Rundfunkorganisation vor, es komme allein darauf an, daß freie, umfassende und wahrheitsgemäße Meinungsbildung durch die Beteiligung aller in Betracht kommenden gesellschaftlichen Kräfte im Gesamtprogramm gewährleistet sei. Daß die bestehende öffentlich-rechtliche Rundfunkverfassung diesem Prinzip Rechnung trägt, hat das Bundesverfassungsgericht wiederholt bestätigt.

Andererseits genügt es nicht zur effektiven Wahrung der Meinungsvielfalt, wenn die bestehenden Rundfunkanstalten neben anderen, einseitig getragenen, privaten Rundfunkveranstaltern nur weiterbestehen. Es muß - gemäß dem Urteil - tatsächlich ein Meinungsmarkt garantiert werden, auf dem die Vielfalt der Meinungsrichtungen unverkürzt zum Ausdruck gelangt. Da ungewiß sei, ob dies sich bei bloßem freien Spiel der Kräfte von selbst einstellt, müsse der Gesetzgeber in jedem Fall dies durch geeignete Auflagen und plurale Organisationsformen sicherstellen.

Auch für zeitlich und örtlich begrenzte Bereiche verlangt das Bundesverfassungsgericht eine gesetzliche Grundlage. Dies gilt freilich nur, wenn es um die 'Einführung privaten Rundfunks' geht. Wo öffentlich-rechtliche Rundfunkanstalten als Träger solcher Bereiche beteiligt sind, bedarf es keiner zusätzlichen Gesetze zur Erfüllung der rundfunkrechtlichen Konsequenzen des Grundgesetzes.

Gewiß läßt die Entscheidung vom 16.6.1981 noch wichtige Fragen offen, z.B. ob die Finanzierung privater Rundfunkveranstaltungen wegen ihrer möglichen Rückwirkungen auf die Programmgestaltung und die allgemeine Situation anderer Medienträger in besonderer Weise durch Gesetze geregelt werden muß.

Die Grundlinien für eine besonnene, sachbezogene Entwicklung der Medienlandschaft hat das Bundesverfassungsgericht aber nachdrücklich vorgezeichnet."[194]

Jens Wendland: Wenn die Rundfunkanstalten die Region entdecken (1981)

"(...) Im Jahre 1973 hat sich die ARD dafür entschieden, im Bereich der Subregionen, ja von Lokalrundfunk, keine Vollprogramme zu etablieren, sondern sogenannte Fensterprogramme zu öffnen ohne Werbung. Fensterprogramme meint, für eine bestimmte Region, oder Regionen wird aus der Nahperspektive berichtet und gesendet, und das Programm wird gesplittet. Man hat die Entscheidung von damals oft viel zu einseitig als Konzession gegenüber den lokalen Zeitungsverlagen interpretiert.

Man muß dies ebenso als autonomen Willen der Rundfunkanstalten verstehen, ihre Programmleistung nicht durch Splitting zu zersplittern. Die Behauptung vom Integrationsrundfunk ist ja nun wahrlich keine Leerformel, und kommunikationspolitisch muß man dabei scheinbar paradoxerweise ebenso wie die Befürworter einer weitgehenden radikalen Rationalisierung argumentieren: wenn es dann richtig ist, daß eine Regionalisierung vor Ort dem Bürger seine Lebenszusammenhänge und Umgebung in dem bereits genannten Umwelt-Informationssystem wiederspiegelt, dann besteht genauso die Verpflichtung, im Gesamtprogramm deutlich zu machen, wie weit die Integration auf Länderebene für den Bürger bestehen sollte. Wer den Integrationsrundfunk schwächt, schwächt auch damit ein politisch bedeutsames Medienmittel für den Zusammenhalt einer offenen Gesellschaft.

Und es gibt im Gesamtprogramm viele Aufgaben und Themen, mit denen die Integration eines Landes vermittelt werden kann - gerade weil sie durch soziale und politische Entfremdungserscheinungen gefährdet ist. Aus Gründen dieser Integration scheint mir beispielsweise der Vorschlag problematisch, den Rundfunk in seiner Organisation zu dezentralisieren, also etwa Programmsparten in andere Städte zu verlagern. Ich glaube, daß hier die Gefahr der Provinzialisierung größer ist als der Gewinn für die Region. Das Programm wird dadurch nicht besser, der Programmzusammenhalt einer Anstalt in Frage gestellt. Integrationsfunk heißt ja, um wieder auf einen einheitlichen Programmansatz für die Landesrundfunkanstalt zurückzukommen auch: man muß für ein Bundesland im besonderen Fall das Ex-

---

194 Ausschnitt aus: ARD-Stellungnahme zum Fernsehurteil des Bundesverfassungsgericht vom 16.6.1981. In: epd/Kirche und Rundfunk Nr. 50 vom 4. Juli 1981. S.7.

emplarische vermitteln, und zwar sowohl für Nord- wie Südhessen, für den ländlichen Bereich wie für das Ballungszentrum."[195]

Karl-Günther von Hase: Fernsehen - programmatisch verstanden. Leitlinien für ein der "Flüchtigkeit" verdächtiges Medium (1981)

"Das Programm kommt in dieser Diskussion zwar vor, aber als bloßer Name für die Abfolge von Einzelbeiträgen, als eine ebenso geläufige wie abstrakte Bezeichnung. Von Sendungen und Sendegefäßen ist die Rede, nicht aber von den Intentionen und Maximen, die dahinterstehen. Das Folgende ist ein Versuch, über die Sichtung des Gebotenen, über die Veranschaulichung der Vielfalt hinauszugehen und zu den übergreifenden "programmatischen" Zusammenhängen vorzustoßen.

Dieses Bemühen, die "Dauer im Wechsel", die Kontinuität in der Abfolge der konkreten Programmereignisse des Fernsehens deutlich zu machen, kann nicht in ein idealtypisches Konzept münden. Es soll vielmehr zum Widerstand gegen die Flüchtigkeit des Mediums ermuntern, die nach wie vor eine Herausforderung für die Programmarbeit darstellt. Ausgangspunkt dabei ist für mich der Begriff der Integration, der bisher meist medienpolitisch verstanden wurde, der aber auch der programmbezogenen Anwendung fähig und förderlich ist.

Integration als Programmauftrag

Das Lexikon kennzeichnet Integration als einen Vorgang, der auf ein Ganzes, auf die Sammlung und Zusammenführung unterschiedlicher Kräfte gerichtet ist. Analog nennt man das Modell des Bundesverfassungsgerichts von 1961, wonach alle gesellschaftlich bedeutsamen Gruppen im Gesamtprogramm zu Wort kommen müssen, den Integrationsrundfunk. In seinem zweiten Fernsehurteil aus dem Jahre 1971 hat das Bundesverfassungsgericht dann die schon klassisch gewordene Aussage getroffen, die Rundfunkanstalten nähmen eine öffentliche Aufgabe wahr und erfüllten "eine integrierende Funktion für das Staatsganze".

Dieser Verpflichtung entsprechend, sollten Fernsehprogramme dazu beitragen, ein gesellschaftliches Klima zu schaffen, in dem das Vertrauen auf sinnvolle Lösungen und konstruktive Antworten auf die vorhandenen Probleme überwiegt. Fehlentwicklungen und Konflikte dürfen nicht als ausweglos dargestellt werden, sondern sind nach Möglichkeit um Wege oder Ansätze zu ihrer Aufarbeitung zu ergänzen. (...)

---

195 Ausschnitt aus: Jens Wendland: Wenn die Rundfunkanstalten die Region entdecken. In: Frankfurter Rundschau 1981 Nr 16. S.12.

(...) Das Fernsehen, das in seinen Kindertagen über bloße Ereignis-Chroniken selten hinauskam, hat im journalistischen Bereich den Weg zu einer in die Tiefe gehenden, analytisch fundierten Hintergrund-Berichterstattung gefunden; es ist nicht mehr ausschließlich an der äußeren Realität orientiert, sondern nimmt sich verstärkt auch anderer Felder der Wirklichkeit an, der seelischen und zwischenmenschlichen Probleme beispielsweise (einschließlich ihrer gesellschaftlichen Auswirkungen); das Medium hat ferner den regionalen Aspekt wiederentdeckt, der im Vergleich zu den globalen Ereignissen mit Schlagzeilenrang häufig zu kurz kam oder nur als Kontrastfarbe berücksichtigt wurde.

Ob es sich um die Region, um die Weltbühne oder um fiktive Schauplätze handelt - Fernsehprogramme leben vom "Ereignischarakter" des Mediums. Sie haben die Chance und die Verpflichtung, das Publikum möglichst unmittelbar am Geschehen teilnehmen zu lassen. Und sie haben die Möglichkeit, auf diese Weise auch solche Gruppen zu erreichen (und wieder an die Öffentlichkeit anzuschließen), die vom gesellschaftlichen Leben weitgehend abgekoppelt und auf die Integrationshilfen des Fernsehens besonders angewiesen sind. (...)

Etwas anderes - und eine besonders wichtige Perspektive der Fernseharbeit - ist es, wenn der Ereignischarakter des Mediums bewußt für spezielle Programmschwerpunkte genutzt wird. Diese können langfristig in eigener Regie vorbereitet und gestaltet sein oder sich als Folge aktueller Entwicklungen kurzfristig ergeben. (...) Das Fernsehen aber hat auch in der Fähigkeit zur spontanen Reaktion Wachsamkeit, Schlagfertigkeit und Lebensnähe zu beweisen. Es ist dem Ereignis verpflichtet, und Ereignisse sind immer dazu gut vorherige Planungen umzustoßen. (...)

(...) Spiel und Wirklichkeit sind nicht immer miteinander vereinbar. Die Priorität aber ist unbestritten: Das Fernsehen ist zur objektiven und umfassenden Aufklärung über die Wirklichkeit verpflichtet, das Publikum hat ein Recht auf wahrheitsgetreue, klare und anschauliche Information.

In der Erfüllung dieses Auftrags haben die Fernsehanstalten eine Art Informationspyramide entwickelt: Mit möglichst knappen und kompakten Nachrichtenbeiträgen an der Spitze, die durch eine vertiefende aktuelle Hintergrundberichterstattung untermauert werde; in der nächst tieferen Ebene sind die Magazine angesiedelt, während die Basis durch breit angelegte Dokumentationen oder Schwerpunktprogramme gebildet wird. Dem Zuschauer Gewißheit über die Situation in der Welt zu verschaffen; ihm nicht nur ein unverbindliches Panorama aus Stellungnahmen und Standpunkten, sondern einen Bezugsrahmen anzubieten, in den er die Ereignisse integrieren kann: Dieser Grundsatz muß auch in Zukunft als Maxime journalistischer Arbeit gelten. Die Schwierigkeiten, solche Gewißheit - als Verfügbarkeit aller Fakten - herzustellen, aber werden immer größer. Denn die Überschaubarkeit der Entwicklungen nimmt ab, auch wenn die Welt immer enger und durch die modernen Kommunikationsmittel immer besser erschlossen wird. In der Regel sind Tatsachenlage, politischer und weltanschaulicher Hintergrund der Geschehnisse so komplex, daß dem Berichterstatter die verbindliche Orientierung schwerfallen muß."[196]

Dieter Stolte: Integration als Identitätsbildung. Zur Aufgabe des Fernsehens in der pluralistischen Gesellschaft (1983)

"Das Fernsehen kann die Suche der Gesellschaft nach ihrer politisch-kulturellen Identität widerspiegeln; aber der häufig zu hörende Wunsch, eine solche Identität im Medium herzustellen, überfordert dessen Wirkungsmöglichkeiten. Unter den verfassungsrechtlich und staatsvertraglich verbindlichen Vorgaben des gesellschaftlichen Pluralismus und der programmlichen Vielfalt muß die Darstellung gesellschaftlicher Identität für das Fernsehen ohnedies eine weithin paradoxe Forderung bleiben. (...) Gerade wenn Integration nicht auf das bevorzugte Herausstellen des der Mehrheit Gemeinsamen beschränkt bleibt, dann wird sie durch die Artikulation und Vermittlung gerade auch des Nichtidentischen ein gesellschaftliches Gespräch in Gang bringen. Aus diesem Gespräch können dann seinerseits Identitätsmomente hervorgehen: nationale, soziale, kulturelle, emotionale und religiöse. (...) Unter den Bedingungen einer pluralistischen Gesellschaft bezeichnet demnach der Begriff "Integration" einen Modus der Identitätsbildung, sowohl auf den einzelnen als auch auf die Gemeinschaft bezogen. Für den binnenpluralistisch verfaßten öffentlich-rechtlichen Rundfunk kann der Integrationsbegriff folglich ein Leitbegriff sein." [197]

Alois Schardt: Programmauftrag und kulturelle Identität (1984)

"In den letzten beiden Jahren, besonders 1984, hat sich in der öffentlichen Diskussion am Rande der Tagesereignisse die Debatte um die Identitätsfrage der Deutschen verstärkt. (...) Diese Frage nach der Identität hat vornehmlich kulturelle, aber auch politische Bedeutung. Einher ging in der Behandlung dieses Themas im Fernsehbereich eine Kontrovers um den Beitrag, den bis jetzt das öffentlich-rechtliche Fernsehen für die Bewahrung der kulturellen Identität in der Bundesrepublik leistet. Die Verstärkung des Themas Heimat im Programm ist nur ein Ausdruck dieser Tendenz. (...) Kultur ist im Fernsehen permanent gegenwärtig, sei es durch direkte Berichterstattung oder sei es durch eine kodierte Vermittlung von kulturellen Werten in verschiedenen Sendungen und Programmtypen. Diese Bedeutung und Wirkung des Fernsehens wird zu häufig verkannt oder ignoriert.

---

196 Auszüge aus: Karl-Günther von Hase: Fernsehen - programmatisch verstanden. Leitlinien für ein der "Flüchtigkeit" verdächtiges Medium. In: Öffentliche Meinung und sozialer Wandel. Opladen 1981. S.273f.
197 Ausschnitt aus: Dieter Stolte: Integration als Identitätsbildung. Zur Aufgabe des Fernsehens in der pluralistischen Gesellschaft. In: Manfred Rühl; Heinz-Werner Stuiber (Hrsg.): Kommunikationspolitik in Forschung und Anwendung. Festschrift für Franz Ronneberger. Düsseldorf 1983. S.93.

(...) Ausgehend von diesen überzeugenden Fakten kann ich meine These von der kodierten Vermittlung kultureller Identität mit dem Hinweis auf die Sendungen, die die bundesdeutsche Kultur und Gesellschaft in all ihren Schattierungen wiedergeben, belegen. Das trifft u.a. auf Familienserien (...), auf Kurzserien im Vorabend- und Hauptabendprogramm (...), auf Spiel- und Quizsendungen (...) und nicht zuletzt auch auf alle Auftragsproduktionen im Bereich des Fernsehspiels und des Dokumentarspiels, des Spielfilms, des Theaters und der Musik. Unter all diese Programmgenres subsumiere ich indirekte - das heißt die kodierte - Vermittlung kultureller Identität. (...) Hier gibt es eine Programmischung, ein diffiziles Ausbalancieren von Populärem und Anspruchsvollem, bei dem ein publikumsfreundlicher Ausgleich nur durch den Imperativ eines Mehrheitsprogramms im Umfeld eines Zielgruppenprogramms auch bei Beachtung der Interessen von Minderheiten möglich ist. Es gibt vielleicht eine mehrheitlich akzeptierte Kultur und analog ein Programmangebot. Daneben koexistiert auch eine marginale und schwer zugängliche Kultur, die sicherlich auch provokant wird, auf deren Darstellung das Wirklichkeitsmedium Fernsehen jedoch nicht verzichten kann. Wenn daraus Programm gemacht wird, wird auch kulturelle Identität kodiert vermittelt."[198]

Prognosen der Programmentwicklung im dualen Rundfunksystem

Friedrich Wilhelm von Sell und Reinhold Vöth: "ARD im Gespräch" Ausblick in die 80er Jahre (1981)

Friedrich-Wilhelm von Sell: "Ich will für das Programm nur feststellen, daß die ARD sich in einer wirklich beachtlichen Übereinstimmung befindet. So habe ich durch Rückfragen festgestellt, daß die vielen Äußerungen, die darauf hinzielen, daß unser Programm bürgernäher, regionennäher sein müsse, nicht auf irgendwelche Absprachen oder Sprachregelungen zurückgehen, sondern ersichtlich das Ergebnis von übereinstimmenden selbständigen Einsichten sind. Ich betone das, weil es ja auch wichtig ist, diese ARD in ihrem Konsens deutlich zu machen. Bürger-Regionennähe ist dabei nicht als Alternative zu den Programmen, die weltweit oder landes- und nationenweit gleichsam die großen Dinge in den Vordergrund stellen, zu sehen, sondern als notwendige Ergänzung zu eben diesem Programm. Insoweit ist eben der Auslandskorrespondent nicht das Gegenstück zum Regionalberichterstatter, vielmehr können die regionalen Programme überhaupt erst die Bedeutung, die Relevanz der außenpolitischen Entwicklung, eben dieser großen Ereignisse, die die Auslandskorrespondenten uns anliefern, auf den Bürger hin angemessen deutlich machen. Hier sind Brückenfunktionen zu schaffen oder zu stärken. Insoweit müssen wir unser Fernsehen, das - ich glaube, zu lange - von der Faszination des eigenen Mediums lebte und sich damit auch über seine eigene Attraktivität falsche Vorstellungen machte, umfundamentieren oder doch in dieser

---

198 Auszüge aus: Alois Schardt: Programmauftrag und kulturelle Identität. In: ZDF-Jahrbuch 1984.

Weise nachfundamentieren. Auch nur so kann man der Problematik entgehen, daß wir im Regionalen provinziell werden. Ich glaube, daß wir also die Wirklichkeiten für die Gesellschaft, für die wir unsere Aufgabe zu erfüllen haben, besser ermitteln, deutlicher ermitteln und getreulicher vermitteln müssen."

Reinhold Vöth: "Der Rundfunk der nächsten Jahre wird sicher geprägt werden durch eine sprunghafte technische Fortentwicklung. Wir haben das gestern ja in den Ausführungen des technischen Direktors gehört und auch in den Demonstrationen gesehen. Neue Übertragungswege im UKW-Bereich über Kabel und Direkt-Rundfunk-Satelliten gehen einher mit technischen Fortschritten in der Individualkommunikation, wie sie Video-Band, Bild-Platte, Kassette, aber auch das Kabel, insbesondere in der Glasfasertechnik, bieten. Dieser technische Fortschritt wird vorhanden sein, er muß und wird genutzt werden. Er darf freilich nicht Selbstzweck werden, sondern er muß in den Dienst des Publikums, in den Dienst für den Menschen gestellt werden. Technik erhöht die Lebensqualität nur, wenn sie menschlich bleibt und nicht ihrerseits den Menschen zum Objekt einer alles umkreisenden Technik macht. Kommunikationstechnik soll daher zur besseren Kommunikation, nicht zur Isolation des Menschen vor dem häuslichen Schaltpult führen. Statt besserer Information stünde sonst am Ende eine Deformation der Gesellschaft. Diese Gefahren der sich abzeichnenden technischen Entwicklung geben dem Rundfunk als ein Medium für alle seine besondere Aufgabe, gerade in einer Phase zunehmender Individualisierung des Kommunikationsprozesses. Der an alle gerichtete Rundfunk muß ein integratives Angebot leisten, das sich durch umfassende Sachlichkeit, aktuelle Vollständigkeit von allen Einseitigkeiten individueller Kommunikation unterscheidet. Und es ist vorhin ja angeklungen in dem Beitrag der Programmdirektoren, daß wir, um attraktiv zu bleiben, im Sinne dieses an alle gerichteten Rundfunks live sein müssen in jeder Beziehung."[199]

Dieter Stolte: Programme nicht nur vervielfachen, sondern das Angebot verbessern (1980)

1. Mehr Programme sind nicht mehr Programm

"Von der Verfügbarkeit für den Zuschauer her betrachtet, erwächst aus einer Addition konkurrierender und nicht koordinierter Programme nicht notwendigerweise eine größere inhaltliche Wahlfreiheit.

(...) Mehr Anbieter erbringen wegen der zeitlichen Anordnung des Fernsehprogramms nicht notwendigerweise schon ein breiteres Angebot. Wir stoßen hier auf einen wesentlichen medienbedingten Unterschied des Rundfunks gegenüber den Differenzierungsmöglichkeiten des Marktmechanismus bei anderen "Waren", auch im Vergleich zu den Printmedien.

---

199 Ausschnitt aus: Friedrich Wilhelm von Sell und Reinhold Vöth: "ARD im Gespräch" Ausblick in die 80er Jahre. In: epd / Kirche und Rundfunk Nr.87 vom 11. November 1981. S.1f.

(...) Die Erkennbarkeit der Senderidentität wird in Zukunft eines der wenigen Mittel gegen den Überdruß am Überfluß sein, der von einer Programmvermehrung zwangsläufig ausgehen muß. Mit Senderidentität ist nicht nur die optische Kennung gemeint, wenn es auch charakteristisch und ein graphischer Beleg für meine These ist, wenn amerikanische wie auch italienische Sender nicht darauf verzichten können, ihr Signet wiederholt oder sogar ständig ins laufende Programm einzublenden. Ein Programmprofil entsteht durch ein inhaltliches wie formales Gestaltungsprinzip. Ein solches Prinzip glaubt Ted Turner in Amerika mit seinem Nachrichtenkanal gefunden zu haben, der rund um die Uhr Informationen und Live-Reportagen bringt; andere Kanäle, etwa im Pay-TV-Bereich, halten ausschließlich Spielfilme bereit. Das ZDF hat für die deutschen Kabelpilotprojekte drei verschiedene spartenbezogene Wiederholungsprogramme vorgeschlagen, und die Dritten Programme der ARD haben einmal mit dem Anspruch begonnen, sich als Bildungs- und Regionalprogramme profilieren zu wollen."[200]

Heinz Werner Hübner: Dann wird sich die Rundfunklandschaft verändert haben. "Gegenwart und Zukunft des Fernsehens". Stagniert das Angebot sowohl vom Inhalt wie auch von der Form her? (1981)

"Mitte der achziger Jahre wird sich die Rundfunklandschaft in Deutschland vermutlich verändert haben. Es wird dann wohl ein ausländisches, über Satellit ausgestrahltes Programm auch in deutscher Sprache zu empfangen sein. Das kann sich aus technischen Gründen ein bis zwei Jahre verschieben. Es geht dabei um die Entwicklung von Satellitensendern, von Raketen, aber auch um die Struktur der Kabel, von denen von Großantennen oder Parabolspiegeln aus dieses Programm in die Geräte eingespeist wird. Der erste, der sein Programm über Satellit ausstrahlen wird, ist nach allgemeiner Auffassung in Europa Radio Luxemburg. Andere Satellitenprogramme dürften in sicherlich nicht allzu großen Abständen folgen. Daneben wird es in größeren Gebieten der Bundesrepublik die Möglichkeit geben, über Kabel mehr Programme als die jetzt über Antennenempfang zu wählenden einzuschalten, unabhängig von den dann noch laufenden Kabelpilotprojekten. Bei diesen Programmen kann es sich sowohl um inländische als auch um ausländische handeln.

Ist der WDR auf diese Entwicklung vorbereitet? Für das Programm ist mit ja zu antworten. Natürlich wird es keinen Tag X geben, von dem an sich die Fernsehlandschaft in Deutschland total verändert. Der Übergang wird fließend sein. Für den WDR sieht die Rangfolge so aus:

Dezentralisierung, unter der nicht allein Regionalisierung oder gar lokales Fernsehprogramm zu verstehen ist; verstärkte Berichterstattung aus den Regionen über die Regionen; stärkere Abgrenzung zwischen dem dritten Programm des

---

200 Auszüge aus: Dieter Stolte: Programme nicht nur vervielfachen, sondern das Angebot verbessern. In: Frankfurter Rundschau 1980 Nr. 264. S.14.

WDR und dem ARD-Gemeinschaftsprogramm; ein ARD-Satellitenprogramm, an dem auch der WDR beteiligt ist.

Für dieses Satellitenprogramm sind in der ARD unter maßgeblicher Beteiligung des WDR eigene Vorstellungen entwickelt worden. In einem ersten Papier der Programmdirektion Deutsches Fernsehen heißt es dazu:

"Ein solches Satellitenprogramm muß sich vom terrestrischen Programm deutlich unterscheiden. Von der Publikumswirksamkeit her muß es zugleich auch mit anderen gegebenenfalls auftretenden Anbietern konkurrieren können. In einem derartigen Satellitenprogramm könnte auch Raum sein für Zulieferungen anderer Produzenten unter der Verantwortung der Rundfunkanstalten."[201]

Norbert Schneider: Brandstifter beim Feuerwehrball. Eine kritische Bilanz der Rundfunkentwicklung (1981)

"Was die zuletzt einzig interessante Entwicklung betrifft, nämlich die Entwicklung des Programms, so kann sie nur auf dem Hintergrund dieser anderen Entwicklungen gesehen werden. Die Parteipolitisierung der Institutionen hat ganz konsequent eine Entpolitisierung der Programme gefördert. Unterhaltsame, vordergründig unpolitische, vorhersehbar unanstößige Programme haben zugenommen. Zugenommen hat die Tendenz zum harmlosen Vergnügen. Es fällt auf, daß Höhepunkte im Programm immer seltener "hausgemacht" sind. Sie passieren, weil etwas anderswo passiert (Papstbesuch, englische Königshochzeit, aktuelle Sportereignisse) oder sie sind einfach eingekauft (Holocaust, Die Auswanderer usw.). Die Doppelrolle des Rundfunks, Medium und Faktor zu sein, verschiebt sich immer mehr in Richtung auf das Medium. Konflikte, tatsächliche wie aufgeblähte, haben dem Rundfunk die Funktion des Faktors ganz erheblich ausgetrieben. Nicht Bildung, sondern Abbildung dominiert. Man zeigt nicht mehr so sehr, was ist oder sein könnte, sondern lieber was war. Die objektiv unangreifbare Programmidee z.B., sich mit der eigenen Geschichte zu befassen, erfüllt zugleich die Hoffnung, von Konflikten verschont zu bleiben - es sei denn, es wären solche über die Einschätzung von Preußen. Die Bandbreite der politischen Sendungen wird - Ausnahmen bestätigen die Regel - durch die parteipolitische Bandbreite definiert. Es gibt heute so etwas wie eine publizistische 5%-Klausel, gegen die auch die noch immer zahlreichen Sendungen über und für Minderheiten nicht ausrichten. Nicht der Inhalt einer Live-Sendung, sondern das Faktum einer Live-Sendung wird als mutig prämiert.

Programminnovationen haben es auf diesem Hintergrund schwer. Sie werden von vornherein mit so vielen Gewichten behängt, daß sie oft kaum laufen lernen können. Schwache Premieren werden durch starke Kritiken weiter geschwächt und

---

201 Ausschnitt aus: Heinz Werner Hübner: Dann wird sich die Rundfunklandschaft verändert haben."Gegenwart und Zukunft des Fernsehens". Stagniert das Angebot sowohl vom Inhalt wie auch von der Form her? In: Frankfurter Rundschau 1981 Nr. 39. S.14.

daher meist zu früh abgebrochen. Statt neuer Qualitäten werden lieber neue Quantitäten ausgespäht. Teils um noch freie Plätze vor denkbarer Konkurrenz zu besetzen, teils um den Anschein zu erwecken, daß sich überhaupt noch etwas bewegen läßt.

Trotz solcher Tendenzen ist das Programm insgesamt der schwächste Beleg für die Behauptung, daß der Rundfunk sich in einer Krise befindet oder gar in einer Agonie. Gegen solches Wunschdenken bleibt festzuhalten, daß der Faszinationsverlust des Rundfunks seinen Gebrauchswert bisher nicht beeinträchtigt hat. Eine geringfügige Abflachung der Einschaltquoten und hier und da feststellbare Veränderungen im Publikumsgeschmack reichen nicht aus, um die Behauptung einer Programmverschlechterung zu begründen. Noch ist nachweisbar täglich in einem der durchschnittlich drei Fernsehprogramme, die der Bürger empfangen kann, für jeden Geschmack und für nahezu jedes Bedürfnis ein Programm, das zu sehen sich lohnt. (...) Trotz des Faszinationsverlustes hält der Rundfunk einen festen Platz im Alltag des Publikums. Und wenn hier schon Kritik geübt werden soll, dann allenfalls daran, daß dieser Platz noch immer zu fest ist, zu dominierend. Es ist zu billig und zudem unredlich zu behaupten, das Programm wäre auf der ganzen Linie schlechter geworden. Es zeugt von schwachem Erinnerungsvermögen, wenn als Anlaß von Wiederholungen heute behandelt wird, das Programm der 60er Jahre sei um Längen besser gewesen. Gerade die Wiederholungen wiederholen ja nicht den Alltag des Programms, sondern Spitzenleistungen, die damals so häufig waren wie heute. Nicht die Programme sind schlechter geworden. Für gravierender halte ich, daß von guten Programmen seltener die Rede ist."[202]

Dietrich Schwarzkopf: Programmaufgaben der 80er Jahre. Thesen von Dietrich Schwarzkopf und Gunthar Lehner (1981)

"*Dietrich Schwarzkopf:* (...) Die Trendvermutung, die ich Ihnen präsentieren und zur Diskussion stellen möchte, lautet:

1. das Fernsehen wird in den 80er Jahren interessanter werden;

2. es wird für die 80er Jahre nicht neu erfunden werden.

(...) Interessanter wird das Fernsehen für das Publikum, nicht etwa allein für Kritiker und für die Fernsehmitarbeiter selbst. Es wird interessanter dadurch, daß es im Übergang ist zu einem neuen Lebensabschnitt.

Der erste Lebensabschnitt des Fernsehens in der Bundesrepublik Deutschland war geprägt durch die Faszination des Neuen. Der zweite, noch andauernde, ist geprägt durch die Gewöhnung an das Vertraute, verbunden mit dem Nachlassen der anfänglichen Faszination. Der nächste Lebensabschnitt wird geprägt sein von

202 Ausschnitt aus: Norbert Schneider: Brandstifter beim Feuerwehrball. Eine kritische Bilanz der Rundfunkentwicklung. In: epd Kirche und Rundfunk 1981 Nr. 62 S.4f.

der Entdeckung und Nutzung neuer Möglichkeiten. Hier treffen Erwartungshaltung des Publikums und journalistische Bereitschaft zur Weiterentwicklung aufeinander. (...)

Wie sehen nun die neuen Möglichkeiten aus?

1. Live heißt das Gebot der 80er Jahre. Zu erinnern ist daran, daß live eine uralte Möglichkeit des Fernsehens ist. Sein Beginn war durch das Gestaltungsprinzip live geprägt, die ersten Fernsehspiele waren live. Die Dominanz der Konserve ist eine Abweichung von der Natur des Mediums. Wenn neue Techniken (Kassette, Bildplatte) einen Teil der Belieferung mit Konserven übernehmen, wie es ihrer Natur entspricht, kann sich das Fernsehen auf seine Live-Natur besinnen.

(...) Vermehrte Live-Berichterstattung verlangt eine bewegliche Programmstruktur, erfordert unter Umständen mehr Programmänderungen als bisher. Werden die Zuschauer das zu schätzen wissen? Vielleicht bietet das Satellitenzeitalter die Möglichkeit einer Arbeitsteilung zwischen einem stärker an feste Zeiten gebundenen und einem im Interesse großflächigerer Live-Berichterstattung beweglicheren Programm.

2. Das Fernsehen wird sich in stärkerem Maße als ein thematisch originäres Medium erweisen. Die Hinwendung zur Region fördert diese Entwicklung. Hier wird das eigene Aufspüren von Themen für das Fernsehen existentiell. Zu lange und in zu vielen Fällen hat das Fernsehen Themen behandelt, die von anderen, seien es Regional-Zeitungen oder gedruckte politische Magazine, als erste aufgegriffen wurden.

3. Das Fernsehen der 80er Jahre wird sich stärker profilieren durch Themen, die die Bürger bewegen, sie unmittelbar angehen. Es wird sich dieser Notwendigkeit nicht entziehen können, weil sich die Zuschauer sonst zu solchen Medien oder Veranstaltern hinwenden, die derartige Themen aufgreifen, und es will sich natürlich auch einer solchen Aufgabe nicht entziehen. Die Mitarbeiter des Fernsehens sehen einen großen Reiz darin, diese Aufgabe verstärkt wahrzunehmen. Das wird in Sendeformen zu geschehen haben, in denen Bürger selbst zu Wort kommen. Die Bereitschaft, sich an solchen Sendeformen immer wieder zu versuchen, ist vorhanden. Die Dritten Programme erweisen sich bereits als ein wichtiges Experimentierfeld.

4. Das Fernsehen wird sich vermehrt als ein Forum anbieten, auf dem sich die in der Gesellschaft vorhandenen politischen und sonstigen Richtungen präsentieren können und auf dem sie ihre Meinungsverschiedenheiten austragen. (...)

5. Orientierungshilfe wird eine der Hauptaufgaben des Fernsehens in den 80er Jahren sein. Nicht in dem Sinne, daß das Fernsehen sich als geistiger Führer der Nation vorzustellen hätte, sondern im Sinne der Darbietung von Optionen zur rationellen Bewältigung kritischer Situationen. (...) Ratgeber-

Sendungen des verschiedensten Typs, wenn auch nicht unbedingt in der heutigen Form, werden gute Sendezeiten beanspruchen können.

6. Beim verstärkten Aufgreifen existentieller Themen wird sich das Fernsehen insofern als ein anregendes Medium erweisen, als nicht jedes Problem im Fernsehen selbst mit letzter Ausführlichkeit und bis in die feinste Verästelung hin behandelt werden kann. Das Fernsehen wird Anstöße geben zum Weiterlesen, Weiterreden, Weiterdenken.

7. Dazu ist erforderlich - und dieser Aufgabe wird sich das Fernsehen stellen - , vermehrt Zeitprobleme im Zusammenhang darzustellen. Gemeint ist: nicht mehr Zeitprobleme, sondern mehr Zusammenhang. Die dafür nötigen Sendeformen werden entwickelt. Die Darstellung von Zeitproblemen im Zusammenhang wirkt der Irritation durch die Aufnahme isolierter Informationen entgegen und hilft zugleich, einen Weg zu finden durch den Irrgarten der Informationsüberfülle.

8. Ein stärker auf Live-Berichterstattung, originäre Themen, existentielle Themen, Forumsfunktion und Orientierungshilfe eingestelltes Fernsehen wird naturnotwendig lebendiger werden durch den Verzicht auf höchste Perfektion. Sehr zu wünschen wäre, daß das Medium dabei auch zwangloser würde (...).

9. Das Fernsehen der 80er Jahre wird ein Medium der neuen Gesichter sein. Dies ergibt sich naturnotwendig daraus, daß eine ganze Generation hervorragender Reporter und Showmaster im Laufe des Jahrzehnts die Bühne verläßt. Die Nachfolger müssen rechtzeitig entdeckt werden und Gelegenheit erhalten, sich zu entwickeln. (...)

10. Eine neue Generation von Programm-Machern wird hoffentlich eine neue Gelassenheit einbringen und mitbringen. (...) Meine Hoffnung richtet sich auch darauf, daß neue Gelassenheit dazu beiträgt, die folgende fehlerhafte Ausprägung von Interviewer-Verhalten zu überwinden: Stichwort geben, Gefälligkeitsfragen und eigenes Leitartikeln.

11. Ein in dem beschriebenen Sinn aufregendes, aber nicht aufgeregtes Fernsehen der 80er Jahre wird zugleich ein Medium zum Ausruhen sein, so seltsam das vielleicht klingen mag. Ausruhen gehört zur Entspannung. Natürlich meine ich damit nicht, daß das Fernsehen mit seinen Programmen den Zuschauer in den Schlaf wiegt; aber es wird und muß in einem stärker am aktuellen Geschehen sich orientierenden Medium wie dem Fernsehen auch beschauliche, besinnliche Programme geben. Das können Filmerzählungen oder Landschaftsschilderungen sein oder noch zu entwickelnde Sendeformen. Sie werden Ruhepunkte anbieten können und auch dadurch das Programm für wahrscheinlich nicht wenige Zuschauer interessant machen. (...)"[203]

---

203 Ausschnitt aus: Dietrich Schwarzkopf: Programmaufgaben der 80er Jahre. Thesen von Dietrich Schwarzkopf und Gunthar Lehner.In: epd / Kirche und Rundfunk. Nr. 83. Ffm. 1981. S.1f.

Manfred Jenke: Mehr Programme bringen nicht mehr Information (1981)

"Wenn mehr Programme - und es wird mehr geben - in mehr Sprachen - und sie werden gesprochen werden - nicht zu gesellschaftspolitisch unerwünschten Integrationsverlusten führen sollen, dann wäre auch heute erneut an den Grundsatz zu erinnern, daß es nicht sinnvoll erscheint, in solchen zusätzlichen Programmen mehr von demselben anzubieten, das bereits jetzt das Bild unserer Programme bestimmt und prägt. Das heißt, es wäre gesellschafts- wie kommunikationspolitisch sinnwidrig, Programme miteinander in Konkurrenz treten zu lassen, die voneinander lediglich durch Herkunftsort und Verpackungsart, nicht aber durch Inhalt und Form unterscheidbar wären.

Ebensowenig sinnvoll erschiene es aber auch, das heute noch überwiegend gesamtgesellschaftlich bestimmte Blickfeld der angebotenen Programme zu verengen auf morgen möglicherweise partielle, vielleicht sogar partikulare Blickwinkel (einzelne gesellschaftliche Gruppen als Träger, Veranstalter, Betreiber, Inhaber einzelner Programme oder Kanäle), denn auch aus der Addition all dieser Teilaspekte würde sich - im Auge des Betrachters - keinesfalls ein neues Ganzes ergeben."[204]

Günter Rohrbach: Die Fernsehzukunft wird vor allem teuer. Plädoyer für die kritische Solidarität einer aufgeklärten Öffentlichkeit mit den öffentlich-rechtlichen Rundfunkanstalten (1982)

"Gute Programme sind knapp wie Öl. Ob in Zukunft alles besser wird, das hängt nicht zuletzt von dem Standpunkt, den man dabei einnimmt. Mit Sicherheit jedoch wird alles sehr viel teurer. Das trifft nicht nur die Zuschauer, die Videorecorder und Bildplattenspieler, Kassetten und Platten, Kabelanschlüsse und Satellitenantennen kaufen müssen, wenn sie den neu gewonnenen Spielraum auch nutzen wollen.

Das gilt vor allem für das, was in der Sprache des Marktes software heißt, jene Produkte also, die eine internationale Unterhaltungsindustrie für die Terminals in den Wohnzimmern bereitstellen soll. Gute Programme sind heute schon knapp wie Öl, ihre Herstellung ist auch durch weitere Geldanreize nicht beliebig stimulierbar. Die klassische Marktregel, daß eine Steigerung des Angebotes durch Konkurrenzdruck die Qualität heben und die Preise senken werde, hat hier keine Chance, da genau genommen nicht die Programme vermehrt werden, sondern die Methoden ihrer Verteilung. Mehr Kanäle erzeugen nicht automatisch mehr Rudi Carrells, sie machen nur den einen teurer. Die Konkurrenz wird nicht, wie ahnungslose deutsche Medienpolitiker es uns glauben machen wollen, um den Zuschauer stattfinden und zu seinen Gunsten, sondern um die Programme und zum Vorteil derer, die damit handeln. Weltweit wird es einen Run auf Entertainer, auf Show- und Ge-

---

204 Ausschnitt aus: Manfred Jenke: Mehr Programme bringen nicht mehr Information. In: Frankfurter Rundschau 1981 Nr. 1. S.11.

sangstars, auf große Sportereignisse und vor allem auf Spielfilme geben. Für letztere hat der Wettbewerb jetzt schon mit voller Härte begonnen."[205]

Dieter Stolte: Vielzahl bedeutet nicht Vielfalt (1983)

"Im Medienbereich stehen uns viele Umwälzungen bevor. Die Stichworte sind: Kabelfernsehen, Satellitenfernsehen, Bildschirmtext und Bildplatte. In Ludwigshafen und München werden Anfang des Jahres 1984 die ersten Kabelpilotprojekte beginnen. Ziel dieser Versuche ist es unter anderem zu erfahren, ob ein Bedarf an mehr und neuen Fernseh- und Rundfunkprogrammen besteht, wie solche Programme aussehen könnten und wie sich ein vermehrtes Programmangebot auf das Zuschauerverhalten auswirkt. Die Frage ist also: Wollen oder brauchen die Bürger mehr Fernsehprogramme? Was kommt da auf uns zu? Kabel- und Satellitenprogramme, so heißt es, sollen dem Seher und Hörer mehr Auswahl, mehr Vielfalt bringen. Ein gewichtiges Argument, viele und möglicherweise auch private Anbieter zuzulassen, ergibt sich aus dem Grundgedanken von Demokratie, Meinungsfreiheit und pluralistischer Gesellschaft. Es ist gut verständlich, daß dieses Argument vor allem von Politikern in die medienpolitische Diskussion eingebracht wird. Der Grundgedanke lautet: Jedermann sollte nicht nur das Recht haben, seine Meinung zu sagen, sondern er sollte sie auch mit allen technisch verfügbaren Mitteln verbreiten können. Dazu gehört auch die Verbreitung von Information.
Ich bekenne mich grundsätzlich zu diesem Argument. Was aber prinzipiell anzustreben richtig und vielleicht auch wünschenswert ist, läßt sich tatsächlich nicht immer erreichen. Ich möchte mich hier auf das Fernsehen beschränken und der Frage nachgehen, ob mehr Programme mehr Programm bedeuten, ob Vielzahl auch wirklich Vielfalt nach sich zieht - und nicht vielleicht Einfalt. (...)
Trotz aller Skepsis bleibt es jedoch vorstellbar, daß neue Rundfunkkanäle dem Bürger auch Neues bieten können. Neue Filme, neue Serien, ganz neuartige Unterhaltungssendungen, neue Formen der überregionalen Informationssendungen erwarte ich allerdings nicht. Schon jetzt suchen die Fernsehanstalten aus dem kreativen Potential unseres Landes wie auf dem Weltmarkt das aus, was den Qualitätsvorstellungen und den Erwartungen der Zuschauer am meisten entspricht. (...) Eins ist sicher: Auch neue Veranstalter müssen auf das vorhandene Kreativitätspotential zurückgreifen. (...)
Was können wir von einer Vermehrung der Programmangebote erwarten?

1. Eine Vielzahl der Kanäle garantiert keine Vielzahl der Anbieter. Es spricht im Gegenteil eine gewisse Wahrscheinlichkeit dafür, daß auch und gerade bei völliger Freigabe der Fernseh-Übertragungs-Möglichkeiten an den Markt sehr rasch Konzentrationsprozesse einsetzen würden, die das bekannte Maß der Pressekonzentration erheblich überschreiten würden, wenn

---

205 Ausschnitt aus: Günter Rohrbach: Die Fernsehzukunft wird vor allem teuer. Plädoyer für die kritische Solidarität einer aufgeklärten Öffentlichkeit mit den öffentlich-rechtlichen Rundfunkanstalten. In: Die Zeit 1982. Nr. 14. S.37.

nicht gar von Anfang an nur einige wenige Unternehmen überhaupt die erforderlichen enormen Investitionen aufbringen können.

2. Auch eine Vielzahl oder eine größere Zahl von Anbietern garantiert keine größere Vielfalt der Programmangebote. Es spricht im Gegenteil eine gewisse Wahrscheinlichkeit dafür, daß, je mehr der Wettbewerb auch wirtschaftlich und nicht nur publizistisch definiert ist, die Anbieter Majoritätsinteressen immer stärker nachgeben müssen. Mehrheitsfähig sind sozusagen aber nur bestimmte Programmsparten, insbesondere die unterhaltenden.

3. Eine Vielfalt der Angebote garantiert keine größere Vielfalt der Nutzung. Es spricht im Gegenteil eine gewisse Wahrscheinlichkeit dafür, daß das relativ starre, begrenzte Fernseh-Zeitbudget der Bevölkerung überproportional zugunsten der dominierenden Programminteressen für Spiel und Unterhaltung eingesetzt würde.

4. Eine größere Vielfalt des Programms ist zumindest kurzfristig nicht zu erwarten, weil das kreative Potential begrenzt ist. Es spricht im Gegenteil eine gewisse Wahrscheinlichkeit dafür, daß statt größerer Vielfalt mehr vom Gleichen angeboten wird; denn die alljährlichen Möglichkeiten für Neuproduktionen sind begrenzt. Eine wirkliche Ausweitung des kreativen Potentials ist wohl nur langfristig möglich. (...)"[206]

Dieter Stolte: Das ZDF in der Medienlandschaft von morgen (1984)

"Der reine Marktgesichtspunkt - sollte er denn zum entscheidenden, zum alleinigen Kriterium der neuen Medien werden - schränkt Kultur und Phantasie jedenfalls erheblich ein. Eine bloße Vermehrung von Programmen bedeutet noch keine inhaltliche Erweiterung. Die Einengung kommerzieller Programme auf Unterhaltung - Spielfilme, Serien, Videoclips - würde vielmehr das Gegenteil von Vielfalt bedeuten. Den Bürger für mündig zu erklären, zu jeder Tageszeit unter Umgehung aller anderen Kultur- und Informationsangebote Unterhaltung zu konsumieren, steigert Fernsehen tatsächlich zur Droge, entfremdet es seiner Aufgabe, Forum und Faktor der öffentlichen Meinung zu sein und zu bleiben.

Wer den gesellschaftlichen Auftrag des Fernsehens ernst nimmt, muß die Vielfalt seines Angebots sichern. Denn nur durch diese Vielfalt ist der Anspruch zu erfüllen, Rundfunk für alle zu sein: für die Mehrheit so gut wie für Minderheiten, also mit einem massenwirksamen Programm sowohl als auch für die verschiedensten Zielgruppen. Insofern liegt gerade die Zukunftssicherung des öffentlich-rechtlichen Rundfunks zugleich im Interesse seiner Funktionssicherung. Zukunftssicherung aber bedeutet:

---

206 Auszüge aus: Dieter Stolte: Vielzahl bedeutet nicht Vielfalt. In: Lutz Franke (Hrsg.): Die Medienzukunft. 13 Beiträge nach der Sendereihe "Heidelberger Studio" des Süddeutschen Rundfunks. Gemeinschaftswerk der Evangelischen Publizistik. Ffm. 1983. S.83f.

- Teilnahme an den modernen Technologien, also an Kabel, Satellit und den Formen der Textkommunikation. Für das ZDF bedeutet dies konkret, daß es mit seinem jetzt über den Kommunikationssateliten ECS-F1 verbreiteten 3Sat, dem Satellitenprogramm für den deutschsprachigen Kulturraum, zusammen mit dem Österreichischen Rundfunk (ORF) und der Schweizerischen Radio- und Fernsehgesellschaft (SRG) einen der vier zunächst geplanten Kanäle auf dem TV-Sat erhält.

- Gewährleistung der gesamtgesellschaftlichen Funktion des öffentlich-rechtlichen Fernsehens nicht zuletzt durch eine auch in Zukunft ausreichende finanzielle Basis über Gebühreneinnahmen und Werbung (...), und zwar eine finanzielle Basis, die auch die Nutzung der neuen Techniken gewährleistet.

- Selbstverpflichtung des öffentlich-rechtlichen Fernsehens, entsprechend seinem breiten Programmauftrag auch in Zukunft für ein vielfältiges Angebot an Kultur und Information neben der Unterhaltung zu sorgen und dabei die deutschen und europäischen Produktionskräfte durch einen erheblichen Anteil von Eigenleistungen zu berücksichtigen. (...)

Fernsehen der Zukunft - das wird vielleicht eine bunte Mischung von Angeboten öffentlich-rechtlicher und privater Programmveranstalter sein. Das ZDF hat in dieser bunten Mischung einen Beitrag zu leisten, der sein Programmprofil unverwechselbar heraushebt. In diesem Sinne zielen seine Bemühungen um die Sicherung seiner Zukunft und um die Gewährleistung seines Bestandes und seiner Entwicklung (...) auf die Möglichkeit, auch künftig seine vielfältigen Programmaufgaben in ihrer ganzen Breite abzudecken. Nur so kann es im Sinne der Fernsehurteile des Bundesverfassungsgerichts seinen Beitrag für das Staatsganze, also für die Gesamtgesellschaft mit ihren vielen Strömungen und Wandlungen leisten." [207]

Günter Gaus: Die zynischen Macher. Das Fernsehen trägt zum Ende der Aufklärung bei (1984)

"(...) Das Fernsehen wird mehr und mehr obsiegen über die Voraussetzungen unseres Systems - die rationale Mündigkeit des Publikums, das ja zugleich der Souverän, das Staatsvolk ist. (...) Das Fernsehen wird allmählich, aber gar nicht so langsam, einen nicht geringen Wandel unseren politischen Kultur bewirken, als es das Abschaffen des Drei-Klassen-Wahlrechts und die Einführung des Frauenstimmrechts getan haben. (...) Das Fernsehen, mit dem sich die Aufklärung zu vollenden scheint, mit dem sie in jede Stube kommt, trägt zum Ende der Aufklärung entscheidend bei.

---

207 Ausschnitt aus: Dieter Stolte: Das ZDF in der Medienlandschaft von morgen. In: ZDF Jahrbuch 1984, Mainz 1985. S.26f.

1. Die folgenschwere Wirkung des Fernsehens auf unsere politische Kultur ist in ihrem Kern unabhängig davon, ob das Fernsehen öffentlich-rechtlich oder privatkapitalistisch organisiert ist. Das öffentlich-rechtliche System ist allerdings eher geeignet, die bösen Folgen des Mediums zu verlangsamen, weil es nicht vorrangig am Gewinnmaximierung orientiert sein muß.

Es ist intellektuell ein Leckerbissen zu beobachten, wie gerade jene Kräfte unserer Gesellschaft, die sich als die Wertkonservativen ansehen und ausgeben, auf die Vermehrung eines Mediums durch Privatisierung dringen, das ein Schmelzofen für die Werte des aufgeklärten Bürgertums ist. Wieder einmal wird, mit bekanntem Ausgang, der alte Konflikt zwischen Prinzipien und Profiten ausgefochten; diesmal in der Brust jener, die zu privatem Eigentum mit Hilfe eines Satelliten gelangen können.

Aber, so muß der Pessimist sich fragen, vielleicht geht die Rechnung der Privatisierer doch auf: Nicht für alle in barer Münze, aber gerade im Blick auf gesellschaftliche Maßstäbe, Wertnormen und Verhaltensweisen könnte sie doch schon mittelfristig, in ein, zwei Jahrzehnten, stimmen. Die Entrationalisierung, die Entmündigung, die Emotionalisierung, die das Fernsehen uns und damit unserer politischen Kultur zufügt, ergeben möglicherweise für die Gesellschaft von Führern und Geführten viel brauchbarere Werte, als es unsere hergebrachten aus dem 19. Jahrhundert sind.

2. Das Fernsehen hat natürlich auch sein Gutes. Dazu rechne ich nicht nur viele hervorragende, bewegende Einzelproduktionen, die es im Fernsehen wie in jedem Medium gibt. Ich meine generell, daß in einigen TV-Programmen beispielsweise Gesprächsrunden sich als regelmäßige Sendeform gebildet haben, in denen wie bei einer Gruppentherapie Unbeholfenen zum Artikulieren und Spielen verholfen wird. Das mag auch Menschen, die passiv vor dem Kasten sitzen, guttun. Ich erkenne auch, daß manche Berichte über Menschen und Ereignisse den künftigen Geschichtsquellen etwas Augenfälliges, das nicht unwichtig ist, beigeben. Auch ist Fernsehen manchmal unterhaltend. (...)

Verbieten kann das Fernsehen niemand. Populäre Streiks, Zusammenrottungen, Volkszorn wären die Antwort. (...) Nein, mit der Kultur-umschmelzenden Kraft der Television haben wir uns abzufinden."[208]

Friedrich-Wilhelm von Sell: Rundfunk - ein Kulturgut auch in der Zukunft? Vortrag vor dem Verein für Literatur und Kunst in Duisburg (1985)

"(...) Daß die Privatisierung des Rundfunks mehr als eine Organisationsfrage ist, daß hier ein Stück Kommunikationskultur in unserer Gesellschaft zur Disposition gestellt werden soll, bleibt weithin ungesagt, ja wird sogar gezielt verschleiert, wenn beispielsweise behauptet wird, daß ein Wettbewerb mit Privaten mehr Vielfalt, sprich Kultur, in unsere Medienlandschaft brächte. Eben dies aber kann öko-

---

208 Ausschnitt aus: Günter Gaus: Die zynischen Macher. Das Fernsehen trägt zum Ende der Aufklärungen bei. In: Die Zeit 1984 Nr. 44. S.63.

nomischer Wettbewerb - wie in anderen Bereichen völlig unbestritten ist - gerade nicht bewirken. Wenn der Markt in der Lage wäre, Kultur hervorzubringen, bräuchten die kommunalen Körperschaften und Länder in der Bundesrepublik Deutschland nicht jährlich 1,5 Mrd. DM aufzuwenden, um Schauspiel- und und Opernhäuser zu subventionieren, bräuchten wir keine Filmförderungsgesetze, um den deutschen Film halbwegs am Leben zu erhalten oder wieder zum Leben zu erwecken. Bislang ist niemand auf die Idee gekommen, dem staatlich getragenen Opernhaus eine private Konkurrenz entgegenzusetzen. Aus einsichtigen Gründen! Beim gemeinnützigen Rundfunk soll dies nun plötzlich zu einer Bereicherung des Programms führen?

Um hier nicht mißverstanden zu werden: Ich sage nicht kurzschlüssig, daß eine Betätigung Privater kulturell wertvolle Leistungen ausschließt, ich sage nur, daß das Prinzip der Gewinnmaximierung, an dem sich private Rundfunkunternehmern naturgemäß orientieren, perse den sozial und kulturell wichtigen Entwicklungen und Leistungen die notwendige Aufmerksamkeit nicht gestattet. Das, was dem privaten Rundfunkunternehmer optimale Erträge zu den geringstmöglichen Kosten verspricht, deckt eben nicht notwendig auch den breit gefächerten und vernetzten Informationsbedarf in einer demokratisch verfaßten Gesellschaft ab. Gerade weil der Wettbewerb nach allen Erfahrungen als Ordnungsinstrument auf dem Rundfunksektor versagt, so auch die Rechtsprechung des Bundesverfassungsgerichts, muß der Kulturauftrag des Rundfunks gesetzlich abgesichert werden, müßten auch private Rundfunkveranstalter auf einen umfassenden Programmauftrag hin verpflichtet werden und vergleichbaren Bindungen wie die öffentlich-rechtlichen Rundfunkanstalten unterliegen. Bestrebungen dieser Art sind in der Bundesrepublik spärlich. Sowohl die bereits vorliegenden gesetzlichen Regelungen und Entwürfe als auch die bisherigen Absprachen der Ministerpräsidenten im Hinblick auf einen Staatsvertrag lassen entsprechende Vorkehrungen nicht erkennen. Die damit in Kauf genommene Gefährdung von Kommunikationskultur erfüllt mich mit Sorge. (...)

Nach bald drei Jahrzehnten verantwortlicher Tätigkeit in drei öffentlich-rechtlichen Rundfunkanstalten, d.h. mit einem, wie ich hoffe, gewissen Maß an Verbindlichkeit, kann ich Ihnen versichern, daß in allen Bereichen - bei den Nachrichten infolge ihrer Bindung an die Aktualität naturgemäß geringer als bei der Dokumentation, dem Kommentar oder dem Fernsehspiel - ein immerwährender Wettstreit von Ideen am Werk ist. Die dem öffentlich-rechtlichen Rundfunk zugewiesene Unabhängigkeit spiegelt sich betriebsintern in einem hohen Maß an redaktioneller Freiheit, in einer Konkurrenz der Ideen in allen Sparten unseres Programms.

Hier, in diesem Freiraum der Kreativität, in der Orientierung auf Qualität und Interesse des Bürgers hin, liegt die gesellschaftspolitische Bedeutung des Prinzips "öffentlich-rechtlicher Rundfunk", liegt ein Stück organisatorisch abgesicherte Kommunikationskultur, die für eine Gesellschaft, die in weiten Bereichen von Gewinnstreben und ökonomischen Denken bestimmt wird, eine wichtige Chance und Herausforderung darstellt. Wir sollten dies nicht gering achten und dergestalt

Gewachsenes und Bewährtes nicht leichtfertig für eine ungewisse Zukunft über Bord werfen: Es steht viel auf dem Spiel!"[209]

Dieter Stolte: Das unsichtbare Programm (1985)

"(...) Gibt es, so die Kardinalfrage, bei der Vielzahl der Lebensformen und Denkweisen hinter den einzelnen Sendungen und Programmen, ein gemeinsames Programm, einen übergeordneten Zusammenhang, ein durchgängiges Konzept? Bilden die selektiv wahrgenommenen, die häufig isoliert und hingesetzten Sendekästchen, die sich per Fernbedienung fast beliebig auseinanderreißen und aneinanderreihen lassen, eine sinnvolle Einheit, einen Zusammenhang? Und vor allem: Ist dieser Zusammenhang im Programm sichtbar, und wenn nein, warum ist er unsichtbar? (...)

(...) Um eine Art Spurensuche geht es auch diesmal, nämlich um die noch radikalere, ursprünglichere Frage nach dem Weg des Programms von den zugrundeliegenden Intentionen der Macher bis hin zur Ausstrahlung und der kritischen Rückmeldung. (...) Ich versuche den Weg aufzuzeigen:

1. Der Weg beginnt mit einer durchaus persönlich geprägten Beobachtung dessen, was als Gemeinsamkeit empfunden und als Zusammenhanglosigkeit erlitten wird, ein Prolog über Teile und Ganzes - unternommen vom kulturell fruchtbaren Boden außerhalb des Mediums. Gerade aus der Subjektivität des Programmverständnisses läßt sich sicherlich einiges für die Frage gewinnen, wie Fernsehen erlebt wird, und vor allem, was wahrgenommen, was bemerkt wird - und was nicht.

2. Zusammenhänge in Dialogen zu erarbeiten, das unsichtbare Programm unter dem Gesichtspunkt der Qualität von zwei Seiten auszuleuchten, gibt der Gemeinsamkeit, der zugrundeliegenden Intention gerade wegen der größeren Vielfalt Chancen: Auch der rote Faden hat ja zwei Enden. Wodurch konstituiert sich sichtbare Programmqualität? Wie läßt sich in der Wahrnehmung die Spannung zwischen einzelnen Beiträgen und konzeptionellem Überbau für die Praxis konkretisieren?

3. Der nächste Schritt: das propagierte Programm. Tragen die Verlautbarungen der Programmverantwortlichen dazu bei, das Spannungsverhältnis zwischen einzelnen publizistischen Intentionen und dem umfassenden Kulturauftrag sichtbar zu machen? Ist der einzelne Beitrag in der Programmlandschaft auszumachen, oder läßt die Selbstanzeige der Macher sozusagen die Sonne über dem übrigen Programmrevier verdunkeln?

---

209 Ausschnitt aus: Friedrich-Wilhelm von Sell: Rundfunk - ein Kulturgut auch in der Zukunft? Vortrag vor dem Verein für Literatur und Kunst in Duisburg. In: epd / Kirche und Rundfunk. Nr. 14/15. Ffm. 1985. S. 22f.

4. Das Selbstbildnis leitet über zum Fremdbild, zum illustrierten Programm. Hier werden Angebote vermittelt, Erwartungen entstehen und werden zugleich gemacht. Solchermaßen entscheidet das illustrierte Programm mit darüber, was als das Programm erscheint und was unsichtbar bleibt. Welche Erwartungen geweckt, gedämpft oder abgewiesen werden, ergibt sich auch aus der Differenz zwischen propagiertem und illustriertem Programm, zwischen eigenen und fremden Intentionen. Sind dies produktive Differenzen, die durch die eigene Spannung hindurch den Blick auf den Zusammenhang lenken, oder werden bevorzugt nur bestimmte Einheiten als das vermeintlich Ganze illustriert? (...)

5. Das letzte Stück Weg der Vermittlung endet beim Zuschauer. Das eingeschaltete Programm ist die Reaktion auf Bemühungen und Beziehungen von Macher und Mittler. Wie reagiert der Zuschauer auf das von ihm nicht erkennbare Zusammen- oder auch Gegeneinanderspiel von propagiertem und illustriertem Programm? Vielleicht weiß der Zuschauer letzten Endes am besten, was das Programm ist, das sozusagen als Wahrenhaus vor ihm steht, obwohl er bevorzugt auf nur einer Etage seine Einkäufe tätigt. Gibt der Wert des Programms für den Zuschauer den Blick frei auf Zusammenhänge, die in den Intentionen der Macher möglicherweise nicht präsent sind? Wie wird die Spannung von Vielfalt und Zusammenhang vom Zuschauer ausgehalten, wie wird sie quittiert?"[210]

Rainer Frenkel: Statt Vielfalt: Vervielfältigung. Wo Profis und Provinz die Programme machen - die ersten Tage vor dem Bildschirm des Ludwigshafener Kabelfernsehens (1984)

"Das war der Tag nun wirklich. Der Tag, dessen Datum so unerheblich ist, weil es völlig gleichgültig ist, ob Mäntel und Degen fliegen, ob man weiß, wie es "Die alten Römer trieben" oder das "Halbblut Apanatschi" oder die Geister im "Spukschloß in der Via Veneto" oder der Herr in "Kobra - Bitte übernehmen Sie" oder das "Ostasiatische Kochkabinett" oder "Wayne und Shuster" in ihrer Show oder Heinz Erhardt oder T'ai Chi Chuan oder "Der Alte" oder die Leute von "Big Valley" oder, oder, oder.

Die Tage ähneln einander auf allen Kanälen so sehr - zumal sich ARD und ZDF dem Unterhaltungsmuster anzunähern suchen - daß jeder nächste wie eine Repetition des vergangenen erscheint. Sie bedürfen der Wiederholungen nicht, um als Wiederholung zu wirken. Immer deutlicher stellt sich eine alptraumhafte Vorstellung von beständiger, nicht zu verhindernder Wiederkehr ein. Der Sinn für Rhythmus droht verloren zu gehen.

---

210 Auszüge aus: Dieter Stolte: Das unsichtbare Programm. In: epd / Kirche und Rundfunk. Nr. 90. Ffm. 1985. S.3f.

Unendliche Vervielfältigung, nicht: Vielfalt, entwickelt sich. Nichts ist aufeinander, zeitlich oder thematisch, abgestimmt. Nicht einmal auf den einzelnen Kanal. Vorfabrizierte Ware aus Film, Serie und Show prägt das Bild. Neu ist allein: die Provinz.

Doch ein Gewicht gegen die professionelle Gleichförmigkeit bringt natürlich auch sie nicht auf die Waage. Zuviel Musik- und Gesprächs-Füllsel hält sie bereit und kann dennoch ihre Kanäle nicht voll kriegen. In grauen Diskussionsrunden wird Langeweile ausgetauscht. Lokale Nachrichtensendungen beginnen mit der Feststellung, daß "glücklicherweise" nichts passiert sei, womit sich zwanglos auf die Arbeit der Telephonseelsorge überleiten läßt. Angekündigte "Ateliergespräche" werden durch ein nicht angesagtes Jazz-Programm ersetzt. Der türkischen folgt die chinesische Küche. Und das gesetzliche Verbot, die im übrigen natürlich noch dünn gesäte Werbung in einzelnen Sendungen einzubauen, wird auf geradezu groteske Weise unterlaufen. Ein Beispiel aus der EPF-Sendung "Pfälzer Pin-Wand": Mitten hinein in den besinnlichen Abspann auf das Lied "Stern über Bethlehem" bricht eine James-Bond-Werbung, was den Moderator zu einem Exkurs über jenen Herrn bewegt, beginnend mit der Feststellung "ja, ja, dieser James Bond", der sei auch schon lange dabei.

(...) Das Grundmuster aber ist gestrickt: Unterhaltung gemischt mit Unterhaltung, sich selbst wiederholend, immer nur aus einem Fundus schöpfend."[211]

Zur Konzeption eines europäischen Fernsehens

Dieter Stolte: Programme nicht nur vervielfachen, sondern das Angebot verbessern (1980)

"(...) Europäisches Programm über Satellit. Fragt man nach neuen Programmideen, so bieten sich für einen Fernsehendirektsatelliten schon aufgrund seiner technischen Verfassung ein überregionales und möglicherweise auch übernationales Konzept an. Die in letzter Zeit verstärkt Interesse finden Regionalisierungsüberlegungen für Hörfunk und Fernsehen können für den Satelliten nicht zum Tragen kommen; dazu eignen sich die vorhandenen terrestrischen Sender und - noch besser - die Verteilung über Kabelnetze. Es liegt daher nahe, an ein europäisches Programm über Satelliten zu denken, und Vorschläge dazu sind aus einer ganzen Reihe von Fernsehanstalten schon gemacht worden.

Wenn von einem europäischen Programm gesprochen wird, schwingen die unterschiedlichsten Begriffsauslegungen mit. Thematisch ist klar, daß europabezogene Inhalte in einem solchen Programm einen besonderen Schwerpunkt bilden müßten. Für den Kreis der Veranstalter und das Sendegebiet eines "Europa-Programms" sind jedoch verschiedene Definitionen denkbar, von der engsten - ein im

---

211 Ausschnitt aus: Rainer Frenkel: Statt Vielfalt: Vervielfältigung. Wo Profis und Provinz die Programme machen - die ersten Tage vor dem Bildschirm des Ludwigshafener Kabelfernsehens. In: Die Zeit 1984 Nr. 3. S.50.

Inland für die inländischen Zuschauer gestaltetes Programm - bis zur weitesten - ein von Fernsehanstalten aller europäischen Länder für alle dieser Länder gemeinschaftlich gestaltetes und ausgestrahltes Programm. Vom Inhalt und der Vielfalt des Gesamtangebotes her betrachtet, halte ich die europäische Profilierung eines neuhinzukommenden Satellitenprogramms für eine publizistisch sinnvolle Konzeption, die gute Akzeptanzchancen beim Zuschauer besitzt. Ein Europa-Programm kann weitgehend als ein Vollprogramm im herkömmlichen Sinne verstanden werden, in dem alle oder doch fast alle Programmsparten vertreten sind, und das sich zwar an wechselnde Zielgruppen wendet, in seiner Gesamtheit jedoch alle oder fast alle Zuschauergruppen anzusprechen vermag. Gleichwohl kann der Europa-Akzent diesem Programm eine Prägung verleihen, die für den Zuschauer die Senderidentifikation auch innerhalb eines wachsenden Angebots ermöglicht." [212]

Beitrag von Prof. Dr. Wilhelm Hahn (1984)

"Ein alternatives europäisches Programm mit europäischen Profil ist verdienstvollerweise zuerst vom ZDF und auch von Herrn Stolte erarbeitet und vorgeschlagen worden. Seitdem hat sich die Sache aber sehr viel weiter bewegt. Im Rahmen der europäischen Rundfunkunion gibt es das Projekt EURECON, an dem 15 Länder beteiligt sind und fünf verschiedene Anstalten, u.a. ARD. Sie bemühten sich im vorigen Jahre in fünf Wochen über den Punkt-zu-Punkt-Satelliten OTS europäisches Programm zu erarbeiten. (...) Ein echtes europäisches Programm kann erarbeitet werden, das wirklich alternativ ist."[213]

Tendenzen der Programmentwicklung in der zweiten Hälfte der achtziger Jahre

Alois Schardt: Trivialität im Fernsehen - Versuch einer Einordnung (1985)

"'Trivialität im Fernsehen bedeutet von der Breite der Rezeption her gesehen die Reduktion der menschlichen Komplexität auf eine allgemeine Verständnis- und Nachempfindungsebene.' Die Belletristik verfolgt übrigens auch dieses Konzept. Meinen abstrakten Ansatz möchte ich zur bedilderten Trivialität im Fernsehprogramm verdichten. Wir haben es dabei mit Stoffen, Geschichten, Personen zu tun, von denen emotionale Impulse ausgehen, die zumindest etwas die Sehnsucht nach mehr Romantik, Gefühl, nach dem Guten und Schönen stillen. Sie entsprechen authentischen Gefühlen und liefern teilweise Identifikationsmöglichkeiten, irreale, zugegeben. (...) Eine triviale, professionall gemachte Unterhaltungsserie wie "Die Schwarzwaldklinik" ist sicherlich kein klassisches Märchen, wohl aber ein fiktio-

---

212 Ausschnitt aus: Dieter Stolte: Programme nicht nur vervielfachen, sondern das Angebot verbessern. In: Frankfurter Rundschau 1980 Nr. 264. S.14.
213 Auszug aus einem Beitrag von Prof. Dr. Wilhelm Hahn: Podiumsdiskussion. In: Neue Medien. Melle 1984. S.403.

nales Jetztzeitmärchen, das die Realität nicht fotografisch darstellt, nicht pervertiert, sondern sie romantisch verfremdet, sie gefühlvoll abbildet und dem Medium entsprechend in Serienfolgen anbietet. Ein Fernsehprogramm ist immer ein Angebot, über dessen Nutzung der Zuschauer entscheidet.

(...) Triviale deutsche Stoffe sind romantischer und haben mehr Humor. Sex und Crime oder das Big Business sind keine notwendigen Vorgaben für hohe Akzeptanz. Fast alle bundesdeutschen Serien von ZDF und ARD rechtfertigen diese Behauptung. Mit der trivialen Fernsehliteratur werden Botschaften vermittelt, Inhalte dargestellt, von denen die 'emotionale Kraft des Fiktiven' (Gunther Witte) ausgeht."[214]

Ernst W. Fuhr: Der öffentlich-rechtliche Rundfunk im dualen Rundfunksystem. Inhalt und Auswirkungen des Vierten Fernsehurteils des Bundesverfassungsgerichts (1986)

"(...) Das Urteil des BVerfG vom 4. November 1986 schreibt die vorausgegangenen drei Fernsehurteile aus den Jahren 1961. 1971 und 1981 fort. Hatten die ersten beiden Urteile neben der Frage der Staatsfreiheit des Rundfunks und der Abgrenzung der Gesetzgebungskompetenz für Rundfunkfragen zwischen Bund und Ländern primär Vorgaben für die zu dieser Zeit allein zulässige binnenplurale Ausgestaltung öffentlich-rechtlichen wie privaten Rundfunk enthalten, so wurde im Urteil von 1981 erstmals die Veranstaltung außenplural verfaßten privaten Rundfunks im Grundsatz verfassungsrechtlich legitimiert. In einem solchen außenpluralen Teilsystem sollte den einzelnen privaten Veranstaltern grundsätzlich keine Verpflichtung zur Ausstrahlung ausgewogener Programm obliegen. Lediglich die privaten Programme in ihrer Gesamtheit sollten einem uneingeschränkten Vielfaltsgebot unterliegen. Aus der hierzu notwendigen Gesamtbetrachtung der privaten Programme waren die Programme der öffentlich-rechtlichen Rundfunkanstalten ausdrücklich ausgeklammert. Sie stellten keine Vielfaltsreserve für die privaten Programme dar.

In diesem Punkt enthält das jüngste Urteil eine wesentliche Akzentverschiebung. Nunmehr ist die Sicherstellung der Grundversorgung durch den öffentlich-rechtlichen Rundfunk wesentliche Existenzbedingung für einen mit verbreitungstechnischen und programmlichen Struktur- und Vielfaltsdefiziten belasteten privaten Rundfunk.

Unter Berücksichtigung dieser Komplementärfunktion des öffentlich-rechtlichen Rundfunks kann der Begriff der Grundversorgung allein im Sinn qualifizierter Vollversorgung verstanden werden. Eine Beschränkung des öffentlich-rechtlichen Rundfunkauftrags läßt sich hieraus nicht ableiten.

(...) Die dem öffentlich-rechtlichen Rundfunk zugeordnete und in untrennbarer Verbindung mit dem Demokratieprinzip stehende Grundversorgung umfaßt somit

---

214 Ausschnitt aus: Alois Schardt: Trivialität im Fernsehen - Versuch einer Einordnung. In: ZDF-Jahrbuch 1985.

die massenmediale Vermittlung einer möglichst allumfassenden und optimal vielfältigen Information über sämtliche Ereignisse, Zustände und Entwicklungen des gesellschaftlichen Umfeldes. Erst eine solche breite Information ermöglicht dem Bürger das für seine staatliche, gesellschaftliche und auch individuelle Orientierung notwendige weitgefächerte und fundierte Wissen. (...) Der Begriff der Grundversorgung ist mithin kein Synomym für Mindestversorgung, sondern beinhaltet vielmehr das gesamte Spektrum derjenigen Unterrichtung, die zu einer optimalen Gewährleistung der öffentlichen Meinungs- und Willensbildung unerläßlich ist. Der Gewährleistung der Optimalität des öffentlichen Meinungs- und Willensbildungsprozesses durch die Grundversorgung entspricht dabei, daß das BVerfG in seinem Urteil vom 4. November 1986 (...) die gesamte Palette der Programmfarben und damit jede Programmsparte schlechthin der Grundversorgung ausdrücklich zugerechnet hat.

(...) Als Fazit aus den vorstehenden Überlegungen zu Inhalt und Auswirkungen des Vierten Fernsehurteils des BVerfG läßt sich festhalten, daß der öffentlich-rechtliche Rundfunk die bundesdeutsche Rundfunkstruktur nach wie vor entscheiden prägen wird. Seit mehr als 30 Jahren stellt der öffentlich-rechtliche Rundfunk das bestimmende Strukturelement der deutschen Rundfunklandschaft das. Dies wird angesichts der verfassungsrechtlichen Vorgaben des BVerfG auch unter den Vorzeichen einer sich entwickelnden dualen Rundfunkordnung so bleiben."[215]

Peter Strotmann: Lobs und Flops. Die Sportberichterstattung überschwemmt das Fernsehprogramm (1987)

"Der Sport baut seine Vorherrschaft im Fernsehen systematisch aus. 5 345 Sendeminuten hatte das ZDF beispielsweise 1985 für Außenübertragungen eingeplant - am Ende waren es 9 117. Die schonungslose Öffnung, vor der notfalls sogar Bastionen wie "Heute" oder die "Tagesschau" weichen müssen, folgt einem einleuchtenden Kalkül. Sport ist die beste und bequemste Unterhaltungsform, die man sich beim Fernsehen denken kann. Was die Einschaltquoten angeht, rangieren sportliche Großereignisse weiterhin vor den hausgemachten Shows sogar eines Frank Elstner oder Hansjoachim Kulenkampff. (...) Andererseits kommen sie grundsätzlich billiger als die üppigen Eigenproduktionen, und: für die möglicherweise mindere Qualität des Programminhalts muß das Fernsehen keine Verantwortung übernehmen. Schließlich überträgt es "nur". Der Rest ist Tagesform.

Die Ausweitung der letzten zwei Jahre verdankt sich wesentlich dem nationalen Tennisboom um Steffi Graf und Boris Becker. An diesem Nachmittag gerät das patriotische Hurra-Gefühl in ein kleines Zwischentief, aber dadurch wird nur um so deutlicher, warum der Kampf um Satz und Sieg gegenüber anderen Publikumsrennern wie Fußball an Boden gutgemacht hat. Tennis ist auf seine besondere

215 Ausschnitt aus: Ernst W. Fuhr: Der öffentlich-rechtliche Rundfunk im dualen Rundfunksystem. Inhalt und Auswirkungen des Vierten Fernsehurteils des Bundesverfassungsgerichts. In: ZDF-Jahrbuch 1986. S.37f.

Weise "telegen". Die spielbedingten Unterbrechungen geben genug Anlaß, die Möglichkeit von Technik und Elektronik medial auszuspielen. Das Spektrum reicht von der überflüssigen Zahlenspielerei (Wieviel Prozent der ersten Aufschläge sind gekommen?) bis zur aufschlußreichen Zeitlupenstudie der Beinarbeit (und, in Paris, zu grobgerasterten Computerporträts der Kontrahenten, die wie Pausenzeichen eingeblendet werden.) Für viele wird der optische Genuß noch ungetrübter dadurch, daß der Kommentator zumindest während der Ballwechsel Redeverbot hat."[216]

Dietrich Leder: Je später der Abend. Anmerkungen zum Nachtprogramm von ARD und ZDF (1987)

"Quantitativ gewinnt das Fernsehangebot in der Bundesrepublik mächtig hinzu: Es wird immer später, aber nicht unbedingt besser. Dabei sind es nicht allein die neuen Programme der privaten Fernsehanbieter oder die mittlerweile bundesweit in die Kabelnetze eingespeisten Dritten Programme einiger ARD-Sender, die Satellitenkanäle von ZDF und ARD oder die ausländischen Sender, die für das Wachstum sorgen. Auch das traditionelle erste und zweite Programm weitet und dehnt sich aus. Werktags sind nur noch einige Stunden fernsehfrei, exakt die Zeit zwischen 13.15 Uhr (Ende des Vormittagsprogramms) und 15.50 Uhr (ARD) und 16.00 Uhr (ZDF), die den Beginn des Fernsehnachmittags markieren. Diese Zeitspanne von zweieinhalb Stunden bleibt aber genau nur dann frei, wenn einmal nicht eine Bundestagsdebatte oder ein Boris-Becker-Spiel ins Haus stehen. Normalerweise strahlt das öffentlich-rechtliche Fernsehen in seinen Traditionskanälen von 9.00 Uhr in der Frühe bis 1.00 Uhr in der Nacht seine Sendungen aus. Im Jahr macht das pro Kanal 5 000 Stunden Programm!

Ein Grund der Programmexpansion liegt auf der Hand. Die bisher leergebliebenen Zeiten werden erobert, damit sie gut besetzt sind für den Augenblick, wenn die private Konkurrenz bundesweit zu empfangen ist. Es soll keine Stunde am Tag geben, zu der das Testbild den fernsehwilligen Bürger anderen Sendern in die Hände treibt. Ein zweiter Grund hat damit vermittelt zu tun: Angesichts der Tatsache, daß die Verantwortlichen in den Sendeanstalten glauben, daß die Schlacht um den Zuschauer auf dem Feld der Unterhaltung geschlagen wird, zu dem Sport und Spielfilm selbstverständlich dazugehören, werden die Hauptsendezeiten zunehmend und konsequent mit Unterhaltendem besetzt. Wenn um 19.30 Uhr im zweiten und um 20.15 Uhr im ersten Programm bunte Unterhaltung geboten wird, muß alles andere zwangsläufig nach hinten rutschen. Die Regel gilt, je komplizierter der Gegenstand, je anspruchsvoller die Form der Sendung ausfällt, desto später liegt der Sendeplatz. Selbst die politische Information, wenn sie nicht nach dem Häppchen-Prinzip der Nachrichtensendungen zubereitet ist, soll zur Hauptsende-

---

216 Ausschnitt aus: Peter Strotmann: Lobs und Flops. Die Sportberichterstattung überschwemmt das Fernsehprogramm. In: Das Parlament 1987 H. 28.

174

zeit nicht mehr gezeigt werden (Ausnahme: "Die Reportage" im ZDF am Dienstag):

(...) Beide Gründe bestimmen denn auch die Form des Nachtprogramms. Da werden zum einen vor und nach Mitternacht Spielfilme und Fernsehspiele bzw. -reihen wiederholt, die als populär gelten. Das trifft beispielsweise auf das bereits am Freitag im deutschen Fernsehen anhebende Wochenende zu und auf den Mittwoch. Da werden zum anderen die Kultursendungen, experimentellen Fernsehspiele und Spielfilme so wie die Dokumentarfilme ausgestrahlt (Montag, Dienstag und Donnerstag)."[217]

Programmplanung nach ökonomischen Gesichtspunkten

Dieter Stolte: Programmvielfalt und Fernsehnutzung im dualen Rundfunksystem (1988)

"Für den einzelnen Fernsehnutzer schlägt häufig allein schon die höhere Zahl der Programme positiv zu Buche. Sie bietet ihm eine größere individuelle Wahlmöglichkeit und eine größere Unabhängigkeit von einzelnen Sendezeiten. Bereits eine Vielzahl von zur gleichen Zeit ausgestrahlter Unterhaltungsprogramme wird subjektiv als größere Vielfalt erlebt: Die einen sind Fans von Krimis und Action-Filmen, andere bevorzugen gefühlsbetonte Spielfilme und -serien, wiederum andere haben eine Vorliebe für Quiz- oder Showsendungen. Auch kann die Programmwahl mehr als bislang von der jeweiligen Stimmung abhängig gemacht werden. Vielfalt wird hierbei auf die Vielfalt innerhalb einer Programmsparte verkürzt.

(...) Überblickt man die bundesdeutsche Fernsehlandschaft im Ganzen und vergleicht die Programmangebotssituation in den KaSat-Haushalten mit der in den traditionellen Fernsehhaushalten, so läßt sich nicht nur eine größere Zahl an Kanälen und Anbietern, sondern auch eine größere Vielfalt des Programmangebots feststellen. (...) Aus der Perspektive des einzelnen Fernsehnutzers sieht das derzeitige Programmangebot eher verlockend aus und wird auch so bleiben, vorausgesetzt, daß die Finanzierung der öffentlich-rechtlichen Programme auch in Zukunft gesichert bleibt. Denn allein von ihnen wird es abhängen, ob es auch in Zukunft eine Programmvielfalt im Sinne der "Grundversorgung" geben wird. (...)

Programmvielfalt meint im Kern die Vielfalt kommunikativ aufeinander bezogener Meinungen. Die Forderung nach programmlicher Vielfalt betrifft gemäß der Rechtsprechung des Bundesverfassungsgerichts jedes einzelne Vollprogramm, und nicht nur die Fernsehlandschaft im ganzen. Sie meint also gerade nicht eine Aufgabenteilung zwischen öffentlich-rechtlichen und privaten Programmanbietern, etwa dergestalt, daß die öffentlich-rechtlichen ausschließlich für Information und Bildung (Kultur) zuständig sind, die privaten dagegen für die Unterhaltung, wie es von Seiten privater Programmveranstalter häufig und gern gefordert wird. Pro-

---

217 Ausschnitt aus: Dietrich Leder: Je später der Abend. Anmerkungen zum Nachtprogramm von ARD und ZDF. In: Das Parlament 1987 H. 26.

grammvielfalt in diesem eigentlichen Sinne gibt es (...) derzeit allein in den Hauptprogrammen von ARD und ZDF, unterstützt durch ihre kulturellen Ergänzungsprogramme Eins plus und 3 Sat. Der Fairneß halber muß hinzugefügt werden, daß die privaten, rein werbefinanzierten und damit auf Massenattraktivität angewiesenen Anbieter aufgrund ihrer Wettbewerbsbedingungen auch gar nicht in der Lage sind, Programmvielfalt im Sinne von Meinungsvielfalt im vollem Umfang zu berücksichtigen. Aus diesem Grund hat der Gesetzgeber allein den öffentlich-rechtlichen Rundfunkanstalten von ARD und ZDF die Pflicht der "Grundversorgung" auferlegt. "Grundversorgung" darf aber ausdrücklich weder im Sinne einer "Mindestversorgung" noch im Sinne einer bloßen Komplementärfunktion für die Defizite des privaten Programmangebots verstanden werden. (...)

Abschließend fasse ich die wichtigsten Erkenntnisse zum Thema "Programmvielfalt und Fernsehnutzung" in 15 Thesen zusammen:

1. Eine bloße Vielzahl der Programme garantiert per se noch keine Vielfalt des Programmangebots, geschweige denn der Fernsehnutzung.

2. Genau gesehen müssen wir Viererlei unterscheiden: Die Vielzahl der Kanäle - die Vielzahl der Anbieter - die Vielfalt der Programmangebote - die Vielfalt der Fernsehnutzung. Für die Verbindung zwischen den vier Gliedern der Kette gelten folgende Gesetzmäßigkeiten:

   a) Eine Vielzahl der Kanäle gewährleistet noch keine Vielzahl der Programmanbieter, denn der Marktmechanismus tendiert zu einer Konzentration auf wenige Veranstalter, die aufgrund ihres Kapitals und ihrer technischen und personellen Ressourcen einen nahezu uneinholbaren Vorsprung gegenüber kleineren Anbietern besitzen.

   b) Eine Vielzahl der Anbieter garantieren per se noch keine Vielfalt des Programmangebots. Im Gegenteil werden in der Hauptsendezeit immer mehr gleichartige massen-attraktive Unterhaltungsprogramme angeboten.

   c) Eine Vielzahl des Programmangebots bringt nicht zwangsläufig eine Vielfalt der Fernsehnutzung mit sich. Im Gegenteil läßt sich die Tendenz zu einer einseitigen Verlagerung des Sehverhaltens zugunsten von Unterhaltungssendungen feststellen.

3. Grundsätzlich müssen wir hinsichtlich der Frage einer Vielfalt des Programmangebots vier Perspektiven unterscheiden:

   a) Das subjektive Erlebnis des einzelnen Zuschauers,

   b) die objektive Analyse des nutzbaren Programmangebots,

   c) Vielfalt im Überblick über die Fernsehlandschaft im ganzen,

   d) Vielfalt in einzelnen Vollprogrammen.

4. Der einzelne Zuschauer erlebt subjektiv bereits eine bloße numerische Vielzahl der Programme als größere programmliche Vielfalt, allein aufgrund der Tatsache, zwischen mehr Programmen wählen zu können, selbst dann, wenn diese Gleichartiges bieten.

5. Eine objektive Analyse des Nettoprogrammangebots, d.h. des nutzbaren Programmangebots, zeigt dagegen, daß (...) trotz weitaus größerem täglichen Programmangebot die Vielfalt des nutzbaren Programms abnehmen kann, weil alle Veranstalter zur Hauptsendezeit gleichartige, massenattraktive Programme bringen.

6. Überblickt man die deutsche Fernsehlandschaft im ganzen, dann läßt sich derzeit eine größere thematische Vielfalt des Programmangebots feststellen. Dies resultiert jedoch wesentlich aus den kulturellen Ergänzungsprogrammen von ARD und ZDF, Eins plus und 3 Sat.

7. Thematische Vielfalt innerhalb einzelner Vollprogramme finden sich derzeit nur bei den Hauptprogrammen von ARD und ZDF.

8. Programmvielfalt meint im Kern die Vielfalt kommunikativ aufeinander bezogener Meinungen.

9. Die Forderung nach programmlicher Vielfalt bezieht sich nach der Rechtsprechung des Bundesverfassungsgerichts auf jedes einzelne Vollprogramm. Die den öffentlich-rechtlichen Anstalten auferlegte "Grundversorgung" darf weder im Sinne einer Mindestversorgung noch im Sinne einer bloßen Komplementärfunktion für Defizite des privaten Marktes gedeutet werden.

10. Eine größere thematische Vielfalt des Programmangebots im Gesamt der bundesdeutschen Fernsehlandschaft kann insbesondere durch Erweiterung der Zielgruppen bzw. Spartenprogramme erreicht werden, die in größerem Umfang als dies in den Hauptprogrammen möglich ist, auch engagierte Minderheiten ansprechen.

11. Die größere Vielfalt des Programmangebots hat bislang bei dem überwiegenden Teil der Zuschauer nicht zu einer größeren Vielfalt der Fernsehnutzer geführt. Vielmehr ist die Tendenz zum " Unterhaltungsslalom" stark ausgeprägt. (...)

12. Die Vielfalt des Programmangebots, insbesondere für kleine Zielgruppen, hängt wesentlich auch von der faktischen Nutzung ab. (...)

13. Über die Vielfalt der Nutzung und damit zumindest auch ein Stück weit über die Vielfalt des Angebots entscheidet der einzelne Zuschauer selbst. Dies stellt aber auch erhöhte Anforderungen an Mündigkeit und Verantwortungsbewußtsein des Bürgers im Umgang mit dem Fernsehen, insbesondere auch im Hinblick auf die Fernsehnutzung der Kinder.

14. Die einseitige Verlagerung der Fernsehnutzung birgt eine Reihe von Gefahren: Desintegration und Abbau demokratischer Kultur; Fernsehen und Pro-

gramme verkommen zur puren Ware; übermäßiger Fernsehkonsum, vor allem bei Kindern.

15. (...) Aufgabe der öffentlich-rechtlichen Programmveranstalter bleibt auch in Zukunft, ein breites und buntgemischtes Programm an informierenden, unterhaltenden und bildenden Sendungen anbieten und insbesondere die Qualität und Attraktivität der informierenden und kulturell-bildenden Programme weiter zu steigern und diese damit konkurrenzfähiger zu machen."[218]

Werner Schwaderlapp: Beitrag in einer Podiums-Diskussion der Mainzer Tage der Fernsehkritik (1989)

"Die Einschaltquote ist ein relatives Erfolgskriterium, das dann Aussagekraft hat, wenn wir Vergleichbares untereinander vergleichen und uns keinen Illusionen hingeben, wenn die Zufälle aus der Programmkonstellation zu dieser oder jener Erscheinung führen.

Die zweite Funktion der Sehbeteiligung: Sie ist für uns eine Erkenntnisquelle für die richtige Programmstruktur. Wo bringen wir das am besten, und zwar am besten für diese Form und für diesen Inhalt, den wir bereitstellen? Hier wird die Sehbeteiligung sehr tiefenscharf analysiert.

Die dritte Funktion der Einschaltquote: Wir messen mit ihr die Sicherung unserer Finanzierung im Vorabendprogramm. Hier hat sie eine ganz andere Rolle als an allen anderen Programmplätzen. Das ist gerade beim ZDF wegen seiner besonders großen Abhängigkeit von den Werbeeinnahmen vorgegeben. Im Vorabendprogramm ist die Einschaltquote ein maßgebliches Erfolgskriterium, an allen anderen Stellen ist sie ein relatives.

Die vierte Funktion der Einschaltquote: Die Sehbeteiligung bildet einen Bestandteil des Systemvergleichs von ARD und ZDF, zwei im Ergebnis bundesweite Programme mit inhaltlich dem gleichen Versorgungsauftrag. Die eine Meßlatte ist die inhaltliche, die formale Programmischung insbesondere in der Hauptsendezeit. Die andere Meßgröße ist aber auch, ob diese Sendungen ihren Weg zum Zuschauer finden."[219]

---

218 Auszüge aus: Dieter Stolte: Programmvielfalt und Fernsehnutzung im dualen Rundfunksystem. In: Saarländischer Rundfunk (Hrsg.): Rundfunk als kulturelle Aufgabe. Aufsätze und Gedanken zur Amtszeit von Prof. Dr. Hubert Rohde (1978-1988). Saarbrücken 1988. S.7f.
219 Auszug aus Werner Schwaderlapps Beitrag in einer Podiums-Diskussion der Mainzer Tage der Fernsehkritik. In: Hans Robert Eisenhauer; Fritz Hufen (Hrsg.): Millionen-Spiel. Programme zwischen Soll und Haben. Mainz 1989. S.134f.

Hendrik Schmidt: Beitrag in einer Podiums-Diskussion der Mainzer Tage der Fernsehkritik (1989)

"Marketing und Programmplanung sollen gerade bei einem privaten Sender auf eine erhöhte Zuschauerakzeptanz, auf das Wohlwollen der Werbung - davon lebt der private Sender - zielen, und schließlich sollten es auch Programme sein, die eine gewisse Medienträchtigkeit haben, d.h., die zum Gesprächsstoff werden, so daß die Medien über sie sprechen, daß sie ihre Multiplikation in anderen Medien - speziell in der Printpresse - finden. Dies ist gerade für einen Sender wie RTL-plus, der noch bescheidene Zuschauerzahlen hat, von besonderer Bedeutung in der gegenwärtigen Aufbauphase, da das Programm noch nicht so bekannt ist, der Sender noch kein etabliertes Image hat und insofern natürlich die Multiplikatorenfunktion außerordentlich wichtig ist.

(...) Marketing heißt bei einem Sender wie RTL-plus, daß der Begriff sehr viel umfassender ist. Es geht nicht nur darum, zunächst einmal die gesamten Umfeldbedingungen zu schaffen, die garantieren, daß diese Programme dauerhaft auf dem Markt angeboten werden können. Das scheint mir der entscheidende Unterschied zu sein.

(...) Marketing, erfolgreiche Programmplanung, Zuschauerakzeptanz, Wohlwollen der Werbung. Das ist alles richtig, aber das kann auch bei einem privaten Sender nicht bedeuten, daß nun nur auf Programme geschielt wird, die Massenakzeptanz haben, sondern es müssen selbstverständlich auch - sicherlich nicht in gleichem Maße wie im Öffentlich-Rechtlichen - andere Programmbedürfnisse erfüllt werden.

(...) Wir müssen vom quantitativen Reichweitendenken wegkommen. Für die Programmplaner ist bei zunehmender Konkurrenz notwendig ein qualitatives Marketing, eine qualitative Programmplanung, die von der Erkenntnis ausgeht, daß es unsinnig ist, daß wir alle in der knappen Zeit mit gleichartigen Programmen um die gleichartigen Zuschauergruppen ringen. Das kann auf Dauer nicht zum Erfolg führen - im Gegenteil, das führt wahrscheinlich zu einer Minimierung der Reichweiten beim einzelnen Sender."[220]

---

220 Auszug aus Hendrik Schmidts Beitrag in einer Podiums-Diskussion der Mainzer Tage der Fernsehkritik. In: Hans Robert Eisenhauer; Fritz Hufen (Hrsg.): Millionen-Spiel. Programme zwischen Soll und Haben. Mainz 1989. S.142f.

VI. Programmkonzeptionen kommerzieller Anbieter

RTL

Berechenbarer Konkurrent. Ein epd-Interview mit RTL-Programmdirektor Helmut Thoma (1983)

(...) Wie teuer wird das Programm für Sie?

Der Verwaltungsrat hat uns ein Limit vorgegeben. Danach dürfen wir etwa 20 Millionen Mark pro Jahr, inclusive Technik, inclusive Personal und selbstverständlich allen Rechten für dieses Programm aufwenden.

Das ist doch aber sicherlich für die nächste Zeit noch ein Zusatzgeschäft?

Ja, das ist sicherlich ein Zusatzgeschäft. Ich muß auch dazu sagen, daß es nur deshalb in so relative überschaubarer Größenordnung gehalten wird, weil RTL als erfahrener Fernseh-Veranstalter und als Mitglied der europäischen Rundfunkunion eben eine Fülle von Programmangeboten zu günstigen Preisen erhält, die ein anderer, neu auf den Markt kommender nicht erhalten würde. Dazu kommt die besondere Situation hier in Luxemburg, so daß ich annehme, daß jemand, der in Deutschland ein ähnliches Programm machen würde, ungefähr noch cirka 50 Millionen aufwenden müßte.

Können Sie das ein bißchen konkretisieren? Worin bestehen die Vergünstigungen?

Die Vergünstigungen bestehen zum Beispiel darin, daß RTL eines der Gründungsmitglieder der Eurovision ist und wir an das Eurovisionsnetz angeschlossen sind. Damit erhalten wir alle Sportübertragungen, beispielsweise jetzt die Winterspiele oder die Sommerspiele, über den Eurovisionskanal. Wir nehmen auch täglich dreimal an dem Nachrichten-Austausch der Europäischen Rundfunk-Union teil. Wenn man das neu aufbauen wollte, würde das einen enormen Betrag kosten. Dazu kommt noch, daß wir natürlich auch die vorhandene Infrastruktur nutzen können, daß wir bestehende Sender nutzen können, die wir ja nicht neu aufbauen mußten. Dies allen zusammen also ergibt diese überschlägige Rechnung. Dazu kommt eben noch die große Erfahrung, die RTL in 28 Jahren - also acht Jahre länger als das ZDF Fernsehen betreibt - schon erworben hat.

(...) Sponsor-Werbung wird es bei Ihnen auch geben?

Ja. Die darf man sich allerdings nur so vorstellen, daß hier beispielsweise eine Ansage kommt, 'diese nächste Sendungen, die widmet Ihnen die und die Firma', und die zahlen den Tarif für diese Werbe-Form. Sponsor-Werbung in dem Sinne, daß jemand ein Programm produziert und Schleichwerbung hineinnimmt, was ja offenbar ein Schreckgespenst ist, das wird es bei uns genausowenig geben wie bei den deutschsprachigen Rundfunkanstalten.

Das heißt also, der Sponsor zahlt, aber er darf nicht unmittelbar Einfluß auf die redaktionelle Gestaltung haben?

Genau das. Es kann zum Beispiel jemand die Olympischen Spiele sponsern, aber kann natürlich nicht über den Ausgang der einzelnen Wettbewerbe entscheiden. Er kann beispielsweise sagen, 'die nächste Sendung, das ist jetzt der Hundert-Meter-Lauf, und den widmet Ihnen Coca-Cola'. Aber der Hundert-Meter-Lauf geht unabhängig von den Wünschen von Coca-Cola aus.

Sonntags wollen Sie auch Werbung ausstrahlen?

Vom Prinzip her ja, denn auch da gibt es eigentlich keinen vernünftigen Grund, warum es keine Werbung geben soll. Werbung ist Teil unseres freien Wirtschaftssystems. Es ist auch nicht einzusehen, daß die öffentlich-rechtlichen Rundfunkanstalten in ihrer Programmgestaltung am Sonntag keinen Beschränkungen unterliegen, aber zum Beispiel den wildesten Kriminalfilm bringen können. Dann kann man wohl auch Werbung für Höschenwindeln zeigen.

Wie soll das Programm insgesamt aussehen? Wie lang wird es?

Am Anfang wird es etwa fünf bis fünfeinhalb Stunden sein. Sonntags etwas mehr. Es wird bestehen - ich meine, darüber muß man sich klar sein, bei dem geringen Eigen-Beitrag, den wir zur Verfügung haben - aus relativ wenigen Produktionen, die wir selber machen, sondern Serien, Studioproduktionen und viel Filmen. (...)

Wie könnte etwa das Verhältnis Information, Unterhaltung, Bildung bei Ihnen aussehen?

Wir haben zum Beispiel in unserem französischen Programm derzeit jeden Tag eine zehnminütige Buchbesprechung. Das ist etwas, was sich eigentlich in dieser Konsequenz in anderen Fernsehprogrammen nicht wiederfindet. Und wir werden selbstverständlich auch im deutschsprachigen Raum so etwas machen. Wir werden auch unserem Synfonieorchester einen Platz einräumen, aber wir werden, dazu sind wir natürlich gezwungen, auch sehr populäre Sendungen machen.

Zum Beispiel?

Gute Serien, Filme, Spiele mit den Zuschauern. Wir werden unseren Zuschauern eben nicht als Anstalt öffentlichen Rechts, sondern als Dienstleistungsunternehmen gegenübertreten. Das ist ja unser einziger gewaltiger Vorteil, daß wir eben mit den

Leuten, mit unseren Konsumenten ganz anders umgegen. RTL bietet sein Programm kostenlos an, und ist darauf angewiesen, daß es eben angenommen wird.

Konkurriert also das kommerzielle RTL mit "Dallas" gegen "Dallas" oder "Denver-Clan"

Wir werden uns am Anfang solche Serien leider nicht leisten können. Daher sind wir schon deshalb gezwungen, andere zu spielen, aber im Prinzip kommt es natürlich auf das heraus. Ich meine, es ist ja ohnedies schon sehr schwierig (...) manchmal das Niveau (...) der Öffentlich-Rechtlichen zu untertreffen.

Ich habe den Eindruck, daß im Moment alle Unterhaltung machen wollen, aber das Interesse der Zuschauer hat da wahrscheinlich auch irgendwo seine Grenzen. Vor allem aber ist das Filmangebot beschränkt, und die Talente sind rar. Heißt das nicht, daß Programmveranstalter den Informationsbereich weitaus stärker berücksichtigen müßten?

Sicherlich. Wir sehen gerade im Informationsbereich eine Riesen-Chance für uns, ein anderes Programm zu machen. Denn diese sicherlich sehr gut gemacht und vom journalistischen Gesichtspunkt sehr professionell und vielleicht sogar weltweit an Nummer ein stehenden Informationsprogramme von ARD und ZDF haben natürlich eine ganz andere Ansprache der Zuschauer wie das, was wir machen wollen. Wir wollen Information als das bieten, was wir darunter verstehen, nämlich Information, die die Leute wirklich interessiert und nicht die sie interessieren soll.

Woher wissen Sie, was die Leute interessiert?

Da gibt es schon genügend Umfragen und genügend Erfahrungen. Da braucht man nur ein bißchen in die illustrierte Presse hineinzublicken, daß eben nicht immer diese Parteitagsdiskussionen und irgendwelche Deklarationen am Wochenende über grundsätzliche politische Fragen, das Interesse auslösen, sondern daß es stärker in das Vermischt-Menschliche hineingeht. Vor allem sind wir da nicht in diesen schrecklichen Ausgewogenheits- oder Abzählvers der Öffentlich-Rechtlichen gebunden: Wenn der Parteitag dabei ist, dann kommt der nächste, fast jedes Wort wird abgezählt - sondern wir können das machen, was wir für wichtige ansehen und von dem wir glauben, daß die Leute ein Recht haben, informiert zu werden."[221]

Helmut Thoma: Tarzan, Thriller, tolle Tanten. RTL-plus, das erfrischend andere Fernsehen (1984)

"(...) Die inhaltlichen Schwerpunkte lassen sich mit den sieben Anfangsbuchstaben von RTL-plus salopp etwa so formulieren:

---

221 Auszüge aus: "Berechenbarer Konkurrent". Ein epd-Interview mit RTL-Programmdirektor Helmut Thoma. In: epd Kirche und Rundfunk Nr. 91/92 vom 23. November 1983 S.3ff.

R wie Reportagen und Realität: Große Bedeutung messen wir der aktuellen Berichterstattung bei. Dabei fühlen wir uns verpflichtet, wahrheitsgemäß, tolerant, gewichtend und verständlich ohne Zeigefinger und ohne Hochnäsigkeit dem Zuschauer das Tagesgeschehen zu vermitteln. Selbstverständlich gehören auch Hintergrundberichte zum Programm und Beiträge, die aktuelle Vorgänge in größere Zusammenhänge rücken.

T wie Tarzan, Thriller, tolle Tanten: Das Vergnügen am Film nimmt bei RTL-plus einen großen Raum ein. Jeden Abend läuft eine Serie. Jeden Abend senden wir außerdem mindestens einen Spielfilm. Dabei haben alte, liebgewordene Schinken ebenso ihren Platz im Programm wie jüngste, bisweilen wegweisende Arbeiten aus der Filmindustrie. Wobei die Filmbeschaffung ein immer schwieriger werdendes Problem darstellt. Dies gilt für alle zukünftigen Anbieter von TV-Programmen.

L wie Leute: RTL-plus hat ständig Live-Gäste aus allen Bereichen des öffentlichen und privaten Lebens. Die Begegnung mit diesen Gästen zieht sich ständig durchs gesamte Programm. Talkshow anders. Die Gäste bleiben oft etliche Stunden im Studio, sehen gemeinsam mit den Zuschauern Einspielteile und reden darüber. Wenn die Gäste aus der Showbranche stammen, haben sie reichlich Gelegenheit, eigene Kabinett-Stückchen ins Programm einzubringen. Spontan oder geplant: Wir pflegen Flexibilität. Prominente und Unbekannte treffen sich - eben Leute aus allen möglichen Bereichen. Da ist Platz für süße kleine Episoden und für gewichtige Überlegungen staatsmännischer Köpfe. Was immer an Leuten interessant sein mag, bei RTL-plus findet es seine Plattform.

P wie populäre Musik: Neben Nachrichtlichem, Filmischem und Beredenswertem nimmt die Musik einen prominenten Platz ein im Programmschema von RTL-plus. Populäre Musik vor allem. Tagesschlager (...), Oldies, aber auch experimentelle Musik. Junge und ältere Zielgruppen werden gleichermaßen bedient. Viele Titel werden live präsentiert, viele per Video-Clip eingespielt. Ohne Musik ist RTL-plus undenkbar.

L wie Löwe und Co.: Symbolfigur von RTL ist der Löwe. Er findet sich auch wieder in einem ganz speziellen Programmangebot von RTL: im täglichen Horoskop. Noch bietet keine andere Rundfunkanstalt dies an. (...) Was auf dem Zeitungs- und Zeitschriftenmarkt längst üblich ist, hat hier nun auch das deutschsprachige Fernsehen erobert.

U wie "unglaubliche Geschichten": (...) Eine regelmäßige Sendung über Grenzgebiete der Wissenschaft gibt es sonst in der Form (noch) nirgendwo im gleichen Medium. Parapsychologie und verwandte Arbeitsgebiete liefern dieser Sendung den Stoff. Es finden einige Experimente im Studio statt. Es werden Experimente berühmter Wissenschaftler vermittelt. Aber auch - und vor allem - der kleine Mann kommt in dieser Sendung zu Wort.(...)

S wie Spiel: Das Bedürfnis an Spielen ist groß. Deshalb findet bei RTL-plus das alte, traditionelle Quizspiel ebenso statt wie das supermoderne Elektronikspiel, an dem sich bisweilen die gesamte Zuschauerschaft beteiligen kann. Spiele in vielen Varianten reichern das Programm an. Sie ziehen sich als rote Fäden durchs Programm. Hierbei profitiert das RTL-Fernsehen freilich von der reichlichen Spielerfahrung des RTL-Hörfunks.

Fazit: Derzeit ist RTL-plus das "erfrischend andere Fernsehen" - und das auch noch zum Nulltarif."[222]

"Aus der Mottenkiste" /"Blödeltalk und Sexy-Follies" (1988)

"Zum Jahresbeginn 1988 liegt RTL plus, nach einer Ermittlung der Nürnberger Gesellschaft für Konsum-, Markt- und Absatzforschung, weit abgeschlagen hinter dem Konkurrenten SAT.1. SAT.1 erreicht 25,6% der Sehanteile (das entspricht einer Einschaltdauer von 61 Minuten) gegenüber RTL plus mit 11,8% (28 Minuten). Neben Personalstreitigkeiten wird dafür auch das Fehlen eines klaren Konzeptes verantwortlich gemacht.

"Fast im Alleingang ließ Thoma seinen Unterhaltungschef Jochen Filser 42, an einem 'Programmschema 1988' basteln, dessen krude kommerzielle Handschrift sogar ausgebuffte RTL-Profis irritierte [...]. Bei RTL plus schaffte es Filser nicht, all seine Programmideen zum Jahresbeginn umzusetzen. Nun soll, wie Thoma ankündigt, der Fahrplan 'weg von den Konserven' am 5. April beginnen. Ein Umzug der meisten Programm-Mitarbeiter von Luxemburg nach Köln zum letzten Jahreswechsel sei mit schuld, versichert Thoma, 'daß wir personell und programmlich noch nicht soweit sind, wie wir sein wollten'.

"(...) Was Fernsehkabel und neue Wellen in bundesdeutsche Wohnstuben bringen sollen, hat der Luxemburger Privatfernsehsender RTL plus in 'allgemeinen Grundsätzen' festgelegt. Danach soll das Programm 'weder einem Programmauftrag noch der Selbstverwirklichung' dienen, sondern 'ausschließlich dem Unternehmungsziel'.

Und dieses Ziel definiert der Sender so: 'Der Erfolg vom Privatprogramm bemißt sich an der Akzeptanz durch die Werbewirtschaft und durch den Zuschauer.' [...]

Was sich RTL plus alles ausgedacht hat, um demnächst, spätestens von April an, ein 'Programm für eine möglichst große Zuschauerzahl zu machen', verraten die Handlungsanweisungen der Sender-Verantwortlichen. 'Programm', heißt es da, 'bedient die Grundbedürfnisse der Menschen. Es muß eine Spielschiene, eine Lachschiene, eine Kulturschiene und eine Talkschiene geben' - alles jeweils zu passender Sendezeit.

---

222 Auszüge aus: Helmut Thoma: Tarzan, Thriller, tolle Tanten. RTL-plus, das erfrischend andere Fernsehen. In: Dennhardt/ Hartmann (Hrsg.). Schöne neue Fernsehwelt. Utopien der Macher. Kindler Verlag GmbH, München 1984, S. 226f.

'Das Einziehen einer täglichen Spielshowschiene' erfolgt 'von 18.00 bis 18.30 Uhr', die 'tägliche Lachschiene von 18.30 bis 18.45 Uhr', 'eine Talkschiene mit Themen aus Kultur, Sex und Nonsens ab 23.00 Uhr'.

Das 'aggressivste Moment des Programmschemas' soll die 'Einführung einer zusätzlichen Sportsendung' sein, nach der ARD-Sportschau und vor dem ZDF-Sportstudio am Samstag. Neu eingeführt wurde 'ein täglicher Zuschauer-Service von 16 bis 24 Uhr', bei dem mal 'Experten rund um die Uhr am Telephon im On und Off zur Verfügung stehen', mal andere Serviceleistungen geboten werden, etwa Tauschaktionen.

So präzise Vorstellungen haben die Programmschaffenden auch von der Tagesmoderation, die von Montag bis Sonntag nach einem genau festgelegten Schema ablaufen soll:

> Jeder Tag wird typisch verkauft. Ein Tag - ein Gesicht, ein Motto. Der Tagesmoderator hat zwischen den einzelnen Sendungen von 1 bis 5 Minuten Zeit für eigenes Programm. Am Montag hat er einen Steuerberater neben sich, am Dienstag ist es ein Mediziner usw... Dies ist ein einmaliger und individueller Service.
>
> Denn 'Live- und Telephonaktionen', so haben die RTL plus- Programmhersteller notiert, 'machen den Sender zum Anfassen'. An einigen Leitsätzen sollen sich alle bei der Arbeit orientieren: 'Das Herz sind die News. Privatprogramm ist reaktives Programm', 'Die Person ist das Programm', und: 'Sehmuster verlangen reine Formen. Ein Quiz ist ein Quiz. Eine Show ist eine Show, und News sind News.'

Auf der 'Spielshowschiene' wird 'jeden Tag von Montag bis Freitag eine schnelle Spielshow mit Gewinnmöglichkeiten' laufen. Die Ideengeber haben verschiedene Modelle, etwa:

- 'Matsch': 'Wir suchen den härtesten Überlebenskämpfer Deutschlands. Bei einem Hindernisrennen auf einem Truppenübungsgelände kann der Zuschauer eine Einlaufwette abgeben',
- 'Klasse', ein 'schnelles Quiz mit Fragen aus der Lexikothek für und mit jungen Leuten. Die Fragen werden als Bilder angeboten';
- 'Money', eine Spielshow mit folgender 'Grundidee': 'Der Kandidat, der eine bestimmte Menge Geldes richtig und schnell genug zählt, darf es behalten. Das Zählen wird ihm schwergemacht.'

Für die 'Gagschiene' plant RTL plus 'Das Briefkästchen' mit dem 'professionellen Briefeschreiber Bornemann', der über seine 'Briefattentate' berichtet. Die Sendung 'Das Hotel' bringt 'Nummernsketche in und um eine verrückte Hotelkette.'

Seriöser soll es montags auf der 'Abendschiene' zugehen - im 'Kulturmagazin' des Filmemachers Alexander Kluge. '30 Minuten Catchen mit einem RTL-Kämpfer' wurden dagegen erst einmal zurückgestellt. Alle 14 Tage meldet sich bereits die 'Sexberatung mit Frau Berger'. Für 'Kopfkissen-Gespräche bei Prominenten', die 'mit Rainer Holbe und Helga Guitton über das Thema 'Liebe ist ...' sprechen sollten, fehlen einstweilen noch ein geeignetes Studio und das Geld.

Dafür wechselt sich Moderator Holbe nun mit dem Bonner Korrespondenten Geert Müller-Gerbes bei der Talkshow 'Diese Woche' ab. Und beim 'Blödeltalk' alterniert Karl Dall ('Dall-As') alle 14 Tage mit '3 plus 1' - einem 'Nonsensetalk mit drei Kabarettisten, mit einem Gast über ein angeblich seriöses Thema der Woche.'

Einmal im Monat gibt es nach Plan einen 'harten Spielfilm', zweimal im Monat einen 'Konzertmitschnitt'; zwölf Sendeplätze pro Jahr bleiben 'offen für spektakuläre Ereignisse aus der Showbranche'. Auch an die deutsche Hausfrau wurde gedacht: 'Komm doch mal in die Küche' - 'Bewährtes aus Herd und Küche nach altem Muster'.

Rainer Holbe erzählt nach einer Pause demnächst wieder 'Unglaubliche Geschichten', führt 'Menschen und Situationen vor, die an der Grenze zwischen Phantasie und Wirklichkeit stehen'. Eine 'Tiershow' bringt 'Quiz mit Fragen aus dem Bereich der Tiere'.

Selbst qualifizierte deutsche Minderheiten werden zielgruppengerecht bedient. In der Sendung 'Das blaue Telephon' zeigt sich 'ein Adeliger im Gespräch mit Adeligen. Neuester Tratsch und Klatsch aus europäischen Herrscherhäusern'.

In der Kino-Show geht's bewegt zu - Titel: 'Action neu im Kino'. Im Reisemagazin 'Ein Tag wie kein anderer' treten die Zuschauer in Aktion: beim Telephon-Quiz zu Themen wie Hongkong oder Frankreich.

Damit die Einschaltquoten hoch und die Werbeeinnahmen üppig ausfallen, wird auch das Zwischenmenschliche serialisiert: '12mal Sexy-Follies, 12mal Charmes, 12mal Männer-Magazin' -das Ganze unter dem Arbeitstitel: 'das erotische Fenster'. Vielleicht ist der Plan aber doch zu frivol - ein Einheitstitel wird gerade erwogen: 'Das Männermagazin'.

Von alledem soll es immer noch mehr geben. Seit letztem Oktober läuft bereits das RTL-Frühstücksfernsehen. Das Tagesprogramm soll demnächst ausgeweitet werden."[223]

Helmut Thoma im Gespräch mit "FilmFaust" Oktober/November 1988.

(...) *THOMA*: Ein Fernsehprogramm ist eine Massenveranstaltung, gleichsam ein Ozeandampfer der Unterhaltung. Das bezieht sich allerdings nur auf ein kommerzielles Programm. Ein gebührenfinanziertes Programm dagegen funktioniert, um im Bild zu bleiben, nach Sozialtarifen und führt gewissermaßen Transporte durch, für die es vom Staat bezahlt wird. [...]

Natürlich besteht hier auch ein inhaltlicher Unterschied. Wir müssen uns den Gesetzen des Massenkommunikationsmittels unterwerfen. Das öffentlich-rechtliche Fernsehen dagegen wird auch dafür bezahlt, daß es in Teilbereichen, für die es mit finanziert wird, Programme anbietet, die auf andere Weise nicht ökonomisch tragbar wären. Es wird vom Staat subventioniert.

---

223 Auszüge aus: "Aus der Mottenkiste" /"Blödeltalk und Sexy-Follies". In: Der Spiegel 10/1988 über Probleme bei RTL plus und dessen neues Programmschema 1988.

FF: Was hat der Inhalt von Unterhaltung mit der Ökonomie zu tun?

THOMA: In meinen Augen bedeutet das, daß das öffentlich-rechtliche Fernsehen Sendungen macht, die nicht über Werbung finanzierbar wären. In erster Linie bezieht sich das auf den Bereich der Bildungs- und Kultursendungen. Ein Angebot, das beispielsweise im Theater oder auch in der Oper kaum über Eintrittspreise zu finanzieren ist.

FF: Wie beschreiben Sie Ihre Programmarbeit nach Ihrem Selbstverständnis?

THOMA: Meine Aufgabe ist es, ein Programm zusammenzustellen, das einer möglichst großen Anzahl von Zuschauern ermöglicht, daß sie es ansehen.

FF: Wem gegenüber sind Sie verantwortlich - den Parteien, privaten Institutionen oder dem Aufsichtsrat des Bertelsmann-Konzerns?

THOMA: Wir haben einen breit zusammengesetzten Aktionärskreis [...]. Ihnen gegenüber trage ich die Verantwortung. Andererseits ist unsere Sendeanstalt keine Schraubenfabrik, sondern ein Kommunikationsunternehmen, das den Zuschauern gegenüber eine Verantwortung trägt. Jedoch muß man es auch nach den Maßstäben der Ökonomie messen, sonst hätte es keine wirtschaftliche Basis. Insgesamt müssen beide Seiten berücksichtigt werden.

FF: Diese Verantwortung geht also in erster Linie über die Bilanzen der Buchhaltung. Erstreckt sich diese buchhalterische Voraussetzung auch auf die Inhalte und Formen der audiovisuellen Beiträge?

THOMA: Selbstverständlich umfaßt sie auch inhaltliche Aspekte. Wenn ich es mir zur Aufgabe gesetzt habe, den Zuschauer positiv anzusprechen, dann bedeutet das nicht, daß mir dabei jedes Mittel recht ist. Ich muß mich sowohl im Rahmen der bestehenden allgemeinen Gesetze, wie auch in den Claims des Landesmedienrechts und der dort gesetzten Normen bewegen. Bildungsinhalte sollen nicht didaktisch, sondern leicht verständlich und unterhaltsam präsentiert werden. So beispielsweise in Quiz-Sendungen. Man kann über Hongkong ein Feature machen, das eine Einschaltquote von 5-6% erzielt, oder eben einen Quiz veranstalten, der eine Reise dorthin ausschreibt und dabei durch Fragestellungen die gleichen Inhalte vermittelt. Nur könnte auf diesem Wege eine Einschaltquote von bis zu 20% erreicht werden. Beides sind für mich Bildungssendungen. Letztlich unterscheidet sich die Präsentation von Bildung via TV nur in der Form, nicht aber nach dem Inhalt. [...]

Insgesamt vertrete ich die Auffassung, daß sich viele Leute über die Rolle des Fernsehens Illusionen machen. Ich bin überzeugt, daß es nicht die Bedeutung hat, die gerade Intellektuelle ihm häufig beimessen. Ich halte es nicht für eine Verblödungsmaschinerie, mit der wir uns nach Neil Postman zu Tode amüsieren. Im Gegenteil. Wir sind eine moderne Form der Freizeitbeschäftigung. Sicherlich hat das Fernsehen eine gewisse Bedeutung. Wenn man aber geschichtlich zurückblickt, hat die Buchdruckerkunst unter Intellektuellen ähnliche Bedenken ausgelöst wie später das Radio und das Fernsehen. (...) Wir führen keine eigentlichen Kriege auf dem Medienfelde. Im Gegensatz zu Neil Postman, der das Fernsehen unendlich verteufelt, betrachte ich es als eines der ehrlichsten Medien der Welt. Es läßt den Menschen genug Zeit zum Denken und ist dadurch nicht sehr emotionalisierend. [...]

FF: Nach welchen Methoden produzieren Sie Ihre Programme, und wie sehen die strategischen Pläne aus, die Ihnen zugrunde liegen?

THOMA: In den ersten vier bis fünf Jahren hatten wir ein ziemlich kleines Budget. Um ein Programm von sieben Stunden zu gestalten, hatten wir einen Etat von 25 Millionen Mark. Zum Vergleich: das ZDF hatte seinerzeit schon 3500 festangestellte Mitarbeiter und ein Budget von 1,4 Milliarden. Auf der einen Seite engt das ein, andererseits hat es uns gezwungen, andere Formen von Programmen zu finden. Das äußerte sich beispielsweise darin, daß wir den den deutschen Zuschauern nicht 'den Rundfunkbeamten' vor und hinter die Kamera gesetzt haben, sondern Leute, die die Zuschauer auf eine neue Weise angesprochen haben, nämlich nicht von einer hierarchisch hohen Position aus, sondern ihm auf gleicher Ebene begegneten. Das war damals in Deutschland sehr neu.

FF: Wollen Sie damit sagen, daß Sie auf diese Weise einen gesellschaftspolitisch neuen Anfang im deutschen TV gesetzt haben, indem Sie eine Demokratie ohne Obrigkeit einführten, so den Dialog statt des Vortrags?

THOMA: In der Tat, wir wollten den Zuschauer, wie es die Amerikaner machen, als einen gleichberechtigten Partner und wie einen Nachbarn ansprechen. Das war neu auf deutschen Mattscheiben. Die Spielfilme und Serien, mit denen wir angefangen haben, waren auch nicht besser als das, was es in den öffentlich-rechtlichen Sendeanstalten zu sehen gab. Dafür haben wir Spiele veranstaltet und dabei versucht, mit den Zuschauern enger zu kommunizieren. Zugegeben, wir waren mitunter erschreckend anders. Und Anderssein ist für mich das Wesentliche.

FF: Ist die Reihenfolge der Sendungen, die Sie täglich durch das Kabel schicken, mehr oder weniger zufällig, oder bewußt programmiert?

THOMA: Wir haben zwei Kriterien, nach denen wir unsere Programme planen und einsetzen: nach Tageszeit und nach Zielgruppen. Am Nachmittag sprechen wir in erster Linie Hausfrauen an. Am frühen Abend vorwiegend junge Leute, und ab 20 Uhr dann das gesamte erwachsene Publikum. Zu später Stunde schließlich richten wir uns an differenzierte Gruppen, mit speziellen Wünschen. Nach diesem Grundmuster läuft jedes Vollprogramm ab. Aber natürlich kommt es dabei zugleich auf die Feinsteuerung an.

FF: Wie beurteilen Sie die Wirklichkeit Ihrer Programme? Sind Sie von der Wirksamkeit Ihrer Behandlung von Themen, seien sie real oder phantastisch, in einem Maß überzeugt, wie unsere Politiker aller Parteien-Couleurs die in ihren Leitlinien zu den neuen Medien die Ansicht vertreten, das die Zuschauer für Wirklichkeit nehmen, was das Fernsehen und wie es etwas zeigt?

THOMA: Da muß man differenzieren. Eine Sendung wie die Tagesschau besitzt in der Tat einen nahezu offiziellen Charakter. Sie strahlt eine hoheitliche Aura aus, mit der sich die privaten Sender nicht messen können. Das wird sich aber in einigen Jahren schon ändern. Denn ich bin der Überzeugung, daß die Menschen mehr und mehr lernen werden, mit dem Fernsehen umzugehen. Noch ist es, verglichen mit dem Buch, der Zeitung und dem Hörfunk, ein relativ junges Medium, das für Anpassungsprozesse offen ist. Je selbstverständlicher es nun wird, um so mehr wird das Medium an Faszination verlieren. Allein die Tatsache, daß es bald nicht mehr nur drei bis fünf, sondern zwanzig bis dreißig Sender auf Kabel und Satellit geben wird, fördert das Banale.

FF: Das RTL plus-Programm besteht im Wesentlichen aus Sport, Frage- und Antwort-Spiel, tumber Sexual-Erotik, aus harten Klamauk-Krimis, trivialen Abenteuer-Filmen und recht derbem Humor. Wollen Sie dem deutschen Zuschauer beibringen, wie er sein individuelles Gewalt- und Sexverhalten organisieren und ritualisieren soll - so eine Art Kultur-Knigge für Sex-Erotik und Sadomaso-Gewalt-Verhalten?

THOMA: Nein. Das soll ein jeder für sich selbst gestalten. Wir können bestenfalls Anregungen dazu geben. Mit dem gesamten Bereich der Erotik allerdings sind die öffentlich-rechtlichen Anstalten bisher sehr verschroben umgegangen. Wir finden, daß dieser Bereich als Angebot seine Berechtigung hat. Die öffentlich-rechtlichen Sender haben das bisher in Spielfilmen und Fernsehfilmen kaschiert und mit dem Mantel eines sozialpolitischen Hintergrunds bedeckt. Das empfinden wir als prüde-verklemmt, und deshalb bieten wir es ganz unverblümt und nackt an. Natürlich achten wir darauf, uns in den Grenzen des guten Geschmacks zu bewegen.

FF: Das Fernsehen ist ein audiovisuelles Medium, ein Transportunternehmen für Wörter und Bilder. Demnach, oder vielleicht gerade deswegen, unterliegen seine Frachten den Gesetzen der Ästhetik, wenn seine Produkte zur Ausstrahlung kommen. Ob sie es nun wollen oder nicht. Hat RTL plus ein ästhetisches Konzept für seine Programme?

THOMA: Wir sind im Begriff ein solches Konzept zu entwickeln. Obwohl es so wichtig ist, hatten wir es bisher nicht. Eine spezifische Ästhetik ist für das Fernsehen von grundlegender Bedeutung. Jedes Angebot muß auch ästhetisch stimmen. Allerdings ist das recht schwierig. Denn wir produzieren nicht selbst, sondern stellen unser Programm nach dem Angebot des Marktes zusammen, können also auf die Gestaltung von Sendungen im einzelnen noch nicht genügend Einfluß nehmen. Wenn aber unser Kapital eines Tages auch für eigene Produktionen ausreicht, dann werden wir ihm, wie unser Schwesterkanal in Frankreich M6, eine umfassende Ästhetik schneidern. Das soll sich vom Jingle über die optische Gestaltung bis hin zur Musik erstrecken. [...]

FF: [...] Haben Sie denn gar keinen Ehrgeiz, die Zuschauer mit Ihren Programmen darüber hinaus auch zu formen und zu bilden?

THOMA: Wir sind ein Unterhaltungssender und richten unser Programm an den Zuschauern aus, nicht umgekehrt. Wem es nicht gefällt, der kann ab- oder umschalten. Mein Ehrgeiz besteht darin, soviele Zuschauer wie möglich zu gewinnen. Das ist schließlich der Ehrgeiz eines jeden Autors oder Filmemachers, der auch kommerzielle Aspekte in Erwägung zieht. [...] Beim Fernsehen gibt es schon berechenbare Fixpunkte. Fußball und Sport werden immer beliebt sein. Ein Opernfilm dagegen, und sei er noch so gut gemacht, noch so reizvoll inszeniert, wird nie eine bestimmte Reichweite übersteigen. Wirklich erfolgreich dagegen ist eine Serie wie der 'Knightrider', bei dem ein rasantes Auto im Mittelpunkt steht. Bei SAT.1 sind es die deutschen Heimatfilme aus den 50er Jahren.

(...) FF: Fest steht, daß es mehr und mehr Zuschauer gibt, die über eine Verwirklichung des Massengeschmacks als Programm nicht mehr erreichbar sind. Das entspricht exakt den sich vollziehenden Umstrukturierungen in den technologischwissenschaftlichen Wirtschaftsordnungen und damit den freien Märkten.

THOMA: Für den Unterhaltungssektor gilt das noch nicht. Im Fernsehen dominiert noch immer der Massengeschmack. Denn letztlich fördert das TV ja auch eine zunehmende intellektuelle Gleichschaltung. So wird beispielsweise die lebendige Vielfalt unserer Sprache mit all ihren Dialekten sukzessive abgeschwächt. Wir nähern uns einem elektronischen Weltdorf, in dem der Nachbar auf Haiti sitzt und genauso denkt und fühlt wie wir."[224]

"Wir sind die Säbelabteilung" - *Spiegel-Gespräch mit RTL plus-Chef Helmut Thoma (1992)*

THOMA [zur Serie "Gute Zeiten, schlechte Zeiten"]: Die deutsche Fernsehkritik geht von falschen Maßstäben aus. Das Privatfernsehen funktioniert nur in der Masse.

(...) Spiegel: Dann hieße das Serienrezept, daß man etwas nur lang genug senden muß, irgendwann werden die Zuschauer schon süchtig und wollen nur noch wissen, wer wen kriegt?

THOMA: Neues braucht seine Zeit, bis es sich durchsetzt, weil es dagegen natürliche Abwehrmechanismen gibt. Die Leute brauchen eine Programmkonstanz. Ein kommerzieller Fernsehsender muß sich an den normalen Tagesablauf des durchschnittlichen Deutschen halten. Die Leute müssen wissen, was sie zu jeder Tageszeit erwartet.

Spiegel: Zum Beispiel um elf Uhr die sogenannte Infotainment-Sendung "Viva". Da wird zwischen Kochrezepten und Bügelhilfen kurz mal über Vergewaltigung geplauscht. Alles in einem Kochtopf. Das Studiopublikum klatscht immer dankbar.

---

224 Auszüge aus einem Gespräch zwischen Helmut Thoma und Mitarbeitern der Zeitschrift Film-Faust Oktober/November 1988.

THOMA: "Viva" ist ein visualisiertes Frauenmagazin. Es mag Ihnen nicht gefallen. Aber es paßt in unser Konzept. Wir haben jetzt ein durchgängiges Programm, und zu vielen Tageszeiten sind wir die Nummer eins bei den Zuschauern unter 50 Jahren. Im Kabel übertreffen wir bei Erfolgsserien wie "Columbo" schon die öffentlich-rechtlichen Anstalten.

Spiegel: Nur bei den Nachrichten nicht. Information bleibt die Schwachstelle aller Privaten. Egal, ob RTL plus, SAT.1 oder Tele 5, den Verästelungen der Politik werden "Tagesschau" und "Heute" offenbar besser gerecht.

THOMA: Information ist sicher noch eine Bastion des öffentlich-rechtlichen Fernsehens. Das muß man mal ganz wertfrei feststellen. Ich glaube aber, daß unsere Nachrichtensendungen inzwischen sehr gut bewertet werden, sehr verständlich sind. Jedes Jahr sind bei uns ein paar hunderttausend Zuschauer hinzugekommen, wir liegen in weitem Abstand vor SAT.1.

Spiegel: Aber weit hinter der "Tagesschau".

THOMA: Die ist eines der Phänomene der deutschen Fernsehlandschaft. Die könnten die Nachrichten in Latein verlesen mit zwei brennenden Kerzen, und die Sendung hätte immer noch gute Ratings.

Spiegel: Der Zuschauer empfindet die "Tagesschau" als seriöser. Die Privaten rühmen sich sogenannter heißer Bilder auf dem Schirm, aber mit der Bewertung hapert es. Die Oberfläche der Ereignisse ist Ihnen wichtiger als deren Hintergründe.

THOMA: Da muß ich Ihnen prinzipiell widersprechen. Ich glaube, daß das, was für ein Printmedium wie den SPIEGEL gilt, nämlich in die Tiefe gehende Berichte zu machen, für das Fernsehen so nicht notwendig ist. Das Fernsehen wird immer in gewisser Weise oberflächlich sein. Was ein Korrespondent vor Ort in ein paar Sätzen sagt, wird immer vom Bildeindruck übertroffen. Wenn der Zuschauer wirklich in die Tiefe gehen will, muß er ausführlich lesen.

Spiegel: Auch in den politischen Talk-Shows der Privaten geht es um Oberfläche, überwiegt das Marktschreierische. Bei den Redeschlachten auf dem "Heißen Stuhl" entscheidet rhetorischer Klamauk, nicht das bessere Argument.

THOMA: Bei diesen Sendungen steht man immer wieder vor einer Grundsatzfrage: Will man einen leisen, der Form nach höflichen Austausch von Argumenten und nimmt in Kauf, daß relativ wenige zuschauen, oder macht man es für viel mehr Seher etwas greller, etwas bunter und etwas lauter, wie das wirkliche Leben? (...)
Das ist ja gewünscht, daß die Argumente holzschnittartig kommen. Da geht es zu wie beim Fechten. Es gibt das Florett. Wir sind die Säbelabteilung. Wer das Feine will, der kann ja Herrn Alexander Kluge und sein "10 vor 11" sehen. Bloß da guckt ja leider kaum einer, und wenn, dann nur die, die das nachfolgende "Männermagazin" nicht versäumen wollen.

Spiegel: Stammkunden des RTL-Sex wird bald etwas fehlen. "Tutti Frutti" mit Hugo Egon Balder war einmal das Markenzeichen von RTL plus. Jetzt soll die Sendung eingehen.

THOMA: Ich verstehe den Frust. "Tutti Frutti" ist nicht an den Ratings gescheitert, obwohl die Sendung im Lauf der Jahre sicher etwas an Reiz verloren hat, sondern an der Tatsache, daß die italienischen Produzenten aufgehört haben. Aber keine Panik: Wir bereiten einen "Playboy"-Test, eine Art Erotik-Game-Show vor. Ich glaube, man kann das Thema Sex lustiger bringen. (...)

Spiegel: Mit Hans Joachim Kulenkampff hatten Sie auch wenig Glück. Der war mit seiner Büchersendung schnell weg vom Bildschirm. Nix Kultura bei den Privaten?

THOMA: Das mit Kuli war sicherlich ein ehrenwerter Versuch. Wenn es irgend jemand auf den privaten Kanälen schafft, daß beim Thema Buch die Zuschauer nicht in hellen Scharen wegzappen, dann dann müßte das, dachten wir, Kuli sein. Aber die Zuschauer haben dem Armen nicht die kleinste Chance gelassen, sondern sind wie eine Herde verschreckter Tiere davongeflohen.

Spiegel: Es ist natürlich einfacher, einen Spielfilm nach dem anderen abzunudeln.

THOMA: Tun wir doch gar nicht mehr, es werden immer weniger. Viele Kinostücke haben sich totgelaufen, man hat sie zu oft gesehen, und sie sind zuwenig deutsch. Die Quoten stimmen nur bei den absoluten Kassenrennern. Und einige von denen kann man nicht um 20.15 Uhr senden, weil sie nicht jugendfrei sind. Wir stecken unser Geld lieber in Eigenproduktionen.

Spiegel: Zum Beispiel in "Reality-Shows", bei denen man sich am Unglück der anderen weidet. In "Notruf" und "Auf Leben und Tod" fallen ständig Kinder in Baggerseen und werden wunderbar errettet. Wen interessiert dieses Einerlei unterm Blaulicht eigentlich?

THOMA: Da müssen Sie die Zuschauer fragen. Fernsehen besteht immer auch aus Voyerismus. Man kann zynisch sagen, Reality-TV ist das unsägliche Glück, bei einem Unglück dabeizusein. "Notruf" ist ein Straßenfeger gerade bei den Jüngeren.

Spiegel: Die Reality-Show ist so eine Idee aus Amerika. Ebenso wie die Game-Shows, deren Beliebtheit drüben rapide abnimmt. Was machen Sie, wenn sich all die Glücksräder auch hier totlaufen?

THOMA: Man ist nie gegen Flops gefeit. Auf dem amerikanischen Markt haben sich im harten Existenzkampf Programmformen entwickelt, die weltweit exportierbar sind. Bei den Game-Shows ist der Haken, daß sie zwar gute Einschaltquoten haben, überwiegend aber bei den Alten, den Kreuzworträtsellösern. Da stimmen die Ratings, aber nicht die Werbe-Reichweiten in interessanten Zielgruppen.

Spiegel: Die Älteren verfügen über relativ hohe Einkommen und haben beträchtliche Kaufkraft.

THOMA: Aber sie ändern ihre Konsumgewohnheiten nur noch ungern. Das macht sie für die Werbung uninteressant.

Spiegel: Spricht Ihr Programm die Jüngeren an?

THOMA: Ja. Mit "Explosiv", mit "Elf 99" und "Gute Zeiten, schlechte Zeiten" gewinnen wir ein junges Publikum. Die Älteren überlassen wir dem ZDF, sozusagen dem ältesten deutschen Sender. Auch SAT.1 macht mir wenig Angst. Oder glauben Sie, junge Leute wollten Erich von Däniken sehen oder Rainer Holbes Stimmen aus dem Jenseits? [...]

Spiegel: Die ersten Coups landete das Kommerzfernsehen mit Großereignissen im Sport. Ausgerechnet beim Bundesligafußball haben Sie sich von SAT.1 ausspielen lassen.

THOMA: Das sehe ich überhaupt nicht so. Ich sage immer, es gibt fünf Sportarten: Fußball, Fußball, Fußball, dann Tennis, aber nur wenn Boris Becker und Steffi Graf spielen, und neuerdings einen Sport, der sich Michael Schumacher nennt und mit einem Auto der Formel 1 verbunden ist. (...)

Spiegel: Eine Verwertungsgesellschaft der Kirch-Gruppe und des Axel Springer Verlags, denen SAT.1 gehört, hat 700 Millionen Mark für fünf Jahre zahlen müssen.

THOMA: SAT.1 muß, um seine Werbepreise zu rechtfertigen, für die Werbe-Breaks eine Reichweite von vier Millionen Zuschauern erzielen, und das sehe ich auf die Dauer nicht. Ich denke, daß wir beim Fußball die oberste Obergrenze erreicht haben, die sich nur durch den Konkurrenzkampf in der Investitionsphase rechtfertigen läßt.

Spiegel: Gilt das auch für Ihre Live-Übertragungsrechte?

THOMA: Ja. Drei bis fünf Millionen Mark für ein Spiel sind purer Irrsinn. Wenn inzwischen auch SAT.1 zu rechnen beginnt, und das tun sie, werden die Preise wieder zurückgehen - wie bei den Olympischen Spielen, mit denen der große Erfolg zuletzt auch nicht zu erzielen war. [...]

Spiegel: Muß ein Vollprogramm wie RTL plus eine Abwanderung von immer mehr Zuschauern zu den Spartenkanälen fürchten? (...)

THOMA: Gut möglich. Aber ich glaube, in absehbarer Zeit, meinetwegen bis zum Jahr 2000, wird die Aufsplitterung des Publikums noch nicht so arg. In Amerika gibt es 100 Programme, aber die drei großen Networks liegen bei einem Zuschaueranteil von 67 Prozent.

Spiegel: Wir haben jetzt über Kabel und Satellit 24 deutschsprachige Programme. Wie geht's weiter?

THOMA: In fernerer Zukunft rechne ich noch einmal mit einer Revolution der audiovisuellen Technik durch die sogenannte Kompression, also die Verdichtung mehrerer Programme auf den Sendekanälen. Allein über die luxemburgischen Astra-Satelliten kommen dann 288 Programme, deutsch- und fremdsprachige.

Spiegel: Wie wollen die alle existieren?

THOMA: Dann wird es relativ eng begrenzte Zielgruppenprogramme geben, die weniger durch Werbung finanziert werden als durch direkte Bezahlung der Einschaltzeiten, das sogenannte Pay per view, etwa für neue Spielfilme und große Sportereignisse. Nur die Massenprogramme werden sich ausschließlich mit Werbung finanzieren.

Spiegel: Auch für Sie wird es eng. RTL plus macht sich demnächst sogar selbst Konkurrenz: mit RTL 2.

THOMA: Ich will RTL 2 als Konkurrenten haben, mit dem wir auch Geschäfte Machen können - als natürlichen Verbündeten gegen das größte Medienmonopol der westlichen demokratischen Welt. Die Politik hat Kirch gestattet, sich wie ein Krake im Privatfernsehen auszubreiten. Zusammen mit seinem Partner, dem Metro-Gründer Otto Beisheim, erreicht er Dimensionen, von denen Alfred Hugenberg [...] wahrscheinlich nur geträumt hat. Kirch kann auf fünf von sechs Privatprogrammen seine gewaltigen Vorräte abspielen, er ist Fernsehbetreiber und Programmacher in einer Person. Eine derartige Mischung der Funktionen wäre beispielsweise in Amerika nie möglich. Hier aber haben die Politiker nur Kinkerlitzchen geregelt. Die Grundsatzfrage, wie sie ein demokratiegefährdendes Medienmonopol verhindern können, war ihnen völlig Wurscht. Das ist ein Armutszeugnis sondergleichen.

(...) Spiegel: Kann denn der Boulevardsender RTL plus mit dem Informationskanal Vox überhaupt kooperieren?

THOMA: Bevor es zu einer Kooperation kommen kann, muß man erst mal sehen, was Vox macht und was die unter einem 'informationsbetonten Vollprogramm' verstehen. Nach meiner Erfahrung kann es so, wie es offenbar geplant ist, überhaupt nicht laufen.(...)

Spiegel: Wenn das Programm nicht massenwirksam ist, läge es doch nahe, Vox und RTL 2 zusammenzulegen.

THOMA: Ich denke, Vox muß erst mal anlaufen. Dem WDR sind gerade Frequenzen für ein neues Informationsprogramm weggenommen worden. Also müssen die das ja wohl auch bieten. Aber ich würde jede Wette eingehen, daß Vox sich bald was Neues einfallen lassen muß, um Zuschauer zu gewinnen.

(...) Spiegel: Erst einmal gibt es aber eine Pause für Neugründungen. Die Landesmedienanstalten, die neue Programme früher nur lax geprüft hatten...

THOMA: ...durch Wegschauen statt durch Hinschauen..

Spiegel: ...blockieren jetzt die Programme RTL 2 und Vox. Sie wollen auch n-tv und die Umwandlung von Tele 5 prüfen. Und die Hamburger Medienanstalt will Tele 5, wenn es zum Sportprogramm gemacht wird, die Sendelizenz entziehen. Wächst den Aufsehern die Zunahme des Neuen über den Kopf?

THOMA: Nein, denen ist endlich klar geworden, was für Verflechtungen der Herr Kirch da unter ihren Augen aufgebaut hat. Die Landesmedienanstalten stehen ja ziemlich arm da. Die können weder die Polizei holen noch sonstige Behörden einschalten. Denen kann Herr Kirch in fünf eidesstattlichen Erlärungen versichern, was er lustig ist. Das ist der helle Wahnsinn. Und nun, da die ersten neuen Konkurrenten gegen Kirch auftreten, sind sie plötzlich aufgewacht und schicken Fragebogen zur Prüfung heraus. Ich finde das im Prinzip richtig, aber nun müssen sie auch die schon eingerissenen Fehlentwicklungen prüfen. [...]

Spiegel: Wie wird die Fernsehlandschaft der nächsten Jahre aussehen? Wie viele Vollprogramme können sich halten?

THOMA: Ich denke, mehr als drei große Programme, die voll durch Werbung finanziert werden, kann es auf Dauer nicht geben: RTL plus, SAT.1, letztlich vielleicht doch Vox auf dem dritten Platz, wenn der Sender durch Frequenzzuweisungen die nötige Reichweite bekommt und schließlich auch auch ein attraktives Programm macht.[225]

Interview mit RTL-Programmdirektor Mark Conrad (1992)

Conrad: [...] Sehen Sie, das Schöne, was man hier jetzt sieht, ist, daß wir, die beiden großen Privaten, uns inzwischen gar nicht mehr gegenseitig so weh tun, wie das früher der Fall war, als an Tagen, an denen RTL sehr gut war, SAT.1 überhaupt keine vernünftigen Quoten hatte oder eben umgekehrt.

FK: Es gibt aus dem Hause RTL aber auch ganz andere Sätze, daß man nämlich immer ganz gerne SAT.1 die Quoten wegnehmen wollte.

Conrad: Genau das macht aber keinen Sinn. Das funktioniert nämlich gar nicht mehr. Mittlerweile stellt sich folgendes heraus, und das empfinde ich auch als sehr zukunftsweisend: Bei den unter 50jährigen hatten wir am Montag, 2. November, über 20 Prozent Marktanteil; wir waren Marktführer, wie am Montag zuvor. Genau hier liegt unser Ziel: Wir positionieren uns bei den 18- bis 49jährigen, bei diesen Kernzielgruppen. Und SAT.1 hat ein komplett älteres Publikum im Auge. Insofern können wir eben beide je 6 oder 7 Mio Zuschauer haben, ohne daß einer dem anderen Publikum wegnimmt. Das ist das Interessante, daß der Markt sich jetzt langsam tatsächlich auf diese Weise aufteilt. Und darauf haben wir auch lange gewartet. Das führt dazu, daß wir jetzt endlich diesen "Format"-Gedanken durchsetzen können.

---

225 Auszüge aus: „Wir sind die Säbelabteilung" Spiegel-Gespräch mit RTL plus Chef Helmut Thoma. In: Der Spiegel 41/1992: "Prophetie ist keine Kunst".

FK: Was heißt das?

Conrad: Ich habe solche Sendungen wie die ursprüngliche Heimatmelodie aus dem Programm genommen oder die Musikrevue, Sielmann oder Kulenkampff mit seiner Büchergeschichte, die ausschließlich ein älteres Publikum ansprachen. Der Gedanke, daß Fernsehen die Wundertüte sei, wie das die Leute jahrelang in Deutschland von den Öffentlich-Rechtlichen gewohnt waren, ist passé. Heute werden klare Segmente bedient: Wir haben eben halt unser Segment als Vollprogramm für die 18- bis 49jährigen, SAT.1 versorgt die älteren Leute, Kofler versucht mit PRO 7 wieder uns irgendwie etwas wegzunehmen, und die Öffentlich-Rechtlichen, die bedienen noch den Rest. Oder, um mal zu zeigen, in welche Richtung es geht, ein ganz anderes Beispiel: Ab dem 7. Dezember 1992 habe ich die Game-Shows "Riskant" und "Der Preis ist heiß" aus dem Vorabendprogramm herausgenommen und werde sie auf vormittags, 10.30 Uhr, verlegen. Nicht weil sie schlechte Zahlen hätten. Sie erzielen beide die ganze Zeit zwischen 15 und 20 Prozent Marktanteil, bis zu 2 Mio Zuschauer, jeden Tag - was enorm viel ist. Nein, ich verlege sie, weil ihre Zuschauer mir insgesamt zu alt sind. Statt dessen "strippe" ich auf dem Sendeplatz dieser Game-Shows "Who's the boss" und "Eine schrecklich nette Familie", also amerikanische Sitcoms, mit denen wir in absoluten Zahlen in der ersten Phase vielleicht weniger Zuschauer erreichen. Aber die Leute, die uns sehen, passen dann viel besser in die von uns angepeilten Key-demographics hinein. [...]

FK: Fragmentieren Sie damit Ihr Programm nicht zu sehr?

Conrad: Nein, wir versuchen bei RTL gerade, an allen Tagen einen homogenen Programmfluß herzustellen. Beispiel Montag: Wir beginnen um 20.15 mit "Columbo". Danach kam bislang die deutsche Version von "Top Cops", also "Auf Leben und Tod" mit Olaf Kracht. "Columbo" hatte zuletzt immer 6,5 bis 7 Mio Zuschauer und danach kam Kracht mit 3 bis 3,5 Mio, was sehr gut war. Aber: gegenüber "Columbo" haben wir immer rund 3 Mio Zuschauer verloren, weil "Top Cops" für die nicht mehr interessant genug war. Freitags haben wir abends gegen die Fußballsendung von SAT.1 immer mit Actionfilmen sehr hohe Reichweiten erzielt, immer zwischen 3,5 und 4 Mio. In unserem Archiv hatten wir, fertig synchronisiert, noch Folgen von "Quincy" liegen. Es waren zwar viele im Haus hier dagegen, als wir gesagt haben, jetzt nehmen wir "Top Cops" raus und setzen es, weil es actionbetont ist, auf den Freitagabend gegen SAT.1-Fußball. Und montags nehmen wir nach "Columbo" "Quincy" ins Programm. Die US-Serie stammt von den gleichen Autoren und den gleichen Produzenten wie "Columbo". Wir haben es versucht, und gleich beim ersten Mal erzielte "Quincy" auf Anhieb fast 4,5 Mio Zuschauer. Also haben wir zwischen "Columbo" und "Quincy" nur 2 Mio Zuschauer verloren, wo wir zuvor immer zwischen 3 und 4 Mio verloren hatten. "Top Cops" kam dann also freitags erstmals gegen SAT.1-Fußball und hatte auf Anhieb 3,4 Mio Zuschauer, also die Quote gehalten, die es sonst montags hatte, und SAT.1 hatte mit Fußball an diesem Tag auch nur 3,45 Mio. Das ist natürlich spitze: denn unsere "Top Cops"-Nummer kostet nur 250000 DM und die Bundesliga kostet SAT.1 zig Millionen, ohne daß sie damit mehr Publikum oder interessante Zielgruppen erreichen. Unsere Strategie ist voll aufgegangen, also zu diesen Zeiten jeweils ein bestimmtes angestrebtes Zuschauerpotential für einen bestimmten Preis zu erreichen. Dadurch, daß wir an diesem Tag eben diesen homogenen Programmfluß geschaffen haben, haben wir jetzt mit dem Bruchteil der Kosten, die uns vorher entstanden, viel höhere Reichweiten. [...]

FK: Auffallend am RTL-Schema sind die täglichen Sendungen am Tage, aber auch im Abendprogramm mit "Explosiv", "Gute Zeiten - Schlechte Zeiten", später Gottschalk. Woher kommt diese Idee?

Conrad: Dahinter steckt einfach die Erfahrung, daß Fernsehen ein Gewohnheitsmedium ist. Diese Erfahrung macht man halt überall dort, wo es Fernsehen gibt, ob in den USA, in Großbritannien oder Deutschland. Die "Tagesschau" ist ja nur so erfolgreich, weil sie seit Jahren jeden Tag um die gleiche Zeit kommt, und nicht, weil sie so außergewöhnlich gut wäre. Die Nachrichten erzielen auf der ganzen Welt diese unheimlich hohen Einschaltquoten, weil sie überall jeden Tag um die gleiche Uhrzeit zu sehen sind. Wir haben vor zwei Jahren damit angefangen, daß wir bei RTL alles entsprechend gestrippt haben: also jeden Tag das gleiche um die gleiche Uhrzeit. Das macht uns jetzt jeder nach. Ich glaube aber, daß wir schon so weit sind, daß unsere Zuschauer zum Teil auf Programmzeitschriften verzichten können. Die brauchen die gar nicht mehr. Die wissen einfach, um 14 Uhr kommt "Springfield Story", um 16 Uhr Meiser, montags um Viertel nach acht "Columbo" und so weiter. Dieser Rhythmus ist auch der Grund, warum wir immer weniger Spielfilme ausstrahlen: Dafür muß man ja immer extra in der Programmzeitschrift nachgucken, was dann kommt. Es wird in Zukunft jede Stunde etwas anderes im Fernsehen laufen, irgendwann in Deutschland auch bei SAT.1 und bei den Öffentlich-Rechtlichen. Wir haben ja schon die gleichen Schnittstellen: 20.15 Uhr, 21.15 Uhr, 22.15 Uhr. Die haben ihre Serie, wir haben unsere. Es wäre dabei ja unsinnig, wenn wir Linda de Mol auf den Samstag gegen Rudi Carrell gesetzt hätten. Die hat ihren eigenen Platz, an dem sie viel erfolgreicher ist. [...]

FK: Sie haben bei RTL den Verzicht auf Fernsehansagerinnen durchgesetzt. Seit dem 1.November hat RTL ein neues Logo. Wie wichtig ist das Styling für einen Programmplaner?

Conrad: Die Idee für das neue Logo, das sage ich ganz klar und eitel, die stammt von mir. Ich habe über ein Jahr dafür gekämpft, daß wir endlich den Zusatz "plus" weglassen. (...) Jetzt haben wir ein Logo, das jeder auf einen Blick erkennt: R T L, drei klare Buchstaben in unseren drei Farben rot, gelb und blau, das "plus" weg. Das weist uns als ganz normales, solides Fernsehen, nein, als Network aus, denn wir verstehen uns jetzt als Network, als etablierter Broadcaster und nicht mehr, wie früher, als Narrowcaster. Die Leute sollen sich mit dem Sender identifizieren können. Deshalb haben wir kontinuierlich die erotischen Filme aus dem RTL-Programm genommen. Jetzt werden wir irgendwann diesen Herbst eine Kampagne starten, die den Leuten einimpft, daß Erotik bei RTL nur noch nach Mitternacht zu sehen sein wird, so daß wir uns als Familiensender positionieren und uns damit gegenüber den anderen abgrenzen. Jetzt, wo auch PRO 7 und SAT.1 jede Menge Erotik- oder Sexfilme zeigen, müssen wir eben wieder etwas anderes machen.[...]

FK: Was hat Sie am Programm noch so gestört, daß Sie es herausgenommen haben?

Conrad: Alle Musiksendungen bis auf eine. Denn Musiksendungen eignen sich fürs kommerzielle Fernsehen überhaupt nicht. In diesen Sendungen ist kein dramaturgischer Bogen, der die Zuschauer so führt, daß sie auch die Werbeinseln konsumieren müssen. Man kann jederzeit ein- oder aussteigen. Wenn bei einer Musiksendung eine Werbeinsel kommt, kann der Zuschauer problemlos aussteigen (...). Wenn man aber bei "Columbo" mal zur Toilette geht und zu lange wegbleibt, dann hat man eventuell verpaßt, wer als nächster gestorben ist, jedenfalls fehlt einem etwas Wichtiges, das man wissen muß, um die Handlung weiterhin zu verstehen. [...]

FK: Was fehlt Ihnen im Programm? Wo sagen Sie: "Das genau müßte ich noch für mein Publikum, für die Farbe meines Programms haben"?

Conrad: Es fehlt etwas ganz Entscheidendes (...): Im deutschen Fernsehen fehlt Humor. Es gibt viele Abende im Fernsehen, da geht man nach dem Abschalten mit Depressionen ins Bett - so grauenhaft ist das Programm. Da kann man verzweifelt nach lustigen Sachen suchen, aber auf keinem einzigen Kanal gibt es etwas. Ob das etwas mit dem deutschen Wesen zu tun hat? Ich weiß nicht. Für uns heißt das auf jeden Fall: Die Reality-TV-Geschichten werden demnächst, über kurz oder lang, immer stärker durch Comedy-Sendungen ersetzt werden. Wir produzieren jetzt bereits Sitcoms: die deutschen Versionen von "Who's the boss?" und "Eine schrecklich nette Familie". Wir haben Otto eingekauft, der zwei Shows macht; wir haben Kerkeling eingekauft, der eine Show macht; mit Dieter Krebs produzieren wir eine Sitcom; im Weihnachtsprogramm starten wir eine Comedy-Reihe, die wir mit Dirk Bach produziert haben (...), mit Hella von Sinnen haben wir fünf neue sitcomartige Episoden aufgezeichnet. Das funktioniert allmählich, aber ist sehr schwer. Denn auch hier sind die Bücher das Komplizierteste. Finden Sie mal neue Autoren! Da stehen ja fast immer nur die gleichen zur Verfügung, die zum Teil immer die gleichen Gags produzieren. Ich habe jetzt Leute eingestellt, die für RTL einmal die ganze Kabarett-Szene in Deutschland abgrasen. Und da kommen tolle junge Leute zum Vorschein, Talente, die auf irgendwelchen kleinen Bühnen auftreten und wunderbare Programme machen, über die die Zuschauer unheimlich lachen, über die sie viel mehr lachen, als wenn irgendein teurer Star diese Witze verkaufen würde. Die Zuschauer lachen über die Pointe, nicht über den, der sie macht. So ist das bei Comedy, da braucht man nicht den Star. Da kommt es auf das gesprochene Wort an. Die Stücke müssen verbal auf den Punkt gebracht werden. Es ist hier immer noch meistens so, daß zuviel überflüssige Optik im Spiel ist."[226]

SAT.1

"Mit eigenproduzierten Sendungen auf der Suche nach neuem Profil". Interview der Frankfurter Rundschau mit dem SAT.1-Geschäftsführer Werner Klatten (1991)

FR: Die Hauptgesellschafter von SAT.1, die Kirch-Gruppe und der Springer-Konzern, haben ihr Kriegsbeil begraben. Ist nun auch im Sender der Friede eingekehrt?

KLATTEN: Ja, es ist nicht nur ein Waffenstillstand, sondern wirklicher Friede. Das kann man nicht besser dokumentieren als durch den Erwerb der Bundesliga-Rechte durch eine neue Tochterfirma von Springer und Kirch. Die Institutionalisierung ist ganz wichtig, um neue Interessensgegensätze zu verhindern. Und es entsteht ein direkter Nutzen für das Unternehmen. [...] Wir können nun den Wettbewerb mit unserem Hauptkonkurrenten auf der privaten Seite wieder aufnehmen. Daran waren wir ja rund 18 Monate gehindert. Die Schäden sind eindeutig. [...] RTL plus hat 1990 150 Millionen Mark netto mehr umgesetzt als wir. Hätten wir im Programm Highlights schaffen können, die große Ratings erzielt hätten, lägen wir nicht hinter RTL.

FR: Heißt das, daß Sie die Programmstrategie gerechtfertigt sehen, fast ausschließlich auf Spielfilme und Serien zu setzen und nicht auf Eigenproduktionen?

KLATTEN: Das haben wir nie getan. Die Ressourcen unseres Hauptgesellschafters Kirch sind der Ausgangspunkt unserer Programmphilosophie. Auf der anderen Seite ist klar, daß auch dieser Sender gegenüber den Konkurrenten nur durch Eigenproduktionen Profil gewinnen kann. Das können wir um so beser aufbauen, je attraktiver unsere Spielfilme und Serien sind.

FR: Das heißt, auch SAT.1 setzt künftig auf Eigenproduziertes?

KLATTEN: Wir werden einen großen Schritt in Richtung Eigenproduktion gehen.

FR: Was also ist Ihr nächster Schritt?

KLATTEN: Wir konzentrieren uns jetzt auf die Unterhaltung. Wo wir große Schritte nach vorne tun, ist im Aufbau von Programmpersönlichkeiten. Da nenne ich Karl Dall und Mike Krüger. (...) Ich habe gar keine Probleme, Programmpersönlichkeiten von woanders zu kaufen, wenn sie in unsere Strategie passen. Wir können uns nicht Jahre an Entwicklungsarbeit leisten, also müssen wir bekannte

---

226 Auszüge aus einem Interview mit RTL-Programmdirektor Mark Conrad. In: Funk-Korrespondenz Nr.47 / 19. November 1992.

Stars kaufen. Wir haben aber auch eigene Stars aufgebaut. Wolf-Dieter Herrmann oder Frederic Meisner.

FR: Das ist wohl reichlich teuer. Stimmen denn die zehn Millionen für Karl Dall?

KLATTEN: Nein, außerdem reden wir da nicht über Honorare, sondern über Produktionskosten insgesamt. Comedy, Sketch, Humor wird ein bestimmendes Element des SAT.1-Programms werden.

FR: Und damit soll der Sender neues Profil gewinnen?

KLATTEN: Als zweiten Schwerpunkt der Entwicklung setzen wir auf Serienproduktion. Zwei Serien sind relativ weit entwickelt: "Wolff" ist ein Kriminalkommissar, der im zusammenwachsenden Berlin an zwei Fronten kämpft. Einmal in seinem Job und zum anderen als alleinerziehender Vater eines 16jährigen Mädchens. Produziert wird die Serie von Karl-Heinz Willschrei, einem der großen Kriminalautoren und -produzenten. Die zweite Serie ist "Der Bergdoktor", gespielt von Gerhart Lippert. Eine klassische Verbindung von Heimat, Natur und dem Arztroman. Drittes Thema ist "Rio Verde", eine Koproduktion mit dem französischen Sender TF 1. Mario Adorf hat dabei als deutscher Konsul in Venezuela zusammen mit einem französischen Piloten eine Reihe von Abenteuern im Dschungel zu bestehen. Dann haben wir noch eine sechsteilige Serie in Vorbereitung, nach dem Klassiker "Vater braucht eine Frau".

(...) FR: Also Comedy und Serie...?

KLATTEN: Ein weiterer wichtiger Bereich der Eigenproduktionen sind die Stichworte Heimat, Musik, Bauerntheater und Spiel. Volkstümliche Musik mit Ramona Leiß und Heino ist eine Farbe, die außerordentlich erfolgreich ist. Wie lange weiß ich allerdings nicht. Aber wir sehen mit Erstaunen, daß die Zielgruppe viel jünger ist, als wir vermutet haben. [...]
Filme sind weiterhin in großer Qualität da. Was wir in der primetime reduzieren wollen, sind amerikanische Serien. Zum einen bestehen extreme Nachschubprobleme; bei kaum einer Serie wird mehr eine zweite Staffel produziert. Und wir haben Probleme, entsprechende Einschaltquoten damit zu erreichen, vor allem in der primetime.

FR: Ein "ausgelutschtes Programmelement"?

KLATTEN: Da wird jedenfalls stark mit Klischees gearbeitet, die sich immer weniger in der deutschen Wirklichkeit wiederfinden. Es entsteht eine Gewöhnung, die nicht mehr spannend genug ist. Bei dem zunehmenden Angebot eigenproduzierter Serien und den möglichen Vergleichen zwischen den Sendern zieht das Publikum Eigenproduktionen vor.

FR: Wie werden Sie es mit dem Spielfilm halten?

KLATTEN: Wir werden weiterhin stark Filme programmieren, allerdings viel stärker strukturiert. Montag kommt nach der Familienserie Herz und Schmerz, Leidenschaft. Da gibt es einen starken Bezug bei der Zielgruppe Frauen, ausgehend von der Familienserie. Am Dienstag haben wir Hollywood-Star-Kino. (...) Am Mittwoch sehen wir den Heimatfilm, Bauerntheater, Koproduktionen. Am Donnerstag kommt nach der eigenproduzierten Krimiserie ein amerikanischer Krimi. Das heißt, wir halten die Farbe durch. Am Freitag setzen wir auf große Filme im double Feature.

FR: Welche Rolle soll der Sport im neuen Programmschema spielen?

KLATTEN: Unsere neue Programmstruktur macht keine Schwierigkeiten, Sportsendungen einzufügen. Sei es am Samstag, sei es in der Woche an einem späten Termin. Wir müssen die Verhandlungen zwischen ISPR, der Kirch-Springer-Tochter, mit dem deutschen Fußballbund noch abwarten. Das wird noch eine Weile dauern.

FR: Macht Sie das Beispiel der RTL plus-Sportsendung "Anpfiff" nicht nachdenklich?

KLATTEN: Nein, überhaupt nicht. Für mich ergeben sich zwei Erkenntnisse: "Anpfiff", nach der ARD-Sportschau, kann man vergessen. Hingegen erreichen die "Anpfiff"-Sendungen, die wochentags laufen, mehr als drei Millionen, teilweise vier Millionen Zuschauer. Da rentiert sich die Sache sofort. Ziel muß also eine Alleinstellung sein. Dafür kann man dann eben auch entsprechend Geld bieten.

FR: Warum ist Fußball für SAT.1 auf einmal so attraktiv?

KLATTEN: Weil es nach wie vor Sportart Nr. Eins ist in Deutschland. Ein Sender, der ein Vollprogramm sein will, muß auch in Sachen Fußball präsent sein. Darüber hinaus geht es auch ums Image. Fußball ist für den Aktualitätscharakter des Senders wichtig.

FR: Das heißt, SAT.1 tauscht Tennis gegen Fußball?

KLATTEN: Nein, Tennis ist weiterhin wichtig, man muß auf beiden Beinen stehen. Das genügt im Prinzip auch. Das sind mit Abstand die wichtigsten Sportarten, alles andere ist hübsch zu haben, aber nicht notwendig.

FR: Tennis wird bekanntlich großflächig übertragen. Wie stellen Sie sich das beim Fußball vor?

KLATTEN: Leider gibt es bei der Bundesliga nicht genügend Live-Übertragungen. Also muß es im wesentlichen bei der alten Form der Berichterstattung bleiben, die bisher gegolten hat, nämlich Ausschnitte nach den Spielen.

FR: Heißt das, daß Sie eine neue Sportredaktion aufbauen müssen?

KLATTEN: Ja, wir brauchen eine eigene Redaktion mit Kompetenz, neuen Moderatoren, eigenen Produktionsstrukturen. Das ist eine gewaltige Herausforderung."[227]

Aus einer Presseinformation von SAT.1 zu den Sendestarts im Januar 1992 unter der Überschrift "Der Countdown zum Unterhaltungssender Nr.1 läuft!"

"Quär Beet. Der freche KinderGarten. Ab dem 01.Januar 1992 gehören die Vormittage des SAT.1-Fernseh-Wochenendes ganz den Kindern und der Familie. Am Samstag von 6.00 bis 11.00 Uhr und am Sonntag und Feiertag von 6.00 bis 11.00 Uhr dreht sich 1992 alles um die Welt der Kinder." [...]

"Geh aufs Ganze! Die riskante Gewinnshow mit Jörg Draeger. Im Deutschen Fernsehen gibt es zahlreiche Gewinnshows, in denen Kandidaten Fragen beantworten, Knöpfe drücken und Antworten geben müssen. Die neue Show von SAT.1 ist anders: Hier müssen die Mitspieler kein Allgemeinwissen haben, sondern nur den richtigen Riecher und eine gehörige Portion Glück. [...] In diesem Wechsel aus Risiko, Wagemut, Sicherheit, Schadenfreude, aus Glück und Pech, aus Freude und Enttäuschung entsteht ein Spiel, das alle 60 Sekunden mit einem Spannungshöhepunkt aufwarten kann." [...]

"Punkt, Punkt, Punkt. Das witzige Wortspiel mit Mike Krüger [...] Es gibt keine komplizierten Spielregeln, keinen Notar und auch keine großen Preise. Es gibt nur den Witz und die Schlagfertigkeit von Mike und die gute Laune seiner sechs Mitspieler. Dies dürfte die Spielshow im Deutschen Fernsehen sein, in der mit Abstand am meisten gelacht wird. Keiner kann sich blamieren, keiner kann mit Bildung glänzen, sondern es geht ausschließlich um eine halbe Stunde Spaß ohne Zwang zum Tiefgang.

Im Jahr '91 hat freundlicherweise der NDR mit großem Erfolg einige Folgen von "Punkt, Punkt, Punkt" produziert und ausgestrahlt, mit dem Wechsel von Mike Krüger zu SAT.1 setzen jetzt wir die Punkte."

"Schreinemakers live. Ein respektloses Live-Wochenmagazin in SAT.1 mit Margarethe Schreinemakers als Gastgeberin. Mit dem fröhlichen Anarchismus des Kasperletheaters prügelt Margarethe Schreinemakers mit der Pritsche auf alles los, was des Weges kommt. Zuweilen wird die Pritsche auch zur Peitsche. Das Magazin ist schnell, und kein Thema wird ausgewalzt, denn der Feind ist die Fernbedienung. Maxime: Was zu sagen ist, läßt sich in maximal drei Minuten sagen. Beim Kernthema dürfen es ausnahmsweise auch mal sechs Minuten sein.

Ausgangspunkt für die Sendung sind immer die tatsächlichen Ereignisse der vergangenen Woche. Vorzugsweise das Tagesgeschehen. Thema der Sendung kann aber auch die 'selbsterzeugte Realität' sein. Ähnlich wie bei der 'Extratour' wird Margarethe Schreinemakers mit einem EB-Team ohne Vorwarnung bei Bür-

---

227 Auszüge aus einem Gespräch, das Ingrid Scheithauer für die Frankfurter Rundschau vom 13.9.1991 führte.

gern an der Haustür klingeln und z.B. fragen, ob sie bereit sind, gegen ein Entgelt von 50 Mark pro Faß, Atom-Müll-Fässer in ihrem Keller zu lagern. [...]

'Live bei Schreinemakers' ist respektlos, aber nicht geschmacklos. Und wenn Margarethe den Papst aus Respekt vor der Religion mal verschont, dann zieht sie wenigstens über seine Frau her. Leute von heute. Oder Lästern über Leute von gestern. Sauber recherchierte Information mit jugendlichen Charme, mit frecher Attitude, mit liebenswerter Ironie und zuweilen mit schwarzem Zynismus serviert. Nichts ist heilig, nichts und niemand wird geschont. Und auch den Schutzmantel der ausgewiesenen Kabarett-Sendungen benötigen wir nicht, um uns zuweilen ohne Hemmungen lustig zu machen: Über Gott, über die Welt und über uns."

Weitere Sendestarts im Januar 1992: "Hallo Heino" und "Die Goldenen Hitparade der Volksmusik" bedienen den Programmschwerpunkt der volkstümlichen Unterhaltung. "Mann-o-Mann!" ("Wer ist der tollste Typ") und "Herz ist Trumpf" sind Spielshows, "Die hemmungslosen Sechs" ("Sketche am laufendenden Band"), "Jux und Dallerei" und die "Spottschau" ("Das satirische Großreinelachen mit Dieter Hallervorden") versuchen witzig zu sein."[228]

Interview mit SAT.1-Chef Werner Klatten über Sport im Fernsehen, Synergieeffekte und Marktnischen mit der Frankfurter Rundschau (1992)

FR: SAT.1 setzt auf Fußball, auf die Bundesliga und hat dafür viel Geld investiert. Man spricht von 700 Millionen für fünf Jahre. Nun wächst Ihnen Konkurrenz aus der eigenen Gesellschafterriege zu. Befremdet Sie nicht, daß Tele 5 nach dem Einstieg von Leo Kirch künftig auf Sport setzen will?

KLATTEN: Nein, überhaupt nicht. Bei Investitionen dieser Größenordnung ist es aus Sicht der Gesellschafter richtig, nach einer optimalen Verwertung zu suchen. Daß eine optimale Verwertung zusätzlich durch einen Sportkanal sichergestellt werden kann, ist offensichtlich. Darum empfinde ich ein solches Vorgehen nicht als Konkurrenz, sondern als eine Abrundung im Sinne einer Kostensynergie. [...]

FR: Die Rechtefirma ISPR - bekanntlich eine gemeinsame Tochter von Springer und Kirch - soll, so ist aus deren Gesellschafterkreis zu hören, noch viel mehr Rechte in anderen Sportbereichen kaufen, wie etwa Leichtathletik. Wie ist Ihre Planung - in Absprache oder nicht in Absprache mit der ISPR?

KLATTEN: Für uns gilt: Wir sind ein Massensender, der nur Sportrechte erwerben kann, die unter dem Gesichtspunkt der Massenattraktivität zählen. Wir haben in den letzten Jahren erfahren, daß wir uns auf ganz wenige Sportarten reduzieren müssen, nämlich Fußball und Tennis. Dazu kommen vielleicht noch ein paar große Ereignisse. Etwa Leichtathletik-Weltmeisterschaft und auch da nur bestimmte Disziplinen. Das sind jedoch Spezifizierungen, die einzeln nicht zu haben sind.

---

228 Auszüge aus einer Presseinformation von SAT.1 zu den Sendstarts im Januar 1992 unter der Überschrift "Der Countdown zum Unterhaltungssender Nr.1 läuft!"

Also ist es erfolgsträchtiger und finanziell effizienter, wenn eine Agentur die Gesamtrechte erwirbt und eine Verteilerfunktion übernimmt. Die attraktivsten Sportarten oder Disziplinen bekommt der Massensender, der am meisten zahlen kann und gleichzeitig in der Lage ist, das Programm journalistisch überzeugend zu präsentieren. Schon daraus ergibt sich, daß SAT.1 ein chancenreicher Kandidat ist.

FR: Für Sie bleibt damit nur Fußball und Tennis attraktiv - und letzteres auch nur, solange deutsche Spieler dabei sind?

KLATTEN: Ja, richtig. Und zusätzlich noch Spitzenveranstaltungen bzw. Teile davon. Von der Eishockey-Weltmeisterschaft z.B. kann man auch nur die Spiele mit deutscher Beteiligung zeigen. In der Leichtathletik sind es wenige Disziplinen, die zählen. Und wiederum nur, wenn deutsche Athleten Medaillenchancen haben. Dies sind Erkenntnisse, die wir aus allen entwickelten Märkten haben: Massensender müssen sich im Sport auf ganz wenige Angebote konzentrieren.

FR: Laufen Sie dennoch nicht Gefahr, zuviel Sport anzubieten, wenn die Devise von SAT.1 jetzt heißt "Jeden Tag ein Stück Fußball"?

KLATTEN: Wir wollen das tun, was bisher ausschließlich Tageszeitungen getan haben - nämlich, daß sie täglich verarbeiten, was am Wochenende passiert ist, oder das vorbereiten, was am nächsten Spieltag passieren wird. Die tägliche Sendung bedeutet gleichzeitig auch eine Promotion der Sendungen, die am Wochenende kommen. Ich denke, eine tägliche Leiste von netto acht Minuten, die sich mit Sport und im Schwerpunkt mit Fußball beschäftigt, ist darum nicht zuviel. [...]

FR: Bleiben wir bei dem Stichwort "Synergien": SAT.1, der massenattraktive Sender; Pro 7, ein Spartenprogramm mit Synergieeffekten für die Lieferanten, der "Kabelkanal" als "Resteverwertung" von Pro 7, Tele 5 als Sportkanal für Ereignisse, deren rechte die anderen nicht auswerten können? Ist das die optimale Ausnutzung von Rechten?

KLATTEN: Es währe leichtfertig, wenn man so ein Gesamtsenderkonzept unterstellen würde, weil die Gesellschafter nicht deckungsgleich sind. Jeder der Gesellschafter und damit jeder Sender verfolgt vor allem seine eigenen Interessen. Pro 7 z.B. ist ein Konkurrent, der sich zu einem klassischen Film- und Seriensender entwickelt, der im Bereich Film eine Qualität hat, von der man nicht sagen kann, sie sei zweite Wahl.

FR: Das heißt, Pro 7 hat durchaus Filme, die Sie gerne haben möchten.

KLATTEN: Ja, natürlich. Da besteht eine besondere Kompetenz in diesem Bereich. Insofern befindet sich Pro 7 bereits auf der zweiten Stufe in der Entwicklung eines Spartenprogramms, die der Sender sehr viel schwerer erreicht hätte, wenn er den zweiten Teil des Filmpakets, den SAT.1 leider vor drei Jahren aufgrund des noch schwebenden Gesellschafterstreits nicht erworben hat, nicht bekommen hätte. Pro 7 hat sehr schnell eine Reputation gewonnen, die den Sender jetzt schon als gewichtigen Mitbewerber dastehen läßt, ungeachtet der Tatsache, daß er kein Vollprogrammanbieter ist.

FR: Das heißt, die Entwicklung bei SAT.1 wäre anders gelaufen, wenn Sie seinerzeit den zweiten Teil des Filmpakets hätten erwerben können? Hätten Sie dann weniger auf Eigenproduktionen gesetzt?

KLATTEN: Nein. Aber wir hätten eine Wettbewerber gehabt, der nicht in dieser Form aus dem Stand heraus in den Markt hätte eintreten können. Das hätte einige Marktanteile mehr für SAT.1 und RTL plus bedeutet. Für uns ein paar mehr, weil wir dieses Programmgenre stärker vertreten. Aber das ändert überhaupt nichts an der Zielsetzung des Senders SAT.1: nämlich der Entwicklung von Eigenproduktionen. Ich sehe den Filmbereich als finanzielles Rückgrad an, das notwendig ist, um Eigenproduktionen zu realisieren. Eigen- bzw. Auftragsproduktionen - und das heißt letzen Endes nichts anderes als Exklusivität - sind längst ein notwendiges Element, um dem Sender Profil zu geben. Das ist über Filme allein nicht zu schaffen.

FR: Vollzieht Pro 7 aus Ihrer Sicht diese Entwicklung jetzt nach? Pro 7-Geschäftsführer Georg Kofler hat Eigenproduktionen ebenso angekündigt wie ein politisches Magazin. Sehen Sie da eine Entwicklung hin zum Vollprogramm?

KLATTEN: Wenn ich mir den Markt anschaue, dann sehe ich schon zwischen RTL plus und SAT.1 leicht verschobene Kompetenzen. Das gilt erst recht für Pro 7. Eine Erweiterung des Programmangebots über Filme und Serien hinaus ist bei Pro 7 als Versuch erkennbar. Ob dies bis zu einem Vollprogramm gelingen kann, möchte ich bezweifeln. Aber den Versuch ist es natürlich für jeden Geschäftsführer eines solchen Unternehmens wert, nicht unbedingt für jeden Gesellschafter.

FR: Und wie beschreiben Sie das Profil von SAT.1?

KLATTEN: Bei SAT.1 sehe ich den Kompetenzbereich Film als unverändert groß an. Ich sehe ihn zunehmend in den Eigenproduktionen, im Genre Serie und Unterhaltungsshow, ich sehe ihn natürlich im Sport. Ich erwarte noch viel vom Bereich Infotainment, der Mischung von Information und Unterhaltung. Sei es die Talkshow "Talk im Turm", oder sei es Talk im Sinne von Margarete Schreinemakers. Das sind dann auch die vier Schwerpunkte. Die Unterschiede zu RTL werden sicherlich im Show-Bereich zu suchen sein.

FR: Wie sehen Sie im Bereich Nachrichten das Konkurrenzverhältnis?

KLATTEN: Unverändert ist dies der schwierigste Bereich für alle neuen Beteiligten im Wettbewerb. Hier wird es am längsten dauern, und das heißt nicht zwei, drei oder vier Jahre, sondern zehn Jahre. Hier liegen die größten Vorteile der öffentlich-rechtlichen Sender. Ich glaube nicht, daß wir ARD und ZDF mit ihren eigenen Waffen schlagen können, also müssen wir andere Wege gehen, die nicht darin bestehen können, eine bessere "Tagesschau" machen zu wollen.

FR: Das heißt für Sie Infotainment à la "Talk im Turm"?

KLATTEN: Nein, wir brauchen ein tägliches Nachrichtenangebot. Aber auch da müssen wir sehen, wie es anders aussehen kann. Ich sehe mit großem Interesse das Herausgehen der öffentlich-rechtlichen aus der regionalen Berichterstattung. Dem rechne ich für uns große Chancen zu. Wir versuchen - wieder nach amerikanischem Beispiel -, in diesen teuren Teil der Berichterstattung einzusteigen, um dem meines Erachtens eher zunehmenden regionalen Informationsbedürfnis unserer Zuschauer gerecht werden zu können.

FR: Wenn ich das richtig verstehe, wird das ehemals "ungeliebte Kind" Regionalfenster, das die Mediengesetze Ihnen abverlangt haben, nun nützlich?

KLATTEN: Richtig. Wenn man dieses Kind schon hat, kann man es entweder so kostengünstig ernähren, wie es nur geht. Man kann also auf Synergieeffekte zwischen den Regional-Fenstern setzen, das Material mehrfach nutzen und eine geminderte Attraktivität des Angebots aus Kostengründen akzeptieren. Das ist die eine Möglichkeit, die andere ist es, die Regionalberichterstattung als Chance zu begreifen. Da habe ich den Eindruck, daß durch die Harmonisierung der ARD-Vorabendprogramme, die doch sehr stark zu Lasten der Regionalprogramme geht, uns auch dieser Teil der Grundversorgung allmählich zufällt. (...) Wir haben in der Vergangenheit versucht, zeitlich zu harmonisieren. Die Regionalfenster liegen jetzt zwischen 17.45 und 18.45 Uhr. Das ist schon mal ein Fortschritt. Nun geht es darum, die halbstündige Informationsleiste zeitlich zu harmonisieren. Und der dritte Schritt war immer, regionale Berichterstattung zu machen, ohne daß es genaue zeitliche Festlegungen seitens der Landesmedienanstalten gibt. Ich bin mit den Landesmedienanstalten insoweit gar nicht unzufrieden. Dort wird verstanden, daß wir die Regionalfenster nicht mehr als Alibi, sondern als Marktchance sehen.

FR: Wenn sich die ARD nicht zur Harmonisierung ihres Vorabendprogramms entschlossen hätte, um ein nationaler Werbeträger zu sein, sondern bei ihren alten Leisten geblieben wäre, hätten Sie anders reagiert?

KLATTEN: Ja - ganz sicher. Wir sind Wettbewerber in einem Markt um die gleichen Zuschauer. Wenn ein System mit einem so großen Kompetenzvorsprung das Thema Regionalität nicht vernachlässigen würde, wäre es für uns keine Aufforderung gewesen, in diese Richtung zu gehen. Aber da sie das Feld räumen, entsteht für uns hier eine Marktchance. Auch das Konzept des öffentlich-rechtlichen Frühstücksfernsehens, nicht auf Regionalität, sondern auf Internationalität zu setzen, bestärkt mich, die Regionalität zu suchen und nicht die Internationalität.

FR: Was heißt das für das Werbeaufkommen. Eine Entdeckung regionaler Werbemärkte?

KLATTEN: Ich glaube, es wird eine Mischung sein. Die lokalen, regionalen Märkte werden unseren finanziellen Bedürfnissen noch nicht gerecht. Man muß beides machen - auf der einen Seite harmonisierte Werbeinseln anbieten, die die Qualität

von nationalen Werbefenstern haben, gleichzeitig muß man regionalen Werbebe-
dürfnissen nachkommen.

*FR: Gibt es bereits eine steigende Nachfrage nach regionalen Werbemöglich-
keiten?*

KLATTEN: In jedem Jahr haben wir unsere Werbeerlöse gesteigert. Wir haben sie
durch die Kombination gesteigert, daß wir einerseits eine Werbeinsel national angeboten haben, auf der anderen Seite Werbeinseln haben, die ausschließlich mit
regionaler Werbung bestückt sind. Diese Kombination ist unsere Marktchance
auch in der Zukunft, vorausgesetzt, wir finden genügend Zuschauer." [229]

Programmkonzept von SAT.1 für 1993

"Zwei Menschen im Studio: der eine mit unkenntlich gemachtem Gesicht und
verfremdeter Stimme, der andere eine 'psychologisch' geschulte Journalistin. Die
Sendung bei SAT.1 heißt 'Ich bekenne' und soll, so macht die Ankündigung sen-
sationslüsternen Zuschauern den Mund wässrig, 'Öffentliche Geständnisse über das
Leben jenseits der Norm' beinhalten. Da darf dann eine Frau das intime Verhältnis
mit ihrem Bruder schildern, ein Großunternehmer die Pornofilme beichten, die er
als Student gedreht hat oder eine Kleptomanin Zeugnis von ihrem Trieb ablegen.
Fixer, Huren, Straftäter - Sybille Storkebaum, die früher mal bei 3SAT das Intel-
lektuellen-Quiz 'denkmal' moderierte, hat nun bei SAT.1 für all diese Beladenen
ein offenes Ohr.
    'Ich bekenne' gehört zu den Programmen, mit denen der zweitgrößte Privatsen-
der 1993 laut Geschäftsführer Werner E. Klatten eine 'generelle Neupositionierung'
erreichen möchte. Der bisher vor allem durch seine verstaubte Spielfilmware eher
als Senioren-Unterhalter hervorgetretene Kanal will (...) in Zukunft durch Begriffe
wie 'mutig, emotional, frisch, jung, zuschauerorientiert' gekennzeichnet werden.
Wobei der SAT.1-Chef für sich klare Grenzen zieht. Mutig könne dabei nicht
verantwortungslos heißen, emotional nicht 'geil oder ähnliches' bedeuten.
    Mehr als 600 Mio DM, das sind 70 Prozent des Gesamtetats, will SAT.1 im
nächsten Jahr in Eigenproduktionen stecken. Man tue das, so Werner E. Klatten,
bewußt in einer Zeit der weiteren Intensivierung des Wettbewerbs. Diese 'heiße
Phase' äußere sich vor allem in 'radikalen Programmpositionierungs-Veränderun-
gen' sowie in einem drastischen Preiswettbewerb im Bereich der Werbung. Neun
von zehn Mark, so Klatten, werde bei seinem Sender ins Programm gesteckt. Und
damit der Zuschauer das auch merkt, gibt es 1993 lauter teure neue Serien. 'Fahn-
der' Klaus Wennemann wird in 'Vater braucht eine Frau' einen gestreßten Witwer
mit vier Kindern spielen. Klausjürgen Wussow in 'Auf Messers Schneide' mal
wieder einen Arzt, Wolfgang Fierek einen 'Bayer auf Rügen', Hardy Krüger, der

---

229 Auszüge aus: Frankfurter Rundschau vom 28.7.1992. Das Gespräch führte Ingrid Scheithauer.

altersmäßig eigentlich gut ins 'Haus am See' passen würde, mimt in 'Der Fuchs' einen Journalisten.

Zu den neuen Programmen des nächsten Jahres wird auch 'Casanova' gehören, 'die prickelnde Show ums Liebesspiel'. Zwei 'unverkrampfte' Männer treffen darin jeweils auf drei ihnen unbekannte Frauen, mit denen sie dann den Abend verbringen müssen. 'Die Fernsehzuschauer blicken durchs Schlüsselloch' verspricht die Presseinformation. In 'Verzeih mir' soll eine eindrucksvolle öffentliche Bitte um Verzeihung, live vor allen Betroffenen und den Fernsehzuschauern vorgetragen werden. Der Trend ist deutlich: Schicksale werden ausgebeutet, Schamschranken fallen, das Wort Intimsphäre gehört auch für SAT.1 künftig ins Museum.

Wenn man sich nicht gerade darum bemüht, den Sitz der Gürtellinie neu auszumessen, setzt man bei dem 'jungen und frischen' SAT.1 auf die Ahnengalerie: Heinz Sielmann darf sich als Überläufer von RTL plus nun hier, neben dem Verhaltensforscher Vitus B. Dröscher, um die Tierwelt kümmern; Hans Hass zieht noch einmal den Taucheranzug an; Erich von Däniken und Rainer Holbe (auch er vormals RTL plus) sind künftig fürs Übernatürliche zuständig - und Witta Pohl darf in sechs Reportagen Kinder in der Dritten Welt besuchen. Die von Unterhaltungschef Martin Kraml als 'neue Dimension des Aktivfernsehens' blumig angekündigte Mördersuche in 'Cluedo' entpuppt sich bei näherem Hinsehen ebenfalls als alter Hut: Die ARD hat so etwas schon mal vor vielen Jahren unter dem Titel 'Dem Täter auf der Spur' versucht. (...)

So unklar wie die Zukunft des einst hoch gehandelten Journalisten Dieter Kronzucker, der seine Reichweiten nach der Abwerbung leider beim ZDF zurückließ und nun gerade für Feiertage gut ist: An sechs solcher Tage sollen nächstes Jahr 'Hochglanz-Reportagen' aus aller Welt laufen."[230]

---

230 Auszüge aus: Programmkonzepte von SAT.1 für 1993. In: Funk-Korrespondenz Nr.38/ 17.9.1992.

VII. Prognosen zur Programmentwicklung in den neunziger Jahren

Jochen Kröhne: Tele 5: Chancen und Risiken von Spartenprogrammen (1989)

(...) Was ist eigentlich eine Sparte? Es ist -laut Lexikon- eine Abteilung, Fach, Gebiet, Geschäfts-, Wissens-, Sportzweig. Das bringt uns nicht recht viel weiter. Eines kann ich Ihnen sagen, von der Einnahmeseite muß es irgendwas mit Sparta zu tun haben. Böse Menschen behaupten, dies läge am spartanischen Programm.

Richtig ist allerdings und das scheint ein Kennzeichen eines sogenannten 'Spartenprogramms' oder 'Spartenkanals' zu sein, die Beschränkung. Die Beschränkung auf eine Programmart oder auf eine bestimmte Zielgruppe.

Der Werbewirtschaft erklärt man das wissenschaftlicher: Hohe Reichweite innerhalb einer Zielgruppe bei einem hohen Affinitätsgrad. Das sitzt. [...]

Innerhalb der Sender tun sich 'Spartenzeiten' auf. Frühstücksfernsehen und Mittagsfernsehen richten sich, wie es die Statistiker etwas spröde nennen, an die 'Haushaltsführenden' in diesem unseren TV-Lande. Die Kinderstunde ist für Kinder, das Börsenfernsehen für Spekulanten usw.

Was ist also der Kern der Sparte? Ich möchte mal zwischen 'Zielgruppe', also dem Mensch vor der Glotze und der 'Programmsparte', dem bunten Treiben in der Glotze unterscheiden. Das ist der eine Aspekt.

Der andere Aspekt des Spartenprogramms ist sein Gegenstück: Das 'Vollprogramm', nicht zu verwechseln mit dem Vollkanal, das einen 24-Stunden-Sender beschreibt. Ein Vollprogramm à la ARD und ZDF besteht aus den Programmelementen, die in einem Fernsehgemüsegarten so denkbar sind: Tutti frutti. Spielfilme, Serien, Nachrichten, Magazine usw. [...]

Wenn man nun aber einen privilegierten Nachwuchsprivaten aus dem Kabelghetto hievt, dann soll er bitteschön auch binnenplural sein. Möglichst so ähnlich wie bei ARD und ZDF, das kennt man wenigstens. Also ein schönes Vollprogramm, da fällt das Zustimmen leichter.

Chancen und Risiko. Hier liegt also ein ganz klares Risiko für Spartensender. Das war mit ein Grund, weshalb aus der musicbox die Tele 5 wurde; aus dem reinen Musikkanal wurde ein Vollprogramm. Beibehalten haben wir eine Duftnote, die wir hartnäckig 'Jugend' nennen und bezeichnen die einzelnen Programmelemente von Tele 5 als 'Infotainment', also die unterhaltsame Präsentation von Information.

Wo sind dann aber die Chancen spartenorientierten bzw. zielgruppenausgerichteten Fernsehens? (...) Werbeleute sprechen gerne über 'Kontaktqualität' und 'Kontaktquantität'. Gemeint sind die Art und die Häufigkeit, wie ein Zuschauer oder

Leser an eine Werbebotschaft gelangt. Hier wird sehr oft der Bezug zwischen bestimmten Fachzeitschriften und spezialisierten Spartenprogrammen hergestellt. Diese Vergleiche taugen nur bedingt, da sich einerseits Produktionsweise und -kosten, aber auch Rezeptionsverhalten zwischen TV und Zeitschrift erheblich unterscheiden. Das Stichwort ist aber der sogenannte 'Kontakt'.

Ein Werber muß sich über 2 Dinge im Klaren sein:

1) Wie erreiche ich meine Zielgruppe am besten? Möglicherweise ja außerhalb der üblichen Primetime, wenn alle schauen. Die hat den zusätzlichen Vorteil, daß die Einschaltpreise wesentlich günstiger als zur Hauptsendezeit sind. Hier geht es um Kontaktqualität.

2) Es ist aber auch möglich, wahrscheinlich einfacher, sicher aber teurer, eine Werbebotschaft zur Primetime zu plazieren. Dann sitzen quasi 'alle' vor der Glotze und ich erreiche auch das Gros meiner speziellen Zielgruppe, vermischt im Kreis der Mit-Seher.

Die Frage nach dem richtigen Umfeld für einen Werbespot ist nicht immer nur eine Kostenüberlegung. Der Nutzen, der eine Plazierungsentscheidung maßgeblich beeinflussen kann besteht unter anderem aus:

Image, Qualität des Programms, Art der Darstellung und Einbindung und ganz allgemein die Atmosphäre. Unter ähnlichen Gesichtspunkten werden im Printbereich oft Anzeigen z.B. im Spiegel geschaltet.

Ein sicher wichtiger Aspekt für einen programmlich spezialisierten Spartensender ist die Infrastruktur auf der Seher-Ebene. Effizient ist nur ein Programm, das auch gesehen werden kann. In der Bundesrepublik Deutschland besitzen Dreiviertel aller Haushalte einen Fernseher, 21 Prozent 2 und nur 4 Prozent herrschen über 3 und mehr Flimmerkisten. Gerade Kinder und Jugendliche können sicher über das TV-Auswahl-Diktat der Erziehungsberechtigten zur Primetime berichten."[231]

Georg Kofler PRO 7: "Marktchancen für private Fernseh-Vollprogramme in der Bundesrepublik Deutschland der 90er Jahre" (1989)

"Die Anzahl nationaler Vollprogramme ist und bleibt eng begrenzt. Unser Thema, die Marktchancen privater Fernsehvollprogramme, stellt sich daher ausgesprochen übersichtlich dar. Mir scheint für die entwickelten Fernsehmärkte mit liberalisierte Werbemöglichkeiten folgende Faustregel für die Anzahl nationaler Vollprogramme - öffentlich-rechtliche und private - zutreffend zu sein: fünf plus/minus eins. Diese Faustregel beruht auf dem Axiom, daß das Publikum, also die 50 bis 60 Prozent der Bevölkerung, die pro Abend fernsehen, nur einmal verteilt werden kann. Ein ertragskräftiges Vollprogramm erfordert auf Dauer einen durchschnitt-

---

231 Auszüge aus: "Chancen und Risiken von Spartenprogrammen". In: Medienforum Berlin. Internationaler Kongreß für die professionelle Anwendung der Kommunikationstechnik. Kongreßteil II und II: Hörfunk/Fernsehen. Forum GmbH, München 1989.

lichen Marktanteil von über 10 Prozent; die führenden (zwei bis drei) Sender liegen in der Regel jeweils über 15, häufig auch über 20 Prozent Marktanteil. Unter Marktanteil verstehe ich hier den Anteil des jeweiligen Senders an der Gesamtsehdauer in den Haushalten, die ihn technisch empfangen können.

Ich denke, daß sich in der Bundesrepublik Deutschland der 90er Jahre neben dem öffentlich-rechtlichen Fernsehsystem (ARD, ZDF und - als de facto drittes nationales Network - die Dritten Programme) drei bundesweite, werbefinanzierte Fernsehvollprogramme etablieren werden. Außerdem wird sich noch ein, ich betone: ein privates Pay-TV-Programm durchsetzen, und für mich besteht kein Zweifel, daß dieses Pay-TV-Programm des Namens trägt, der bereits heute auf dem Markt ist: TELECLUB. [...]

Fernsehen 90 wird weder neu noch grundsätzlich anders gemacht. Spielfilme, Fernsehserien, Magazine, Spiele, Shows und Sport werden nach wie vor zu den Grundelementen jedes Fernsehprogrammes zählen. Kein anderes Medium funktioniert so sehr nach den Gesetzmäßigkeiten der Massenkultur wie das Fernsehen. Genauso wie in anderen Bereichen der Massenkultur (Massenverkehr, Massentourismus, Massenbildung, Massendemokratie, Massenproduktion) unterscheiden sich auch im Fernsehen die Einzelangebote nicht so stark, wie dies bei kleineren Einheiten (z.B. Fachzeitschriften) möglich ist. Differenzierung erfolgt durch die Konzentration bestimmter Programmfarben, durch Eigenleistungen in Programmproduktion, Programmdesign und Programmarketing, durch permanentes Feilen an neuen Programmideen. Ich erwarte, daß die nationalen Vollprogramme sich in den nächsten Jahren inhaltlich eher angleichen, bevor in einer zweiten Phase eine stärkere Differenzierung im Sinne der Bedürfnisse bestimmter Publikumsschichten erfolgen wird. Trotzdem, Fernsehen ist und bleibt ein Massenmedium: Zielgruppenfernsehen, mit Ausnahme von Pay-TV, ist angesichts der einzelstaatlichen Marktgrößen in Europa ein äußerst schwieriges Unterfangen.

Fernsehen als Massenmedium braucht massenhafte Präsenz und kontinuierliche Attraktivität. Von der gerühmten 'Kanaltreue' wird wenig übrig bleiben: Mehr denn je werden einzelne Programmteile (ein besonderer Spielfilm, eine beliebte Show, ein außergewöhnliches Sportereignis) die Seherwanderung bestimmen - das Vehikel für diese Sprunghaftigkeit heißt Fernbedienung.

Aus diesem Grund ist ein erfolgreicher Fernsehkanal permanent gezwungen, über ein großes Sendevolumen hinweg attraktiv zu bleiben. Wer heute seine Chancen als privater Vollprogrammanbieter der 90er Jahre wahren will, darf nicht halbherzig sein. Er muß bereit sein, um es salopp zu formulieren, 'in die Vollen zu gehen'. Daher wird PRO 7 nach seiner, wie ich meine, erfolgreich absolvierten Sanierungs- und Aufbauphase seine Sendezeit ab 1. Oktober auf 14 Stunden täglich ausdehnen und eine substantielle Aufrüstung des inhaltlichen Programmangebotes vornehmen. Das ist sehr teuer, riskant und kann durchaus Probleme bereiten. Nun kann man in jedem Problem auch eine Möglichkeit sehen - und in diesem

Sinne arbeiten wir daran, daß PRO 7 das dritte deutsche Privatfernsehen wird, gemäß der Erkenntnis, daß heute handeln muß, wer an morgen glaubt."[232]

"Konzentration und Bescheidenheit". Ein epd-Interview mit VOX-Programmdirektor Klaus Klenke (1993)

"(...) Wir wollen zunächst mit Tennis und Basketball dem informationsorientierten Vollprogramm zusätzliches Profil geben. Fußball ist eine wichtige Sportart, aber wir haben ja die Rechte für normalen Bundesliga-Fußball nicht. Es gibt aber andere Möglichkeiten bei besonderen Spielen, Fußball einzuschalten, aber auch bei VOX. Für mich war das ein Test. Ich habe noch keine abschließende Meinung, glaube aber, daß VOX versuchen muß, sich auch im Sportbereich deutlich zu positionieren. Wir sind nicht das Deutsche Sportfernsehen. Wenn wir über Basketball und Tennis hinausgucken, dann sehe ich neben ausgesuchtem Fußball noch Highlights für bestimmte Bereiche, vielleicht Handball, vielleicht Boxen, ausgesuchte Kämpfe. Aber das muß dann was Besonderes sein.

(...) Aber es gibt viele andere Formate, von denen ich überzeugt bin, an denen aber im einzelnen gearbeitet werden muß. Ich nenne mal so eine Sendung wie "Provokation" oder das Magazin "Zeitpunkt" oder "Liebe Sünde", um ein sehr populäres Format zu nehmen. Oder auch so eine Sendung wie "Canale Grande". Aber auch "Avanti" oder "Traugott" - alles das sind Sendungen, bei denen nachgearbeitet werden muß. Anderes Beispiel "Vox Box". Wir haben das Konzept ja nicht wesenlich verändert, aber durch den Wechsel des Moderators ist ein anderes Tempo in diese Sendung gekommen. Das findet höhere Akzeptanz als vorher.

(...) Fernsehen ist ein Massenmedium. Das Gerät steht in jedem Haushalt und kann beliebig von jedem jederzeit genutzt werden. Deshalb muß ein Vollprogramm alle Elemente enthalten, die in Vollprogramm auszeichnen. Ich glaube, die Vorstellung, daß jedes einzelne Format in sich das Highlight des Jahrhunderts sein kann, das ist ehrenwert, aber funktioniert nicht. Und deshalb gibt es bei VOX Sport, zum Beispiel Tennis. Ich bin froh, daß wir die US-Open haben, ich bin froh, daß wir Wimbledon zeigen können. Un es gibt deshalb auch Comedy, und es gibt auch eine Gameshow. Die Frage, der ich mich stelle, ist eine andere: Welche Art von Gameshow ist es? Können wir da was Besonderes anbieten? "Vox Box" ist ein gutes Beispiel dafür. Das ist ja keine dämliche Spielshow, wo irgendwelche Menschen mit dem dicken Geld erschlagen werden. Also: es wird bei VOX eine Gameshow geben, abends um 18.30, täglich. (...) Eine tägliche Spielshow, in der es um Wissen geht, um Spannung und Spaß, wo also was passiert, das wünsche ich mir für VOX, und das werden wir auch haben.

(...) Nach meiner Auffassung ist die Kontroverse eine interessante Form der Auseinandersetzung mit einem Thema. Es müssen aber auch Themen sein, (...) die

---

232 Auszüge aus: Dr. Georg Kofler. PRO 7: "Marktchancen für private Fernseh-Vollprogramme in der Bundesrepublik Deutschland der 90er Jahre" Medienforum Berlin, 1989.

wirklich provokant sind. Ich meine weder die Zote noch den billigen Showeffekt, sondern wirklich provokante Themen.

(...) Alles, was für Menschen interessant ist, ist interessant für das Fernsehen. Nur: daraus muß eine Sendung werden. Wir werden wahrscheinlich schon im September, vielleicht erst im Oktober eine neue Form der Reportage entwickelt haben, die sich mit Menschen konkret beschäftigt, mit ungewöhnlichen Menschen, aber auch mit einer ungewöhnlichen Reportagemethode. Den Reporter wird man zum Schluß überhaupt nicht mehr sehen. (...) Das ist mindestens so wichtig wie die große internationale Reportage. Aber ein Format, bei dem die Kamera irgendwo draufhält, wo es menschelt, das kann ich mir auch für die Zukunft nicht vorstellen. Weil ich merke, daß das nicht funktioniert. Es bliebe nur Voyeurismus.

(...) 'Niedertracht' ist ein Spiel, das ich außerordentlich reizvoll finde, weil es die üblichen Fernseh-Gameshows fast persifliert. Das ist die ultimative Gameshow schlechthin. (...) Die ersten zwei Pilotierungen sind erfolgt, es wird eine dritte geben. Das ist eine Gratwanderung, aber eine ganz spannende und interessante Variante: Was tun Menschen in extremen Situationen, wenn sie was gewinnen können? Wie gehen diese Menschen miteinander um? 'Neugier' ist etwas anderes. (...) Da steht ein Mensch im Vordergrund, eine Persönlichkeit. Das kann ein Prominenter sein, muß aber nicht. Dessen Lebensweg wird von unterschiedlichen Seiten her beleuchtet. Das alles sind journalistische Herangehensweisen, nicht vergleichbar mit "Ein Tag im Leben des...". 'Neugier' im wahren Sinne des Wortes. Das ist ein Begriff, der uns bei VOX auch weiterbringt. Neugierig sein auf Ereignisse, aber auch auf Menschen, und sich dem journalistisch nähern.

(...) Die Dokumentation wird bei VOX ein wichtiges Programmelement bleiben. Wenn wir eine Dokumentation machen, muß sie sowohl von der Länge als vom Inhalt her tragfähig sein. Auch das probieren wir gerade aus. Wir versuchen herauszufinden, ob wir als Eigenformat die 60er Jahre in einer angemessenen Weise als Dokumentations-Serie porträtieren können. Und in einer neuen Weise. Vielleicht gelingt das. Wieder ein Format, das wir ausprobieren, von dem ich aber jetzt nicht sagen kann, ob es je auf den Sender geht. Mein Eindruck ist, daß Dokumentationen, die sich nicht nur vordergründig mit Tieren beschäftigen - also zum Beispiel unsere 'Survival'-Reihe - eine hohe Akzeptanz finden. Ich fand auch unseren Ansatz in der Reihe 'Fremde Welten' sehr interessant, vor die eigene Haustür zu gehen und einen Menschen zu beobachten, der mit Wölfen lebt.

Viele Aspekte werden durch Dokumentationen nicht abgedeckt. Das ist der ganze Bereich 'Fremde Kulturen', die zum besseren Verständnis beitragen können. Da werden wir einen Schwerpunkt setzen. Bei der politischen Dokumentation ist es derzeit für VOX noch schwer, eigene Sendungen selbst herzustellen. Das kostet enorm viel Geld. Es gibt aber sehr interessante Dokumentationen auf dem Markt.

(...) Erotik ist ein Lebensbestandteil, auch Sexualität. 'Liebe Sünde' ist ein Programm, das sich mit beidem beschäftigt. Ich kann mir also für VOX Erotik vorstellen. Die Grenzen sind allerdings sehr eindeutig. Es wird die Variationen der immergleichen Lederhose bei VOX nicht geben können. Aber einen Film wie '9 1/2 Wochen' würde ich ausstrahlen.

(...) Die Nachrichten bemühen sich um ein unverwechselbares Profil. Wir wollen Nachrichten machen, d.h. das Aktuellste und Wichtigste muß, nach Möglichkeit mit Bildern, schnellstmöglich auf den Sender. Es gab allerdings ein Problem zu bewältigen. Die 'Punktvox'-Nachrichten sind noch zwischen zehn und zwölf Minuten lang. Das kann so nicht bleiben. Wenn Sie sich vorstellen, daß in einem Rhythmus von minimal 45 Minuten wieder neue Nachrichten angeboten werden und das Material nicht beliebig vermehrbar ist, dann wird eine Konzentration unsere Nachrichten verbessern. Ich danke, die Nachrichtenzeiten zur vollen Stunde müssen sich verändern. Das wird bedeuten, daß wir die punktgenauen Zeiten bei vielen Nachrichten nicht halten können. Bei 'Weltvox' ist das etwas anders. 'Weltvox' stand von 19.45 bis 20.15 Uhr. Wir haben jetzt zwei Hauptnachrichtenzeiten. Eine beginnt um 18 Uhr und die andere um 21 Uhr. Da sieht die Konkurrenzsituation völlig anders aus. Der erste Eindruck ist, daß dieses Konzept aufgeht.

(...) Das Design von VOX ist ungewöhnlich. Das Design von VOX findet nicht überall das Verständnis, das diejenigen sich vielleicht wünschen, die dafür Verantwortung tragen. (...) Wir sind seit dem 1. Juli dabei, das Design von VOX komplett zu überarbeiten - mit dem Ziel, eine sehr einheitliche und klare Linie zu finden, die auch verstanden werden kann. Das war ja nicht immer und in jedem einzelnen Fall so. In diese Überlegungen ist die Design-Abteilung von VOX einbezogen, wird werden aber auch externen Rat einholen. Konkret: Wir haben an einige Agenturen einen Auftrag erteilt, uns eine entsprechende Präsentation vorzubereiten. Das Ziel ist ein Corporate Design für VOX, das klar und wiedererkennbar ist. Ich denke da auch an den roten Punkt, der sich einprägt. Ziel ist, daß auch externe Vorschläge im Hause weiterentwickelt werden können.

(...) VOX wird sich sehr stark um die jungen Zuschauer kümmern. Es ist sehr interessant, daß diese Gruppe auch in der Demographie bei VOX überrepräsentiert ist. Und das würde auch dem Anspruch von VOX gerecht. Darauf richtet sich meine Konzentration. Sie werden also im zukünftigen Programmschema von VOX alles das finden, was zu einer ordentlichen Struktur auch handwerklich gehört. So wie niemand auf die Idee käme, vormittags um zehn eine Sendung für Schüler auszustrahlen, werden wir die Programmstruktur den Lebensgewohnheiten anpassen und versuchen, eine adäquate Ansprache zu finden. Ich beabsichtige, am Nachmittag auch Serien und Kaufprodukte anzubieten, die ein junges Zielpublikum ansprechen. Dazu gehört beispielsweise "Elf 99". (...)"[233]

Günter Struve: Stoß in die Rippen. Fernsehvisionen: Zukunft ist schon da (1992)

"Die Medienlandschaft ist immer noch viel nationaler als Idealisten lieb sein mag. Mit der Einigung Europas wächst der Medienmarkt zwar rapide an, aber die Ein-

---

233 Auszüge aus: "Konzentration und Bescheidenheit." Ein epd-Interview mit VOX-Programmdirektor Klaus Klenke. In: epd/Kirche und Rundfunk Nr. 57 vom 24. Juli 1993. S. 3-11.

schaltquotengewohnheiten sind damit noch längst keine paneuropäischen. Selbst die traditionell große Angst vor der amerikanischen Medieninfiltration ist nur bedingt gerechtfertigt, denn immer noch ist es so, daß ein national produziertes Fernsehprodukt im Schnitt höhere Einschaltquoten erzielt als amerikanische Kaufproduktionen.

Die für die Entwicklung der Fernsehlandschaft tatsächlich virulenten Faktoren liegen vor unserer Haustür:

Die Vereinigung hat uns größer gemacht - und zwar die ARD - nämlich um zwei Anstalten, den Ostdeutschen Rundfunk Brandenburg und den Mitteldeutschen Rundfunk. Gewinn: Vielfalt der Meinungen. Risiko: Vielfalt der Interessen. (...) Als demokratischer Großkonzern haben wir seit jeher große demokratische Abstimmungszeremonien gepflegt. Wir werden sie weiter hegen: die demokratische Abstimmung, und sie wird ein wesentlicher Faktor der Stabilität sein im Umfeld der rasanten Privatisierung des Medienmarktes in den ostdeutschen Ländern.

Die strukturellen Rahmenbedingungen für die Fernsehmacher haben sich durch eine andere Revolution viel einschneidender, ja drastischer geändert: Durch die Geburt des dualen Rundfunksystems in der Mitte der achtziger Jahre. Die Programmphilosophie, die die Fernsehmacher der öffentlich-rechtlichen Rundfunkanstalten getragen hat, entstand in einer Zeit, als die ARD-Häuser und das ZDF auf dem Fernsehmarkt Alleinanbieter waren. Was nichts daran ändert, daß die Programmphilosophie unserer Ursprünge in vielen Punkten auch heute aktuell ist, daß sie auch heute genau die richtige ist. Geht es doch, egal in welchem Kontext, um Informationssicherung, Familienprogramme, Minderheitensendungen, Unterhaltung, um nur einige Stichwörter zu nennen.

(...) Wir sind, und ich sage das nicht ohne Stolz, die Zehnkämpfer in der sportlichen Medienkonkurrenz. Wir haben nämlich alles: die Technik, die Infrastruktur und das Allround-Programm - die große Unterhaltung, die meinungsbildenden Informationssendungen, die familiengerechten Tagesprogramm, Kinderfernsehen. Vielleicht fehlt es hier und da noch ein wenig an Emotionen oder an Pfiff, aber das kommt. Mit dem Beginn des dualen Systems entstand das Märchen - das zweckorientierte Märchen, möchte ich dazu betonen - von einer angeblich naheliegenden Begabungsverteilung: Unterhaltung den Privaten, das Ernste den öffentlich-rechtlichen. Die Privaten die Unterhaltungsmatadore, wir dagegen abonniert auf Minderheitenprogramme: ein Märchen wie gesagt, aber nicht unseres: Faktum ist, wir schätzen in unserem Fernsehangebot die Minderheiten; der Westdeutsche Rundfunk ist der einzige große Fernsehsender, der beispielsweise umfangreiche Berichterstattungen auch in anderen Sprachen anbietet. Und wir sind die Großmeister der Information. (...) Keine andere Sendeanstalt, nur die ARD, kann von sich behaupten, 50 Prozent ihres Sendevolumens mit Informationssendungen zu bestükken. Das Programm zeigt aber ebenso eindeutig, daß wir die Unterhaltungsmacher sind - und das bei weiten nicht nur im enggefaßten Sektor des Gala-Entertainments. Das ist die Bestandssicherung, an der wir arbeiten.

(...) Was das Fernsehen leisten muß, sind (sic!) die Erarbeitung und Weiterentwicklung neuer Formen von Informationsgestaltung: Besonders im rasant wachsenden Mediengeflecht ist es unsere Verantwortung, Informationsquellen für den Zuschauer erkennbar zu machen. Die Meinungsbezogenheit der Aussagen, als Wort oder Bild, müssen auf den Tisch. Es wird unsere Aufgabe sein, unser kritisches Bewußtsein für die Relativität von Wort und Bild weiterzuentwickeln und damit auch den Zuschauern diese Relativität erkennbar zu machen. Wir sind nicht die Verkünder von Wahrheiten. Es kommt nicht von ungefähr, daß der Objektivitätsanspruch als gesetzlich verankerte Maßregel für die Rundfunk- und Fernseharbeit aus den Rundfunkgesetzen längst gestrichen worden ist. Damit sind wir eine weltfremde Reglementierung losgeworden, haben aber eine Aufgabe dazugewonnen, die unseren Köpfen viel mehr abverlangt.

(...) Die Furcht, Sponsoren könnten unsere Programminhalte beeinflussen, ist eine kritische Zukunftsschau, die in allererster Linie in unseren Häusern zu ernsthaften Diskussionen und strategischen Planungen führen. Die Hoffnungen, die wir sehen, machen uns vor den natürlich gegebenen Gefahren nicht blind. Unsere Verantwortung nehmen wir gerade an dieser Stelle überaus ernst. Die Prüfungen, welche Sendungen überhaupt für ein Sponsoring in Frage kommen, werden akribisch betrieben und werden ein sehr zurückhaltendes Sponsoring-Modell zum Ergebnis haben. Der Ausverkauf der ARD ist nicht geplant.

(...) Die Mediennutzung wird in Zukunft selektiver erfolgen. Die Vermutung, daß wachsender Freizeitgewinn, wenn er denn eintreten sollte, zu immer mehr Bildschirmstunden führt, ist zwar frommer Wunsch, aber auch fromme Wünsche werden nicht immer erhört und sollten es wohl auch nicht. (...) Freizeitbewußtsein, unabhängig davon, wieviel Freizeit es geben wird, hat das Bedürfnis nach Zeitgewinn und damit nach Qualität längst geweckt: Billiganbieter werden bei den wachsenden Qualitätstandards nicht mithalten können. Die Fernsehunterhaltung als rekreatives Moment wird in Zukunft ein bedeutender Faktor des Programms mit wachsender Formenvielfalt und damit wachsender Bedeutung sein. Parallel dazu wird die Information und die Bildungsfunktion einen gleichwertigen Stellenrang haben.

(...) Also: wie entwickelt sich das Fernsehen, wie entwickeln sich die Programme in den nächsten fünf bis sechs Jahren weiter nach vorn? Wird's dann immer philosophischer? Dazu 13 Feststellungen:

1. Es wird die großen Blöcke öffentlich-rechtlicher und kommerzieller Organisationen in ihren gegenwärtigen Grundstrukturen weitergeben; d.h. Erstes, Zweites, sieben Dritte, 3 Sat, Eins Plus, Kulturkanal (ein volles Dutzend) auf der einen und RTL plus, SAT.1, Pro 7, Tele 5, Westschiene, Kabelkanal (ein halbes Dutzend) auf der anderen Seite. (...)

2. Der Konkurrenzkampf zwischen den Systemen und innerhalb des kommerziellen Lagers wird sich verschärfen. Die beiden Öffentlich-Rechtlichen - Landesrundfunkanstalten und ZDF - dürfen sich auf Dauer nicht darauf fi-

xieren, ihn quantitativ für sich zu entscheiden - sie müssen ihn in jeder Phase qualitativ gewinnen: glaubwürdiger sein als die Konkurrenz.

3. Die Finanzierung der Programme - vor allem der massenattraktiven - wird den Kommerziellen leichter fallen - und zwar auf Dauer! - als den Öffentlich-Rechtlichen. a) werden sie absolut über mehr Mittel verfügen und b) die vielen - nur zum Teil politischen - Auflagen nie zu erfüllen haben. Deren Geld bleibt für die Rennstrecken reserviert.

4. Kartellrechtlichen Auflagen oder gar Verfolgungen werden die kommerziellen Veranstalter wie bisher nicht ausgesetzt sein (die können unter sich und miteinander, kurz: in jeder Weise echte Kartelle bilden), währen die öffentlich-rechtliche Einkaufsgenossenschaft EBU (nun wahrlich kein Ungeheuer) sich schon heute ständigem Rechtfertigungsdruck ausgesetzt sieht, der zunehmen wird.

5. Die Unterstützung wesentlicher Printmedien für kommerzielle Veranstalter wird noch wesentlich zunehmen. Die Öffentlich-Rechtlichen werden mehr und mehr verschwiegen und wegen angeblichen 'Gebührenmißbrauchs' bei Bedarf denunziert. Ich jammere darüber gar nicht; denn die Medienkonzerne besitzen nun mal beides, und da liegt wechselseitige Hilfe nahe.

6. Die technischen Reichweiten nähern sich einander immer mehr an. Die Kabelverbreitung nimmt in ruhigem Tempo zu - der direkte Satellitenempfang wächst deutlich. Er ist schon heute - vor allem in den neuen Bundesländern beachtlich und wird ARD wie ZDF über kurz oder lang zwingen, das zu tun, was ihre Mitbewerber alle längst vollzogen haben: auch auf den Satelliten zu gehen. Ob nun neue terrestrische Frequenzen gefunden werden oder nicht: technischer Reichweitenvorteil zehrt sich auf.

7. Die inhaltliche und personelle Innovationskraft öffentlich-rechtlicher Programme wird für diesen Zeitraum größer sein als die ihrer Konkurrenten. a) spricht dafür die bisherige Erfahrung (kein Beispiel - alles gekauft, nichts selbst entwickelt und b) die Praxis, alle Leistungsträger wegzukaufen, zwingt zu mehr Experimenten mit vielen Risiken, aber auch mancher Chance. So widersinnig es klingen mag: Mittelfristig wird das Erscheinen kommerzieller Konkurrenz - die inhaltlich ja außer großen (und falschen) Behauptungen und Gesten ja noch nichts gebracht hat - zur Stärkung von Innovation führen - aber nicht bei den Newcomern, sondern den Etablierten. Wenn man allerdings Unfallgafferei, öffentlichen Ehestreit für innovativ hält, gilt das nicht (reality-show).

8. Beim Erwerb und der Nutzung teurer und teuerster Rechte wird die Zusammenarbeit von ARD und ZDF zunehmen - aber es sind auch punktuelle Kooperationen mit kommerziellen Veranstaltern denkbar. Genauer: Was in der amerikanischen Footballeague möglich ist, muß doch auch in Deutschland möglich sein: Jeder darf die Ware kaufen und nach eigenen Rezepten aufbereiten. Da gibt es sogar identische Interessen von ARD/ZDF/RTL und

SAT.1 (das die nur noch nicht so recht erkannt haben): nämlich einem An-
bietermonopol (wie dem DFB) als Nachfragegenossenschaft zu begegnen.

9. Die Profile öffentlich-rechtlicher/kommerzieller Informations-Programme
   werden dem flüchtigen Betrachter noch schwerer deutlich und erschlossen
   werden als bisher. Und das nicht etwa, weil die Öffentlich-Rechtlichen dem
   Unterhaltungsdruck nicht standgehalten hätten, sondern genau umgekehrt,
   weil sich Private als 'seriös' geben wollen, weil sie gemerkt haben, daß Information attraktiv ist, aber nicht die trallala-durchsetzte. Die Konkurrenz
   hat sich verändert; sie hat beispielsweise ihr Frühstücksfernsehen radikal in
   der Konzeption umgeworfen, als sie von den öffentlich-rechtlichen Plänen
   hörte. Schlicht abgeschrieben. Aber es ist gar nicht zu leugnen, daß das In-
   formationsangebot bei den Konkurrenten beachtlicher - teilweise auch klar
   interessanter, fesselnder - ist als bei uns. Als Staatsbürger kann einen das ja
   nur freuen.

10. Gewalt- und Zotenprogramme bleiben eine Domäne der Kommerziellen,
    mit denen diese weiterhin große quantitative Erfolge feiern werden. Vor
    allem in Nordrhein-Westfalen und den neuen Bundesländern. Die Öffent-
    lich-Rechtlichen werden allenfalls zarte Erotik dagegensetzen können (und
    sollen!), die es gegen Deftig-Handgreifliches allerdings schwer hat - nur ein
    kleines Feinschmeckerpublikum erreicht.

11. Ein frisches Image von Sendungen und Sendern wird zunehmend wichtig.
    Das fängt bei der Präsentation an, geht über Moderatoren/innen hin zu PR-
    Aktionen und unter Umständen bis hin zu agressiv-aufdringlichen Kampa-
    gnen. Und hier tun sich - leider - die Öffentlich-Rechtlichen schwerer, und
    da ist die Prognose auch immer noch ungünstig. Es gibt zum Teil groteske
    Verweigerungshaltungen bei unseren Mitarbeitern.

12. Die Chance der Privaten ist quantitativ groß - mehr Geld, weniger Aufla-
    gen. Nur main-stream-Linien brauchen bedient werden. Und das zuneh-
    mend mit Jumbos.

13. Die Chancen der Öffentlich-Rechtlichen ist qualitativ größer. Wer hat die
    Glaubwürdigkeit: bei wem informiert man sich, wenn wirklich was los ist?
    Wo erlebt man noch Überraschungen - auch ästhetische, formale? Wen/was
    muß man gesehen haben? Wer hat mehr/überzeugendere Markenzeichen?
    Die Fragen stellen, heißt für mich auch, sie beantworten zu müssen; näm-
    lich tatsächlich besser zu bleiben.

14. Wettbewerb ist gut - auch und gerade für den gebührenfinanzierten Rund-
    funk. Und Wettbewerbsverzerrung und -behinderung von großem Übel. Der
    Wettbewerb ist schon gestört, wenn die Gebühr ins Gerede gebracht wird;
    indem politische Vorgaben gemacht werden, die mit Rundfunk nichts zu
    tun haben: überfinanzierte Landesmedienanstalten, grotesk aufgeblähter
    nationaler Hörfunk, ein von niemanden gebrauchter neuer Kulturkanal als
    Diktat - und alles auf die Gebühr. (...)

(...) Es ist klar, daß gebührenfinanzierter Rundfunk zu besten Sendezeiten auch Minderheitenprogramme anbieten muß - aber doch nicht unbedingt im Hauptprogramm. Und: Öffentlich-Rechtliche Verfassung heißt doch nicht automatisch, große Zuschauerzahlen zu verachten und abzulehnen.

(...) Wenn eine Mehrheit Gebühren bezahlt - und das tut sie -, so hat sie auch Anspruch auf sie interessierende, unterhaltende Sendungen. (...) Öffentlich-rechtlicher Auftrag heißt neben dem ja gar nicht bestrittenen Kulturauftrag doch wohl immer und immer wieder neu: ein Informationsmedium, das grundsätzlich keinem einseitigen, wirtschaftlichen, politischen, weltanschaulichen Zugriff ausgesetzt ist. Das also in jeder Auseinandersetzung zuverlässig sein kann (...) Und darin liegt der - einzige - Maßstab des Wettbewerbs. Wenn der öffentlich-rechtliche Rundfunk diese seine Freiheit zur Disposition stellt, ist er wertlos und entbehrlich. Aber er wäre es natürlich auch, wenn er seine Zuschauer nachhaltig durch Langeweile oder erhobene Zeigefinger vertriebe."[234]

Gefühlvoll eingelocht. epd-Interview mit ZDF-Programmplaner Werner Schwaderlapp (1991)

(Frage hinsichtlich des Zielkonfliktes zwischen Programminhalt und Reichweite) Gelöst, indem Sie das ZDF-Programm ab 1992 zweiteilen: Noch mehr Unterhaltung im erweiterten Werberahmenprogramm mit dem neuen Werbeblock gegen 19.50 Uhr. Dienstags und freitags gegen halb acht neue Serien rein, Politik raus. Ab 20.15 Uhr dann das eigentliche öffentlich-rechtliche Gebührenprogramm mit einem Wechselspiel aus Unterhaltung, Kultur und Bildung.

Die Zweiteilung ist deutlicher geworden, aber das ZDF hat seine Mischung aus Unterhaltung, Bildung und Information insgesamt nicht verändert. Im Vorabendprogramm muß das ZDF seine Werbeeinahmen, die gesetzlich vorgeschriebenen Einnahmequelle, gegen die stärkere Konkurrenz der ARD und privater Programme absichern. Nach der "heute"-Sendung um 19 Uhr hat das ZDF bisher seine Möglichkeit, Werbespots bis 20 Uhr zu plazieren, nicht optimal genutzt. Dennoch liegen unsere Informationssendungen im Vergleich mit der ARD immer noch relativ früh: "heute" und "heute journal", die politischen Magazine, die künftig dienstags um 20.15 Uhr laufen, und weitere Informationstermine, die zur Zeit der größten Sehbereitschaft gegen 21 Uhr beginnen werden.

(...) Die Serie ist die sichere Bank, und angesichts der Vermehrung von Programmen reflektiert sie den Trend des Fernsehens zum seriellen Medium. Das ZDF kann sich diesen neuen, durch die private Konkurrenz geprägten Gesetzlichkeiten mit dem unvermeidbaren Zwang zum Seriellen nicht verweigern. Mögliche Abnutzungserscheinungen werden bei uns schon bedacht, aber zur Zeit und bis auf weiteres sind Serien sehr erfolgsträchtig. Das Angebot geht allerdings über die erfolgreichen Familienserien, die vom ZDF maßgeblich mitentwickelt wurden, weit

---

234 Auszüge aus: Günter Struve: Stoß in die Rippen. Fernsehvisionen: Zukunft ist schon da. In: epd/Kirche und Rundfunk Nr.33/34 vom 29. April/2. Mai 1992.

hinaus. Denken Sie an die Krimi- und Abenteuerserien, denken Sie an 'Alf' oder die neue Comic-Serie 'Simpsons'. Dennoch werden wir auch neue Sujets erschlie-ßen, beispielsweise mit einem realistischen Stoff aus den 50er Jahren, der Serie 'Regina auf den Stufen', ohne bekannte Serien-Schauspieler, aber anderer Drama-turgie. Das ZDF bevorzugt - und das liegt nicht nur an einschränkenden Rechtsvor-schriften, sondern an dem anderen Programmverständnis - erzählte Geschichten im Unterschied zu den Gewinnshows der Privaten wie dem 'Glücksrad'.

(...) Auch im neuen Programmschema halten wir an gewohnten, zeitlichen Eck-punkten wie dem Freitagskrimi um 20.15 Uhr oder der Unterhaltung am Donners-tagabend und den Nachrichten-Zeiten fest. Nach unseren Erfahrungen ist schon gar nicht ratsam, eingeführte Sendeplätze kurzfristig zu ändern. Abzulesen war dies etwa an den niedrigeren Einschaltquoten für das 'heute journal', das im vergange-nen Sommerprogramm verlegt und dann auch noch auf 21.30 vorgezogen wurde. (...) Immerhin wissen wir zudem, daß eine Unterhaltungssendung, die ein breites Publikum anspricht, eine nachfolgende, zum Beispiel informierende Sendung stützt. Deshalb sieht die ZDF-Programmplanung ihre Hauptaufgabe darin, die Zuschauer einzuladen, auf einer Programmstraße mit attraktiven Schaufenstern weiterzugehen und einen Blick in die Spezialitäten-Läden zu werfen.

(...) Nach dem wichtigsten Ergebnis aller Untersuchungen differiert die Pro-gramm-Ansprache vornehmlich nach Altersstufen. Bei der Programmabfolge ver-suchen wir deswegen, allzu große Umschichtungsprozesse zwischen verschiedenen Altersgruppen zu vermeiden. Es empfiehlt sich zum Beispiel nicht, im Anschluß an den Krimi und Aktenzeichen XY am Freitag, die in der Regel auch im Ver-gleich zum konkurrierenden ARD-Spielfilm ein überwiegend älteres Publikum erreichen, die 'Kinohitparade' zu senden, die schon der medialen Lebensgewohn-heiten wegen ein völlig anderes Publikum anspricht."[235]

Dietrich Leder; Dieter Anschlag: Fröhlich und flexibel. Interview mit Günter Struve und Hartmann von der Tann (ARD) (1993).

Bei der kommerziellen Konkurrenz heißt die Programmplanung Optimierung des Angebots. Sie können Ihr Angebot nur im Rahmen gesetzlicher Auflagen und der von Ihnen beschriebenen Strukturzwänge optimieren. Das eingerechnet: Gibt es einen Wochentag, an dem für Sie das ARD-Programm optimal ist?

Struve: Das wäre ohne Zweifel der Sonntag: morgens viel Kultur, Kleinkinder-programm, der "Presseclub", nachmittags die "Lindenstraße", also die Familiense-rie schlechthin in der Bundesrepublik, dann Sport, ein halbstündiger Kirchentermin in der Vor-Prime-time, der "Weltspiegel" in der Prime-time, dann meistens etwas Spannung, also zum Beispiel "Tatort", dann wiederum Kultur und danach ein pfiffiger Wochenrückblick. Das ist sicher etwas, das die kommerziellen Veran-

---

235 Auszüge aus: Gefühlvoll eingelocht. Interview mit ZDF-Programmplaner Werner Schwaderlapp. In: epd Kirche und Rundfunk Nr. 15 vom 27.2.1991. S.5ff.

stalter so nicht machen würden. Bei der ARD ist an einem Tag wie dem Sonntag sowohl der öffentlich-rechtliche Anspruch erfüllt als auch das Ziel, unter Quoten-, beziehungsweise Akzeptanzgesichtspunkten eine gelungene Mischung herzustellen. (...)

Nennen Sie uns doch Experimente, die Sie den widrigen Verhältnissen abgetrotzt haben.

Struve: Eines war der Versuch, eine "Tagesschau"-Ausgabe um 18.30 Uhr einzuführen. Wir meinten, es müßte doch funktionieren, mit diesem Flaggschiff der ARD-Information den ersten Hauptabendeinstieg zu wagen, das heißt: um 18.30 Uhr vor allen Mitbewerbern mit einer guten Nachrichtensendung da zu sein. Da wir damit auch noch im Winter, nämlich Anfang Januar dieses Jahres, beginnen konnten, waren eigentlich alle günstigen Voraussetzungen gegeben. Dennoch ist der Austausch zwischen den Serien- und den Informationszuschauern in diesem Fall überhaupt nicht gelungen. Sobald die "Tagesschau" nur in die Nähe kam, gab es eine Massenflucht aus dem Ersten. Wir haben daraus gelernt, daß man Markenzeichen nicht beliebig verpflanzen kann und haben diese "Tagesschau"-Ausgabe sehr schnell wieder aus dem Programm genommen. Das ist übrigens eine der entscheidenden Einsichten, die mittlerweile in der ARD gewachsen sind: daß wir beim Experimentieren sehr viel schneller sein müssen, daß wir also Sachen, wenn sie nicht funktionieren, auch schleunigst wieder einstellen müssen. Das haben wir mit der "Tagesschau" um 18.30 Uhr gemacht. Wir haben es auch schon mit einer Unterhaltungssendung getan, und zwar mit "Der Mensch, der mir geholfen hat." Nachdem wir den Piloten gesehen hatten, wurde diese Sendung, obwohl sie bereits in den Programmzeitschriften abgedruckt war, wieder aus dem Programm genommen; sie wird nun erst im Herbst wiederkommen, und zwar in verbesserter Form. Wir haben ähnliches mit dem wirklichen Desaster bei den Sitcoms am Montagabend gemacht, zum Beispiel bei der Serie "Der Dünnbrettbohrer", die wir kurzfristig auf den späten Donnerstagnachmittag verlegt haben. Die ARD ist hier also, verglichen mit der Situation von vor zwei Jahren, schon sehr viel fröhlicher und flexibler geworden. Es liegt dennoch weiterhin manches im argen. (...)

Was wäre denn grundsätzlich besser: harten Kontrast anzubieten oder etwas Identisches?

Struve: Man muß auf jeden Fall den Unterschied betonen. Wenn die Privaten schon versuchen, den Öffentlich-Rechtlichen mit gleichem oder gleichartigem Programm Konkurrenz zu machen und das gleiche auch noch untereinander tun, dann müssen wenigstens die Öffentlich-Rechtlichen probieren, das zu bieten, was ursprünglich mit der Einführung des Privatfernsehens gemeint war, nämlich dem Publikum Alternativen zu bieten."[236]

---

236 Auszüge aus: Dietrich Leder; Dieter Anschlag: Fröhlich und flexibel. Interview mit Günter Struve und Hartmann von der Tann (ARD) In: Funk-Korrespondenz Nr. 32 vom 13.8.1993.

Personenverzeichnis²³⁷

Abich, Hans:
Rundfunkindendant bis 1928, nach 1945 Filmproduzent, ab 1961 Programmdirektor (1968) Radio Bremen. 1977 Filmband in Gold. Chef der ARD-Programmdirektion 1973-78.

Bausch, Hans:
Intendant Süddeutschen Rundfunks (ab 1958). Ab 1948 Journalist (Korrespondent SWF 1952). 1956-58 MdL Baden-Würtemberg. Vorstandsvorsitzender der Deutschen Journalisten Schule München.

Bismarck, von Klaus:
1961-76 Intendant des WDR. 1963/64 Vorsitzender der ARD.

Boese, Karl Heinz:
Stellvertretender Reichssendeleiter.

Brunnen-Wagenführ, Andrea:
Journalistin. Herausgeberin und Chefredakteurin der Fernsehinformationen.

Cassirer, Ernst:
Philosoph; 1919-33 Professor in Hamburg; seit 1941 (bis1945) in den USA (Yale University; Columbia University).

Dill, Richard:
Redakteur Unterhaltung Programmgestaltung BR (Fernsehen). 1961-63 Fachreferent der Abteilung Massenkommunikation UNESCO Paris, 1963-65 Hauptabteilungsleiter und Stellvertretender Direktor Programmdirektion Aufbau des Dritten Programm in Bayern; 1965 Programmkoordinator in der Programmdirektion München.

---

237 Bemerkung: Bei einigen Personen waren ausführliche Angaben (Daten etc.) nicht zu ermitteln.

Dovifat, Emil
Publizistikwissenschaftler; 1928-47 Professor und Leiter des Instituts für Zeitungswissenschaft in Berlin; 1948-61 Professor an der FU Berlin; Vorsitzender des Rundfunkrates des SFB 1953-59.

Eckert, Gerhard:
1936-41 Assistent am Institut für Zeitungswissenschaft Berlin; 1960 Chefdramaturg Freies Fernsehen.

Fuhr, W. Ernst:
Mitarbeit am Kommentar zum ZDF-Staatsvertrag (Hrsg. und Mitverfasser, 1985); Ordnung und Konflikt als Strukturelement einer Föderalen Rundfunkordnung (1986) Justitiar des ZDF (1962-90).

Gaus, Günter:
Journalist. Fernsehinterviews 'Zur Person'. 1965-69 Programmdirektor SWF. 1969-73 Chefredakteur des Spiegel. 1973 Staatssekretär Bundeskanzleramt. 1974 Leiter der Ständigen Vertretung der BRD bei der DDR; 1981 Senator f. Wissenschaft und Forschung Berlin. 1964 Adolf-Grimme-Preis in Bronze und 1965 in Silber; 1988 Besondere Ehrung des Adolf-Grimme-Preis; 1991 Deutscher Kritikerpreis.

Gottschalk, Hans:
1949-1953 Dramaturg beim SDR, 1953-1959 Aufbau des SDR-Fernsehens. Erster Leiter der Abteilung Fernsehspiel, 1959-1973 Produktionschef der Bavaria Atelier GmbH, 1977-1987 Gesellschafter und Geschäftsführer der Galaxy-Film, München, seit 1987 freier Autor, Produzent und Koproduktionsvermittler.

Hammerschmidt, Helmut:
Journalist. 1946 - 47 Leiter des Ressorts Innenpolitik Echo der Woche, München. 1947-49 Leiter des CSU-Verlag., München; 49-61 Referatsleiter (Politik), Leiter Aktuelles Abteilung Hörfunk u. Hauptabteilung Information Fernsehen Bayerischer Rundfunk, München; 1961-64 Chefredakteur Fernsehen Süddeutscher Rundfunk, Stuttgart (Leitung Sendereihe Report); 1964-5 Leiter des Studio Bonn u. Subkoordinator Politik der ARD. Ab 1965 Intendant des SWF.

Hase, von Karl Günter:
1951-62 Tätigkeit Auslandsamt Bonn, 1962-67 Staatssekretär und Leiter des Presse und Informationsamt der Bundesregierung; 1970-77 Botschafter in Großbritanien,1977-82 Indendant ZDF.

Hübner, Heinz Werner:
Journalist. Mitarbeiter des „Weltspiegels" (ARD). 1972-1978 Koordinator für Politik, Gesellschaft und Kultur in der Programmdirektion Deutsches Fernsehen. Programmdirektor des WDR. 1981 Koordinator für Fernsehspiele in der ARD-Programmdirektion.

Janssen, Herbert:
Journalist bis Mai 1990 Chefredakteur des katholischen Mediendienstes „Funk-Korrespondenz".

Jedele, Helmut:

In den fünfziger Jahren Fernsehdirektor des SDR, Mitarbeiter bei der Bavaria, später SWF-Intendant.

Jenke, Manfred:
Journalist; 1950-52 Hannoversche Presse; 1953-56 Welt der Arbeit; 1956-73 NDR, zuletzt Hauptabteilungsleiter Information; 1974-93 Hörfunkdirektor WDR - Journalist, Mitglied des Hörfunkrates des Deutschlandradios, Vorsitzender des Programmausschusses.

Klatten, Werner E.:
Bis Ende 1993 Vorsitzender der Geschäftsführung von SAT.1.

Kimmel, Hans:
Zahlreiche Arbeiten zu Internen Medienfragen. - 1. Vizepräsident Programm-Kommission EBU; Intern Inst. of Communication, Beirat Goethe-Inst. u.a. Hauptabteilungsleiter internationale Angelegenheiten ZDF bis 1994.

Kofler, Georg:
Forschungsassistent für Kommunikationswissenschaft Universität Trier, persönlicher Referent des ORF-Generalintendanten Georg Bacher, seit 1988 Geschäftsführer von Eureka TV, dann Geschäftsführer Pro Sieben. Gesellschafter von Pro Sieben und Kabel 1.

Kröhne, Jochen:
Geschäftsführer Tele 5 wechselte 1995 zu TM3.

Kuby, Erich:
Journalist und Schriftsteller: 1947 Der Ruf, 1948 SüddeutscheZeitung, 1958 Die Welt, 1963 Stern. Autor diverser Politischer Sachbücher.

Lange, Hans Joachim:
1948-51 Chef v. Dienst Neue Deutsche. Zeitung.; leitende Position Hessischer (1955 Programmdirektor) u. Westdeutscher Rundfunk (1960 Fernsehdirektor). 1962 Lehrauftrag Uni-Münster (Fernsehpublizistik). Programmdirektor SWF von 1969-73.

Leder, Dietrich:
Freier Journalist und Professor an der Kunsthochschule für Medien Köln.

Maletzke, Gerhard:
1983 Professor für Kommunikationswissenschaft - BV Psychologie der Massenkommunikation Medien(wirkungs)-forscher und Theoretiker. Diverse Publikationen zum Thema: Medien/Fernsehen/Kommunikation.

Merkert, Rainald:
Journalist, Mitarbeiter der „Funk-Korrespondenz", Dozent für Medienpädogik.

Münster, Clemens:
1945-49 Mitherausgeber Frankfurter Hefte, 1949-71 Chefredakteur für Kultur u. Erziehung. Fernsehbeauftragter/-direktor (1954) BR. 1969-74 Präsident der Hochschule für Fernsehen und Film. Fernsehdirektor a.D.

Oeller, Helmut:
1971 Direktor des Studienprogramms, dann Fernsehdirektor des BR. Präsident der Hochschule für Fernsehen und Film, München.

Pleister, Werner:
1932-37 Leiter der Literatur Abteilung des Deutschlandsender, 1949 Programmdirektor NWDR, Fernsehintendant des NWDR, Nord- und Westdeutschen Rundfunkverbandes (bis1959). Direktor Deutsches Institut für Film und Fernsehen (1961-67), Studienleitung der Hochschule für Fernsehen und Film bis 1972.

Prager, Gerhard:
1948-53 Chefdramaturg im Süddeutschen Rundfunk, 1953-1958 Chefredakteur der Informationsdienste „Kirche und Rundfunk" und Kirche und Fernsehen, 1958-1962 Abteilungsleiter im Fernsehen des Süddeutschen Rundfunks, 1962 Wechsel zum ZDF.

Riedel, Karl Veit:
Dozent für Volkskunde und Journalist.

Rohrbach, Günter:
WDR-Redakteur für Fernsehspiel, Produzent, ehemaliger Geschäftsführer Bavaria Film GmbH i.R. Honorar-Professor an der Hochschule für Fernsehen und Film München; Vorsitzender des Bundesverbandes Deutscher Filmproduzenten.

Schardt, Alois:
Jounalist. 1961-68 Gründer und Leiter des Tele-Kolleg BR, später Chefredakteur Publik, Leiter der Redaktion Kinder u. Jugend, Hauptabteilung Programmplanung des ZDF 1973-1982. 1982-1988 Programmdirektor des ZDF.

Schmidt, Hendrik:
Assistenzprofessor an der FU-Berlin, ehemaliger Chefredakteur von „Kirche und Rundfunk", zeitweiliger Pressesprecher von RTL2.

Schneider, Norbert:
1971 Referent für Hörfunk und Fernsehen der Evangelischen Konferenz für Kommunikation; seit 1974 Vorsitzender des Programmbeirates Fernsehen und der Filmproduktionsgesellschaft Eikon, 1971-1976 Redakteur der Zeitschrift „Medium", 1976-1981 Fernsehbeauftragter der EKD, Direktor des Gemeinschaftswerkes der Evangelischen Pubizistik, Programmdirektor SFB, derzeit Leiter der Landesanstalt für Rundfunk, Nordrhein Westfalen.

Schwaderlapp, Werner:
1978 Referent des ZDF-Programmdirektors, ab 1983 Aufbau und Leitung des Bereichs Unternehmensplanung beim ZDF.

Schwarzkopf, Dietrich:
1978-1992 ARD-Programmdirektor.

Schwitzke, Heinz:
NWDR-Leiter des Ressort Hörspiel. Beteiligt am Aufbau des NWDR-Fernsehens in den fünfziger Jahren.

von Sell, Friedrich-Wilhelm Freiherr von:
1971 Verwaltungs- und Finanzdirektor des WDR. 1975-1985 stellvertretender Vorsitzender der Bavaria-Atelier GmbH, 1976-1985 WDR-Intendant, 1978-1979. ARD-Vorsitzender, 1991 Gründungsintendant des ORB.

Stadelmayer; Franz:
1956-1960 Intendant des Bayerischen Rundfunks.

Stolte, Dieter:
1961/1962 Aufbau der Abteilung Wissenschaft beim Saarländischen Rundfunk, 1962 bis 1967 Persönlicher Referent des ZDF-Intendanten, Programmdirektor des ZDF, ab 1982 ZDF-Intendant.

Strotmann, Peter:
Journalist.

Struve, Günter:
1982-1984 Geschäftsführer der Firmengruppe Berliner Synchron, 1984 Geschäftsführer der Westfilm Medien GmbH, 1985-1992 Programmdirektor des WDR-Fernsehens, seit 1992 Programmdirektor der ARD.

Thoma, Helmut:
1966-1973 Leiter der ORF-Rechtsabteilung, 1982 Direktor Deutsche Programme bei RTL, seit 1984 auch für das deutschsprachige Fernsehprogramm zuständig, Programmdirektor und Sprecher der Geschäftsführung.

Viehöfer, Joseph:
Redakteur dpa und Die Welt, Pressechef des DGB, Bundespresseamt, Redakteur des Saarländischen Rundfunks, Programmdirektor Deutschland Funk, Programmdirektor ZDF.

Wagenführ, Kurt:
1930-1933 Leiter der Pressestelle Deutsche Welle GmbH, Berlin, seit 1933 Fachjournalist für Rundfunk und Fernsehen, 1952-1964 Chefredakteur der Fernsehrundschau, 1962-1968 Leiter der Pressestelle des DLF Köln.

Wendland, Jens:
Leiter der Abteilung Öffentlichkeitsarbeit und Programmplanung beim Hessischen Rundfunk, Chefredakteur der Tele F.A.Z., Programmchef von TELE WEST, Programmdirektor Hörfunk des SFB.